Europa 1

Von Arnheim über Berlin an die Oder

Ein original *bikeline*-Radtourenbuch

Esterbauer

bikeline®-Radtourenbuch
Europa-Radweg R 1
© 2003-2010, **Verlag Esterbauer GmbH**
A-3751 Rodingersdorf, Hauptstr. 31
Tel.: +43/2983/28982-0, Fax: -500
E-Mail: bikeline@esterbauer.com
www.esterbauer.com
3., überarbeitete Auflage 2010
ISBN: 978-3-85000-129-8

Bitte geben Sie bei jeder Korrespondenz die Auflage
und die ISBN an!

Dank an alle, die uns bei der Erstellung dieses Buches
tatkräftig unterstützt haben, siehe Seite 178
Das *bikeline*-Team:
Heidi Authried, Beatrix Bauer, Markus Belz, Michael Bern-
hard, Michael Binder, Veronika Bock, Sandra Eisner, Ro-
land Esterbauer, Melanie Grubmüller, Dagmar Gülden-
pfennig, Carmen Hager, Heidi Huber, Martina Kreindl,
Eveline Müllauer, Gregor Münch, Karin Neichsner, Niki
Nowak, Julia Pelikan, Petra Riss, Christian Schlechte, Erik
Schmidt, Mandy Schwalbe, Michael Smogavetz, Matthias
Thal, Martin Wischin, Wolfgang Zangerl.

Umschlagbilder: Stadtwerbung und Touristik Münster,
H. Hillebrand; Nadine Dittmann;
Bildnachweis: Birgit Albrecht: 30, 32, 46, 76, 134; Dagmar
Güldenpfennig: 147, 148, 150; Dr. Oliver Brehm, Kulturland
Kreis Höxter: 66; F. Grawe, Kulturland Kreis Höxter: 60; FVB
LK Wittenberg: 121, 122; FVB LK Wittenberg, Matthes: 127,
128; Grischa Begaß: 16, 18, 20, 23, 49, 69, 77, 78, 80,
86, 88, 90, 92, 94, 96, 98, 100, 105, 110, 124; Gemeinde
Hövelhof: 52; Ingenieurbüro Schmidt, Wriezen: 164; Land-
kreis Quedlinburg: 95, 96; LK Aschersleben-Staßfurt: 104;
Matthias Thal: 118; Nadine Dittmann: 160, 162, 163, 164;
Presse- und Informationsamt des Landes Berlin: 144, 146;
pro Wirtschaft GT GmbH: 51; S. Berg, Kreisstadt Höxter: 62;
Salzlandkreis: 106, 108; Samtgemeinde Bevern: 68; Stadt-
verwaltung Dessau: 114; Stadtwerbung und Touristik Müns-
ter, Corsmeier: 36; Stadtwerbung und Touristik Münster, H.
Hillebrand: 40; TMB/Böttcher: 134, 138; Tourismusagentur
Oranienbaum: 120; Tourismusmarketing Brandenburg/
Boettcher: 154, 158; Tourist-Information Detmold: 57;
Tourist-Information Einbeck, Wandmacher: 72

Alle Seiten robust und wetterfest!

Für die Innenseiten dieses Buches
haben wir uns etwas Besonderes
einfallen lassen. Sie bestehen aus
hochwertigem Landkartenpapier,
welches mit einer robusten und
wasserabweisenden Beschichtung
versehen wurde. Somit übersteht es unbeschadet auch
mal einen Regenschauer. Bitte beachten Sie: wasser-
abweisend heißt nicht wasserfest! Die Seiten sind gut
gegen Spritzwasser geschützt, jedoch nicht wasserfest
oder abwaschbar.

Dieses Buch wird empfohlen von:

**TMB Tourismus-Marketing
Brandenburg GmbH**

VCS • VCÖ • VCD
Verkehrsclubs

Was ist bikeline?

Wir sind ein Team von Redakteuren, Kartografen, Geografen und anderen Mitarbeitern, die allesamt begeisterte Radfahrerinnen und Radfahrer sind. Ins „Rollen" gebracht hat das Projekt 1987 eine Wiener Radinitiative, die begonnen hat Radkarten zu produzieren. Heute tun wir dies als Verlag mit großem Erfolg. Mittlerweile gibt's bikeline® und cycline® Bücher in fünf Sprachen und in vielen Ländern Europas.

Um unsere Bücher immer auf dem letzten Stand zu halten, brauchen wir auch Ihre Hilfe. Schreiben Sie uns, wenn Sie Unstimmigkeiten oder Änderungen in einem unserer Bücher entdeckt haben.

Wir freuen uns auf Ihre Rückmeldung (redaktion@esterbauer.com),

Ihre bikeline-Redaktion

Vorwort

Der R 1 gilt wohl zu Recht als der europäische Radweg schlechthin – zusammen mit seinen Anschlussrouten spannt er sich mittlerweile von Calais bis St. Petersburg. Vor allem der Abschnitt von Arnheim in den Niederlanden über Berlin zur Grenzstadt Küstrin-Kietz an der Oder bietet viel europäische Kultur- und Naturgeschichte.

Von Arnheim fahren Sie durch die flache aber abwechslungsreiche Parklandschaft des Münsterlandes, dem Paradies für Radfahrer. Sanfte Hügel erwarten Sie im Weserbergland, Berge am Rand des Harzes. Die weiten Flusslandschaften an Weser, Saale und Elbe bieten immer wieder abwechslungsreiche Natureindrücke. Durch den Hohen Fläming geht es nach Potsdam und weiter durch Berlin. Das reiche Kulturangebot der quirligen Hauptstadt wird abgelöst von der Ruhe der Märkischen Schweiz. Durch das dünn besiedelte Oderbruch radeln Sie bis an die polnische Grenze.

Präzise Karten, genaue Streckenbeschreibungen, zahlreiche Stadt- und Ortspläne, Hinweise auf das kulturelle und touristische Angebot der Region und ein umfangreiches Übernachtungsverzeichnis – in diesem Buch finden Sie alles, was Sie zu einer Radtour auf dem Europa-Radweg R 1 brauchen – außer gutem Radelwetter, das können wir Ihnen nur wünschen.

Kartenlegende

Radrouten

Hauptroute, wenig KFZ-Verkehr
— **asphaltiert** (main cycle route, low motor traffic)
– – – **nicht asphaltiert** (main cycle route, unpaved road)
······ **schlecht befahrbar** (main cycle route, bad surface)

Radweg / Hauptroute, autofrei
— **asphaltiert** (cycle path, without motor traffic, paved road)
– – – **nicht asphaltiert** (cycle path, unpaved road)
······ **schlecht befahrbar** (cycle path, bad surface)

Ausflug od. Variante
(excursion or alternative route, low motor traffic)
— **asphaltiert** (excursion or alternative route, paved road)
– – – **nicht asphaltiert** (excursion, unpaved road)
······ **schlecht befahrbar** (excursion, bad surface)

Ausflug od. Variante, autofrei / Radweg
(excursion or alternative route, without motor traffic /cycle path)
— **asphaltiert** (excursion or alternative route, paved road)
– – – **nicht asphaltiert** (excursion, unpaved road)
······ **schlecht befahrbar** (excursion, bad surface)

— **sonstige Radrouten** (other cycle routes)
ooooooo **Radweg in Planung** (planned cycle path)
xxxxxxx **Radweg gesperrt** (closed cycle path)
ooooo **Fährverbindung** (ferry connection)

KFZ-Verkehr (vehicular traffic)

•••••• **Radroute auf mäßig befahrener Straße**
(cycle route with moderate motor traffic)
•••••• **Radroute auf stark befahrener Straße**
(cycle route with heavy motor traffic)
•••••• **Radfahrstreifen** (cycle lane)
═══ **mäßig befahrene Straße**
(road with motor traffic)
═══ **stark befahrene Straße**
(road with heavy motor traffic)

Steigungen / Entfernungen (gradient / distance)

→ **starke Steigung** (steep gradient, uphill)
→ **leichte bis mittlere Steigung** (light gradient)
\ 3,2 / **Entfernung in Kilometern** (distance in km)
*Durch Rundungen können Differenzen zu den tatsächlich
gefahrenen Kilometern entstehen.*

•••••••••• **Kopfsteinpflaster** (cobbled street)
═══ **Tunnel** (Tunnel)
····5424··· **UTM-Gitter (2 km)** (UTM-grid)
⇒ **Routenverlauf** (cycle route direction)
⌐ ¬ **Stadt- /Ortsplan** (city map)
5 **Wegpunkt** (waypoint)

Radinformationen

🔧 **Fahrradwerkstatt*** (bike workshop*)
🚲 **Fahrradvermietung*** (bike rental*)
🚲 **überdachter Abstellplatz*** (covered bike stands*)
🚲 **abschließbarer Abstellplatz*** (lockable bike stands*)
▲ **Gefahrenstelle** (dangerous section)
▲ **Text beachten** (read text carefully)
▬ **Treppe*** (stairs*)
)(**Engstelle*** (narrow pass, bottleneck*)

Nur in Ortsplänen

P **Parkplatz*** (parking lot*)
P **Parkhaus*** (garage*)
✉ **Post*** (post office*)
💊 **Apotheke*** (pharmacy*)
H **Krankenhaus*** (hospital*)
F **Feuerwehr*** (fire-brigade*)
🛡 **Polizei*** (police*)
🎭 **Theater*** (theatre*)

* **Auswahl** (* selection)

Maßstab 1 : 75. 000

1 cm ≙ 750 m   1 km ≙ 13,3 mm

0   1   2   3   4   5   6   7   8   9   10   11   12   13   14   15 km

Wichtige bzw. sehenswerte thematische Informationen

Schönern sehenswertes Ortsbild (picturesque town)

(ℹ️🅰️🌊) Einrichtung im Ort vorhanden (facilities available)

🏨 Hotel, Pension (hotel, guesthouse)

🏠 Jugendherberge (youth hostel)

⛺ Campingplatz (camping site)

⛺ Naturlagerplatz* (simple tent site*)

ℹ️ Tourist-Information (tourist information)

🛒 Einkaufsmöglichkeit* (shopping facilities*)

🍴 Kiosk* (kiosk*)

🍽️ Gasthaus (restaurant)

🪑 Rastplatz* (resting place*)

🏠 Unterstand* (covered stand*)

🏊 Freibad (outdoor swimming pool)

🏊 Hallenbad (indoor swimming pool)

⛪🏛️ Kirche, Kloster (church, monastery)

🏰 Schloss, Burg (palace, castle)

🏰 Ruine (ruins)

🏛️ Museum (museum)

⚒️ Ausgrabungen (excavation)

✳️ andere Sehenswürdigkeit (other place of interest)

🦁 Tierpark (zoo)

🌿 Naturpark, -denkmal (nature reserve, monument)

🌊 Aussichtspunkt (panoramic view)

◦◦◦ Fähre (ferry)

Topographische Informationen

🛕 Kirche (church)

🛕 Kapelle (chapel)

🛕 Kloster (monastery)

🛕 Schloss, Burg (castle)

♂ Ruine (ruins)

🛕 Turm (tower)

🛕 Funk- und Fernsehanlage (TV/radio tower)

🛕 Kraftwerk (power station)

⚡ Umspannwerk (transformer)

🛕🛕 Windmühle (windmill)

✳️ Windkraftanlage (windturbine)

✝️ Wegkreuz (wayside cross)

✕ Gipfel (peak)

⚒️ Bergwerk (mine)

🛕 Leuchtturm (lighthouse)

⬭ Sportplatz (sports field)

🗿 Denkmal (monument)

✈️ Flughafen (airport, airfield)

⚓ Schiffsanleger (boat landing)

◦ Quelle (natural spring)

◠ Kläranlage (water treatment plant)

 Staatsgrenze (international border)

Landesgrenze (country border)

Kreisgrenze, Bezirksgrenze (district border)

Wald (forest)

Felsen (rock, cliff)

Vernässung (marshy ground)

Weingarten (vineyard)

Friedhof (cemetery)

Gewerbe-, Industriegebiet (commercial area)

Dünen (dunes)

Gletscher, Watt (glacier, shallows)

Damm, Deich (embankment, dyke)

Staumauer (dam, groyne)

Autobahn (motorway)

Hauptstraße (main road)

untergeordnete Hauptstraße (secondary main road)

Nebenstraße (minor road)

Fahrweg (carriageway)

Fußweg (track)

Straße in Bau (road under construction)

Eisenbahn m. Bahnhof (railway with station)

Schmalspurbahn (narrow gage railway)

500 Höhenlinie 100m/50m (contour line)

Inhalt

6

Stadtpläne

Der Europa-Radweg R 1

R 1 – quer durch Europa

Mit dem vorliegenden Radtourenbuch wird der zentrale Teil einer großen mehr als 3.500 Kilomete langen Radroute durch 9 europäische Länder von Boulogne-sur-Mer an der Französischen Kanalküste bis St.Petersburg in Russland in der für Radtouristen bewährten Form grenzüberschreitend dargestellt.

Der Europa-Radweg R 1 oder auch EURO-ROUTE R 1 genannt – quer durch Deutschland, Polen und Estland als „R 1" einheitlich ausgeschildert, mit dem LF4 und LF1 im Westen verknüpft und auch sonst im Baltikum fortsetzbar – lehnt sich an den Verlauf einer seit zwei Jahrtausenden gewachsenen längsten, vor allem im 20. Jahrhundert zeitweise unterbrochenen Straße quer durch Europa. Sie ist Symbol für den Zusammenhang eines großen Teils europäischer Kultur.

Die gute Zusammenarbeit mit der Stiftung „Landelijk Fietsplatform" Holland, der politische Wille und das Engagement einzelner Mitarbeiter in den berührten deutschen Kreisen und kreisfreien Städten, insbesondere in der kommunalen „Arbeitsgemeinschaft EURO-ROUTE R 1 Höxter – Berlin – Oderbruch", spiegeln sich wieder im „R 1". Der Dank von Dipl.-Ing. Georg Marquardt gilt allen, die die Erweiterung des ursprünglichen Westfalen Radweges R 1 unterstützt haben

Dipl.-Ing.
Georg Marquardt

und sich künftig dafür verwenden. Sie leisten damit einen bemerkenswerten Beitrag zum Sanften Tourismus, zur Völkerverständigung in Europa und nicht zuletzt zur Wirtschaftsförderung. Herr Dipl.-Ing. Georg Marquardt aus Höxter verwendet sich seit Jahren für den R 1 und seine Ost-Erweiterung ab Höxter mit Ziel St. Petersburg in Russland.

Streckencharakteristik

Länge

Dieses Teilstück des Europa-Radwegs beträgt von der Centralstation (Hauptbahnhof) Arnheim bis zur Grenze nach Polen bei Küstrin-Kietz rund 1.046 Kilometer. Die zahlreichen Ausflüge und Varianten sind dabei nicht berücksichtigt.

Wegequalität

Grundsätzlich ist der Europa-Radweg sehr wenig mit Autoverkehr belastet, denn trotz der vielen

Städte verläuft der Weg meist naturnah und abseits der Straßen. Das hat zur Folge, dass man in manchen Regionen verschiedentlich noch auf unbefestigten Wegen unterwegs ist und auch die Streckenführung teilweise kompliziert ist. Im gesamten Bereich des Harzes müssen Sie zusätzlich noch mit einigen starken Steigungen rechnen. Es wird aber weiterhin an einer Verbesserung gearbeitet.

Beschilderung

In den Niederlanden verläuft der Europa-Radweg auf Teilen des Nationalen Radroutennetzes. Der Radweg führt von Den Haag kommend via Arnheim bis hinter Borculo auf dem LF4 (Midden-Nederland Route), dann bis

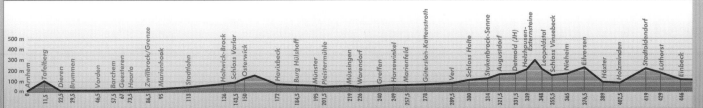

zur deutschen Grenze bei Vreden-Zwillbrock auf dem Verbindungsstück LF40. Die LF-Routen sind in die touristische Zielwegweisung für Radler integriert. Diese erfolgt in grün auf weiß auf rechteckigen Schildern, als Pfeilwegweiser oder z. T. noch auf den kleinen, alten Wegepilzen. Sie ist in beiden Richtungen ausgeführt, wobei von Süden nach Norden bzw. von Westen nach Osten ein „a" der Wegnummer folgt, in Gegenrichtung ein „b".

In Deutschland ist der Europa-Radweg durchgehend als „R 1" in grün auf weiß beschildert (in Münsterland und Nordrhein Westfalen rot auf weiß) und als Einschub in die radtouristi-

Europa-Radweg

R1

sche Zielwegweisung aufgenommen worden. Zusätzlich wurde nebenstehend das Logo der D-Route 3 ergänzt. Der R1 wird als erster der 12 deutschlandweiten Radwege im Rahmen eines länderübergreifenden Pilotprojektes gemeinsam von Bund, den beteiligten Ländern und dem Deutschen Tourismusverband (DTV) aufgewertet und vermarktet.

Im Harz schließt sich zwar der Harzrundweg mit der Brockenhexe als Symbol an, die Wegweisung insgesamt ist hier aber leider oft lückenhaft. Bis zur Oder folgen Sie dann wieder dem grünen Schriftzug auf weißem Grund.

Tourenplanung

Wichtige Telefonnummern
Internationale Vorwahlen:
Niederlande 0031
Deutschland 0049

Zentrale Infostellen
Europa Radweg R 1, www.euroroute-r1.de
Stichting Landelijk Fietsplatform, Postbus 846, NL 3800 AV Amersfoort, Niederlande, ✆ 0031/33/4653656, slf@fietsplatform.nl, www.fietsplatform.nl
Niederländisches Büro für Tourismus & Convention, Postfach 27 05 80, 50511 Köln, ✆ 0221/9257170, Fax: 92571737 info@niederlande.de, www.niederlande.de
Nordrhein-Westfalen Tourismus e.V., Völklinger Str. 4, 40219 Düsseldorf, ✆ 0211/

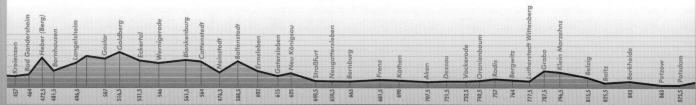

Kreiensen 457 / Bad Gandersheim 464 / Heber (Berg) 472,5 / Bornhausen 481,5 / Langelsheim 494,5 / Goslar 507 / Goldberg 516,5 / Eckertal 531,5 / Wernigerode 546 / Blankenburg 561,5 / Cattenstedt 564 / Neinstedt 476,5 / Ballenstedt 588,5 / Ermsleben 602 / Gatersleben 615 / Neu Königsau 625 / Straßfurt 640,5 / Neugattersleben 650,5 / Bernburg 663 / Frenz 681,5 / Körthen 690 / Aken 707,5 / Dessau 721,5 / Vockerode 732,5 / Oranienbaum 740,5 / Radis 757 / Bergwitz 764 / Lutherstadt Wittenberg 777,5 / Grabo 782,5 / Klein Marzehns 794,5 / Belzig 815,5 / Baitz 825,5 / Borkheide 843 / Petzow 863 / Potsdam 875,5

91320500, Fax: 91320555,
info@nrw-tourismus.de, www.nrw-tourismus.de
Tourismus Marketing Niedersachsen GmbH, Essener Str. 1, 30173 Hannover, ☎ 0511/2704880, Fax: 270488-88, info@tourismusniedersachsen.de, www.reiseland-niedersachsen.de
Tourismus Marketing Sachsen Anhalt GmbH, Am Alten Theater 6, 39104 Magdeburg, ☎ 0391/567-7080, Fax: 567-7081, tourismus@img-sachsen-anhalt.de, www.sachsen-anhalt-tourismus.de
Tourismus-Marketing Brandenburg GmbH, Am Neuen Markt 1, 14467 Potsdam, ☎ 0331/2004747, Fax: 2987373, hotline@reiseland-brandenburg.de, www.reiseland-brandenburg.de
Berlin Tourismus Marketing GmbH, Am Karlsbad 11, 10758 Berlin, ☎ 030/250025, www.visitberlin.de

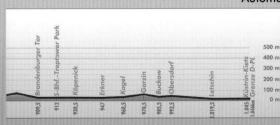

Anreise & Abreise

Mit der Bahn

Aufgrund der sich ständig ändernden Preise und Bedingungen für Fahrradtransport bzw. -mitnahme empfehlen wir Ihnen, sich bei nachfolgenden Infostellen über Ihre ganz persönliche Anreise mit der Bahn zu informieren.

Informationsstellen

Reise Service Deutsche Bahn AG:
☎ 01805/996633 (€ 0,14/Min. aus dem Festnetz, Tarif bei Mobilfunk ggf. abweichend), Mo-So 8-20 Uhr, Auskünfte über Zugverbindungen, zur Fahrradmitnahme, Fahrpreise im In- und Ausland, Buchung von Tickets und Reservierungen, www.bahn.de, www.bahn.de/bahnundbike

Automatische DB-Fahrplanauskunft:
☎ 0800/1507090 (gebührenfrei aus dem Festnetz), ☎ 0180/5221100 (gebührenpflichtig aus dem Mobilfunknetz, den jeweiligen Tarif erfahren Sie bei Ihrem Netzbetreiber)

ADFC, Allgemeiner Deutscher Fahrrad-Club e.V.: weitere Infos und aufgeschlüsselte Einzelverbindungen unter www.adfc.de/bahn

Niederländische Eisenbahnen (NS); deutschsprachige Informationen dazu bietet im Auftrag die **Tourist Team GmbH**, Postfach 1948, D-50209 Frechen, ☎ 02234/273035, Fax: 273050, www.ns.nl (Englisch)

Fahrradtransport

Hermes-Privat-Service:
☎ 0900/1311211 (€ 0,60/Min.)
www.privatpaketservice.de
Unter der Rubrik „Koffer/Fahrradversand" erfahren Sie die genauen Zustellzeiten und die aktuellen Preise für den Fahrradversand.

An- und Abreise mit dem Auto

Arnheim in den Niederlanden ist via Autobahn (A 3, dann niederl. A 12) zu erreichen. Direkt am Hauptbahnhof (Centraal Station), zu dem Sie vom Knoten Waterberg über die N 784 gelangen, gibt es Parkhäuser.

Rad & Bahn

In Sachsen-Anhalt – hier also zwischen Ilsenburg/Harz und Lutherstadt Wittenberg – ist der Fahrradtransport im Nahverkehr kostenlos! In der Region Berlin stehen auch S-, und U-Bahnen Rädern offen. Wenn Sie den Stadtverkehr Berlins meiden wollen, können Sie die Innenstadtstrecke mit der S-Bahn bis zum Beispiel Erkner oder Strausberg östlich des Stadtgebiets umgehen.

Rad & Bus

In Nordrhein-Westfalen können einzelne Räder in der Verkehrsgemeinschaft Münsterland (VGM) und im Regierungsbezirk Detmold im Bus mitgenommen werden (wochentags nur außerhalb der Spitzenzeiten; ausreichender Platz generell vorausgesetzt).

Im Harz und im südlichen Niedersachsen fahren die Busse der Regionalbus Braunschweig GmbH (☎ 0531/80927-60) im Sommerhalbjahr mit Fahrradanhängern.

In und um Berlin bieten die Wagen der Havelbus-Gesellschaft Fahrradtransport bei ausreichendem Platz an, in Berlin können Sie Ihr Rad in den U- und S-Bahnen mitnehmen.

Rad & Schiff

Alle Fähren an IJssel, Weser, Saale, Elbe und Havel transportieren Fahrräder. Auf der Elbe bietet sich auch eine Streckenfahrt zwischen Aken, Dessau und/oder Lutherstadt Wittenberg an.

Übernachtung

Das Angebot an Übernachtungsmöglichkeiten kann auf der gesamten Strecke als gut bezeichnet werden. In ausgesprochenen Tourismusgebieten, wie beispielsweise dem Harz, empfiehlt sich in der Hauptsaison eine Vorausbuchung. Ein umfassendes Übernachtungsverzeichnis finden Sie am Ende des Buches.

Bei unseren Recherchen haben wir eine größtmögliche Auswahl für Sie zusammengestellt. Für alle, die Alternativen oder einfach noch mehr Anbieter suchen, gibt es nachfolgende Internet-Adressen, die auch Beherbergungen der etwas anderen Art anbieten:

Der ADFC-Dachgeber funktioniert nach dem Gegenseitigkeitsprinzip: Hier bieten Radfreunde anderen Tourenradlern private Schlafplätze an. Mehr darüber unter www.dachgeber.de.

Das **Deutsche Jugendherbergswerk** stellt sich unter www.djh.de mit seinen vierzehn Landesverbänden vor.

Auch die **Naturfreunde** bieten mit ihren **Naturfreundehäusern** eine Alternative zu anderen Beherbergungsarten an, mehr unter www.naturfreunde.de.

Unter www.camping-in.de oder www.campingplatz.de finden Sie flächendeckend den **Campingplatz** nach Ihrem Geschmack.

Weiters bietet **Bett & Bike** unter www.bettundbike.de zusätzliche Informationen zu den beim ADFC gelisteten Beherbergungsbetrieben in ganz Deutschland.

Mit Kindern unterwegs

Der Europa-Radweg R 1 ist nur bedingt für Kinder unter 12 Jahren geeignet. Sie werden zwar nur sehr selten von gefährlichem Autoverkehr tangiert, jedoch stellen die zahlreichen holprigen Streckenabschnitte und die bergigen Passagen besonders am Harz einige Anforderungen an die Kondition Ihrer Kinder.

Aufgrund der vielen Engstellen ist der R 1 nicht für Anhänger oder mehrspurige Fahrräder zu empfehlen.

Das Rad für die Tour

Um die gesamte Strecke zu Radeln, ist ein breit bereiftes Fahrrad, zu empfehlen; vor allem wenn Sie Ihr Gepäck selbst mitführen. Die Streckenabschnitte vor und nach dem Harz sind aber mit jedem „waldwegtauglichen" Rad zu meistern.

Mindestens 5 gut abgestufte Gänge sollte Ihre Schaltung für die Querung der Hügel der Veluwe, des Teutoburger Waldes, des Eggegebirges und im Weserbergland aufweisen. Im Harz wird es teilweise sehr steil, sodass auch deutlich mehr

Gänge sinnvoll sind. Danach geht es flach dahin und auch der Hohe Fläming weist keine steilen Passagen auf. Erst in der Märkischen Schweiz begegnen Ihnen wieder einige leichte Steigungen.

Radreiseveranstalter

Verkehrsverein Stadtlohn e.V., Dufkampstr. 11, D-48703 Stadtlohn, ☎ 02563/97200, Fax: 2626, www.stadtlohn.de
Kurverwaltung Detmold-Hiddesen GmbH, Hindenburgstr. 58, D-32760 Detmold, ☎ 05231/88085, Fax: 89575, www.detmold-hiddesen.de
Eurobike, Mühlstr. 20, A-5162 Obertrum am See, ☎ 0043/6219/7444, Fax: (0)6219/8272, eurobike@eurobike.at, www.eurobike.at

Zu diesem Buch

Dieser Radreiseführer enthält alle Informationen, die Sie für den Radurlaub entlang des Europaradweges R 1 benötigen: Exakte Karten, eine detaillierte Streckenbeschreibung, ein ausführliches Übernachtungsverzeichnis, Stadt- und Ortspläne und die wichtigsten Informationen zu touristischen Attraktionen und Sehenswürdigkeiten.

Und das alles mit der *bikeline*-Garantie: die Routen in unseren Büchern sind von unserem professionellen Redaktionsteam vor Ort auf ihre Fahrradtauglichkeit geprüft worden. Um höchste Aktualität zu gewährleisten, nehmen wir nach der Befahrung Korrekturen von Lesern bzw. offiziellen Stellen bis Redaktionsschluss entgegen, die dann jedoch teilweise nicht mehr an Ort und Stelle verifiziert werden können.

Die Radtour ist nicht in Tagesetappen sondern in logische Abschnitte aufgeteilt, weil die Tagesleistung zu sehr davon abhängt, wie sportlich oder genussvoll Sie die Strecke in Angriff nehmen möchten.

Die Karten

Die Detailkarten sind im Maßstab 1 : 75.000 erstellt. Dies bedeutet, dass 1 Zentimeter auf der Karte einer Strecke von 750 Metern in der Natur entspricht. Zusätzlich zum genauen Routenverlauf informieren die Karten auch über die Beschaffenheit des Bodenbelages (befestigt oder unbefestigt), Steigungen (leicht oder stark), Entfernungen sowie über kulturelle, touristische und gastronomische Einrichtungen entlang der Strecke.

Allerdings können selbst die genauesten Karten den Blick auf die Wegbeschreibung nicht ersetzen. Komplizierte Stellen werden in der Karte mit diesem Symbol ⚠ gekennzeichnet, im Text finden Sie das gleiche Zeichen zur Markierung der betreffenden Stelle wieder. Beachten Sie, dass die empfohlene Hauptroute immer in Rot und Violett, Varianten und Ausflüge hingegen in Orange dargestellt sind. Die genaue Bedeutung der einzelnen Symbole wird in der Legende auf den Seiten 4 und 5 erläutert.

Höhen- und Streckenprofil

Das Höhen- und Streckenprofil gibt Ihnen einen grafischen Überblick über die Steigungsverhältnisse, die Länge und die wichtigsten Orte entlang der Radroute. Es können in diesem Überblick nur die markantesten Höhenunterschiede dargestellt werden, jede einzelne kleinere Steigung wird in dieser grafischen Darstellung nicht berücksichtigt. Die Steigungs- und Gefälleverhältnisse entlang der Route finden Sie im Detail mit Hilfe der Steigungspfeile in den genauen Karten.

Der Text

Der Textteil besteht im Wesentlichen aus der genauen Streckenbeschreibung, welche die empfohlene Hauptroute enthält. Stichwortartige Streckeninformationen werden von dem Zeichen ~ begleitet. Manche besonders markante oder wichtige Punkte auf der Strecke sind als Wegpunkte **1**, **2**, **3**, ... durchnummeriert und – zur besseren Orientierung – mit dem selben Symbol in den Karten wieder zu finden. Unterbrochen wird dieser Text gegebenenfalls durch orangefarbige Absätze, die Varianten und Ausflüge behandeln.

Ferner sind alle wichtigen **Orte** zur besseren Orientierung aus dem Text hervorgehoben. Gibt es interessante Sehenswürdigkeiten in einem Ort, so finden Sie unter dem Ortsbalken die jeweiligen Adressen, Telefonnummern und Öffnungszeiten.

Die Beschreibung der einzelnen Orte sowie historisch, kulturell oder naturkundlich interessanter Gegebenheiten entlang der Route tragen zu einem abgerundeten Reiseerlebnis bei. Diese Textblöcke sind kursiv gesetzt und unterscheiden sich dadurch auch optisch von der Streckenbeschreibung.

TIPP Textabschnitte in Violett heben Stellen hervor, an denen Sie Entscheidungen über Ihre weitere Fahrstrecke treffen müssen, z. B. wenn die Streckenführung von der Wegweisung abweicht oder mehrere Varianten zur Auswahl stehen u. ä.

Sie weisen auch auf Ausflugstipps, interessante Sehenswürdigkeiten oder Freizeitaktivitäten etwas abseits der Route hin.

Übernachtungsverzeichnis

Auf den letzten Seiten dieses Radtourenbuches finden Sie zu fast allen Orten entlang der Strecke eine Vielzahl von Übernachtungsmöglichkeiten vom einfachen Zeltplatz bis zum 5-Sterne-Hotel

Von Arnheim nach Münster

Die niederländische Provinz Gelderland und das Westmünsterland erfreuen jeden Radler mit ihrer flachen aber abwechslungsreichen Parklandschaft. Davor aber erwartet Sie der Nationalpark De Veluwezoom, der Ihnen den beschwerlichen Anstieg von fast 100 Höhenmetern mit einem grandiosen Ausblick über Ihre nächsten 50 Kilometer Strecke versüßt. Bei geeignetem Wetter schweift Ihr Blick vielleicht sogar bis zu den Baumbergen vor den Toren Münsters, die der R 1 bei Havixbeck tangiert.

Ansonsten bleibt es aber erwartungsgemäß eben, und da Sie sich gen Osten bewegen, wird auch der Wind nur selten von vorne wehen. In der abwechslungsreichen Parklandschaft diesseits und jenseits der grünen Grenze gibt es nur wenige, meist sehr kurze Schotterpassagen. Und mit störendem Kraftverkehr müssen Sie sich dank zahlreicher „fietspaden" und Radwege praktisch gar nicht plagen.

13

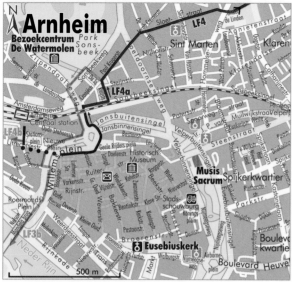

Arnheim
Bezoekcentrum
De Watermolen
Park Sonsbeek

500 m

Von Arnheim nach Dieren   **22,5 km**

1 Startpunkt der Fahrt auf dem Europa-Radweg ist der Arnheimer Hauptbahnhof.

Sie folgen hier zunächst der Wegweisung der Midden-Nederland-Route LF4a in Richtung Enschede.

Geradeaus über den **Stationsplein** und die Vorfahrtsstraße **Utrechtsestraat** queren, dann links ab auf deren Fahrradweg geradeaus auch über die große Straße **Nieuwe Plein** und die rechts abzweigende Fußgängerstraße **Jansstraat** entlang des **Willemsplein**. Rechter Hand liegt nun das historische Stadtzentrum.

Arnhem (Arnheim)
Vorwahl: (0031) 026

VVV Arnhem, Willemsplein 8, ☎ (0031) 0900/2024075

VVV Arnhem Plus, Zijpendaalseweg 51a, ☎ 4426767

Weinmuseum, Velperweg 23, ☎ 4424042. Das Museum befindet sich in Weinkellern und informiert über den Anbau, die Behandlung und die Reife von Wein.

Openluchtmuseum, ☎ 3576100, ÖZ: April-Okt., Mo-So 10-17 Uhr. In Arnheims Freilichtmuseum werden Küchen, Mühlen, Keller, usw. sowie diverse Szenen dargestellt. Das Ganze wird mit Gerüchen, Geräuschen und Beleuchtung effektvoll unterstützt.

Eusebiuskerk

Walburgis Kerk

Burgers' Zoo, Schelmseweg 89, ☎ 4424534, ÖZ: Mo-So 9-19 Uhr. In dem berühmten Zoo trifft man auf über 3.000 Tiere der verschiedensten Rassen, bekannt aber ist er für seinen Urwald und seine Wüste, in deren riesigen Hallen bei passendem Klima die typischen Pflanzen und Tiere in ihrem quasi-natürlichen Umfeld zu erleben sind.

Als kleine Niederlassung am St. Jans- oder Sonsbeek wurde Arnheim zwar bereits im 9. Jahrhundert erwähnt, doch bis zur eigentlichen Blüte verstrich dann nocheinmal fast ein Jahrtausend. Erst der Bau der Eisenbahn und der Zuzug reicher Industrieller und Privatiers weckte die grüne Stadt am südlichen Steilhang der Veluwe-Moräne aus dem Dornröschenschlaf. Heute ist sie ein lebendiger Tourismusort, bekannt auch durch die internationale Bilderausstellung im Park Sonsbeek. Sehr beliebt ist abends auch der Korenmarkt, wo man den Tag bei einem guten Essen oder einem gemütlichen Kaffee ausklingen lassen kann.

Stadtauswärts den grün-weißen Wegweisern des Nationalen Radfernweges (nl.: „landelijke fietsroute") LF4a im Linksbogen weiter entlang des **Willemspleins** folgen unter den Gleisen hindurch ins Viertel („kwartier") **Transvaalbuurt** halbrechts ab leicht bergan auf die **Cron-**

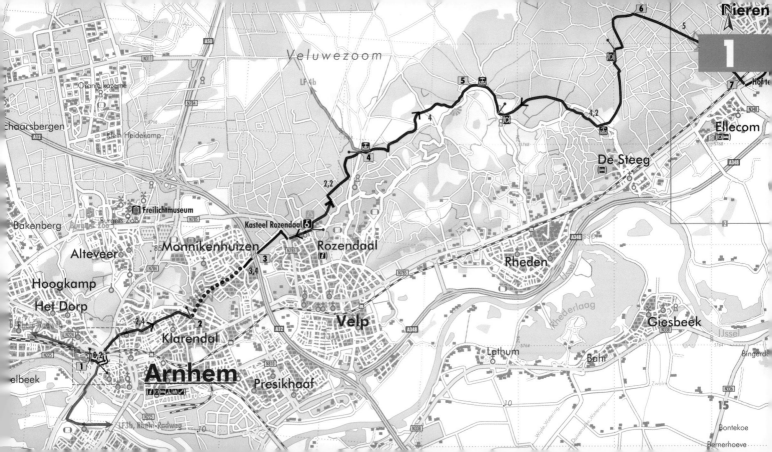

jéstraat ∼ nach Querung des großen **Apel-doornseweg** weiter geradeaus in die **Jacob Cremerstraat** und unweit danach halbrechts in die **Sloetstraat** (Quartier Klarendal) ∼ nach einer Rechtskurve über den **Hommelseweg** die Straße **Onder de Linden** hinauf.

Bis zum etwas imposanteren deutschen Pendant dieser Straße am Ende dieses Radtourenbuches in Berlin haben Sie von hier aus noch rund 884 interessante Kilometer vor sich.

Hinter der sanften Kuppe knickt diese Straße nach links ab, Sie halten sich eher geradeaus in die **Vijverlaan** ∼ leicht bergab zum vorfahrtberechtigten **Rozendaalseweg** ins Quartier **Angerenstein**.

2 Links ab und immer auf dem **Rozendaalseweg** bzw. an ihm entlang ∼ **3** unter der Autobahn hindurch in die Gemeinde Rozendaal ∼ an der T-Kreuzung rechts ab und am **Schelmseweg**, der N 785 entlang ∼ im kleinen Kreisverkehr links ab ∼ auf der Kerklaan hinunter zum **Kasteel Rosendael**.

Rozendaal
PLZ: NL-4701; Vorwahl: (0031) 0165

ℹ️ Toeristeninformation, Koetshuis (Kutscherhaus) Kasteel Rosendael

16 **♿** Kasteel Rosendael, Rosendael 1, ☎ 026/3644645.

Auf den mittelalterlichen Fundamenten ruht heute das prachtvolle Herrenhaus aus dem 18. Jh. Ältester sichtbarer Teil ist der runde Hauptturm ("Palzs-Turm") mit seinen stolzen, 4 m dicken Mauern. Schloss und Gärten wurden 1990 umfassend restauriert.

⚠ **Landschaftsgarten**, der in seiner heutigen Form ebenfalls aus dem 18. Jh. stammende Landschaftsgarten trägt nicht nur die Handschrift des Niederländers J. D. Zocher jr. sondern vor allem des französischen Gartenarchitekten Daniel Marot (1662-1752). Wesentlich älter sind Muschelgalerie, Wassertreppe und Grotte, sowie die "Betrüger" genannten, versteckten

Arnheim, Cronjéstraat

Fontänen, die unerwartet plötzlich losprudeln können – angeblich seit je her am liebsten unter Damenröcken.

Hinter dem Weiher links in die **Boerenlaan**, steil hinauf am alten Friedhof vorbei in den **Nationaalpark de Veluwezoom** ∼ immer auf dem relativ breiten, kurvigen Asphaltband bleiben.

Oben – am Rand der Heidefläche **Rozend-aalsche Veld** – **4** am Rastplatz über die kleine Straße ∼ **5** kurvig geht es nun in der Nähe des Waldrandes entlang und schließlich noch ein Stück bergauf über die Heide bis zum Rastplatz am Tafelberg, mit fast 105 m über NN zunächst Ihr "Höhepunkt" ∼ immer in Sichtweite der rechts in etwa parallel verlaufenden Straße bis kurz vor das Restaurant am Posbank-Monument.

Nationaalpark de Veluwezoom

Hier am Saum der Hochfläche bietet sich ein weiter Ausblick über die Endmoränenlandschaft der südlichen Veluwe. Nacheiszeitliche Schmelzwassertäler zerteilen hier dieses Relikt der letzten Vereisung und führen steil hinunter zur IJssel, deren silbriges Band man unten erkennt.

Die Radroute knickt hier, ein Stückchen unterhalb des Restaurants, links ab in Richtung **Carolinahoeve** und führt bergab wieder in den Wald ∼ an einer größeren Lichtung nach gut 2 km links ab und an einem Rast- und Spielplatz vorbei ∼ wieder in den Wald hinüber zum **Pannekoekenhuis** (Pfannkuchenhaus) Carolinahoeve, einer ehemalige Hofanlage zur Heidekultivierung.

Wieder im Wald der zuverlässigen Beschilderung folgen ~ **6** im weiten Rechtsbogen immer auf Asphalt schließlich auf den geradlinigen **Allee-Weg Lange Juffer**.

Auf dem manchmal gefährlich schmalen Asphaltband entlang des Schotterweges geht es über den Carolinaberg.

TIPP Etwa hundert Meter linker Hand befindet sich eine schöne Rastmöglichkeit an dem Wegestern.

Dann hinunter und schließlich aus dem Nationalpark hinaus ~ **7** über die Bahn und an der Ampel über die N 348.

Ellecom

Links ab und auf dem Parallelsträßchen der Hauptstraße, dem **Zutphensestraatweg** hinüber nach Dieren folgen.

Rechter Hand lag hier, noch vor den Toren des Ortes, bis zum letzten Krieg der Hof te Dieren.

Dieren

6 Hof te Dieren. Dieses ehemalige Jagdschlösschen von Willem III. – heute nur noch eine Ruine – ließ er über den „Königsweg" mit einer Jagdhütte bei Ede, am südwestlichen Rand der Veluwe

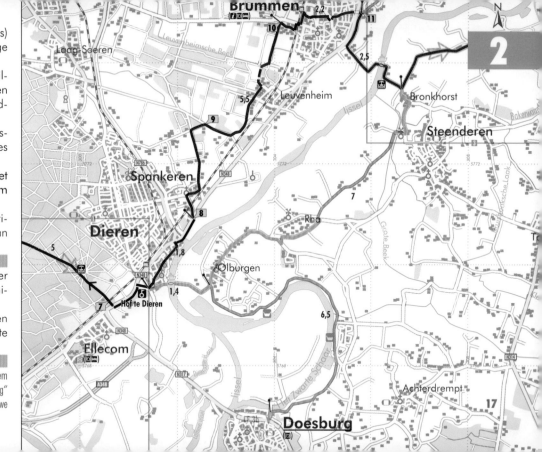

Im Nationaalpark De Veluwezoom

verbinden. Die Lange Juffer ist ein Teilstück davon. Die alten Alleebäume und der geradlinige Verlauf zahlreicher weiterer Waldwege hier am Osthang der Veluwe sind Fragmente des zum Hof gehörenden Landschaftsparks.

Von Dieren nach Vorden — 24 km

Nach etwa 900 m am Ortsrand von Dieren rechts ab auf den **Doesburgsedijk** ~ halblinks in die Siedlung hinein auf die **Hoogestraat**.

VARIANTE Geradeaus können Sie mit der Fähre zum LF3 hinüber wechseln. Gen Süden geleitet dieser Sie am Altarm der IJssel entlang zu einem Abstecher ins sehenswerte Festungs-

städtchen Doesburg (7,5 km), gen Norden östlich der IJssel nach Bronkhorst (8 km).

An den folgenden Gabelungen der Hoogestraat folgen und schließlich geradeaus in die **Zutphensestraat** ~ diese mündet auf den Radweg entlang der N 348 ~ **8** nach knapp 500 m auf diesem Radweg die Hauptstraße nach links queren und auf dem **Overweg** nach Spankeren hinein.

Spankeren
Über die Bahn und bis zur Kirche ~ hier dann rechts ab in den **Dorpsweg** ~ an der T-Kreuzung, rechts ein Bahnübergang, links ab auf den **Bockhorstweg** und auf diesem aus dem Ort hinaus ~ nach einem guten Kilometer übers Land rechts ab und auf dem **Kappersweg** durch den Wald Soerense Broek ~ **9** am Ende rechts auf den **Spankerenseweg**.

Leuvenheim
In der Ortslage kurvig dem Spankerenseweg folgen ~ kurz nach Abzweig der **Leuvenheimsestraat** nach links, knickt auch der LF 4 halblinks aus dem Ort hinaus ab und mündet nach ein paar Kurven auf den geradlinigen **Hammelerweg** ~ **10** bereits an den ersten Häusern von Brummen noch vor der Hauptstraße N 787

rechts auf den **Oude Eerbeekseweg** abbiegen.

Ein Radweg führt am Ende nach links zur Hauptstraße, dem **Eerbeekseweg** ~ über die Gleise ~ direkt dahinter wieder links ab und auf dem **Stationsweg** bahnparallel weiter bis zum kleinen Bahnhof.

Brummen
Dieser Ort aus dem 8. Jahrhundert ist vermutlich die älteste Siedlung am Ostfuß der Veluwe. Betuchte Zutphener Kaufleute und vor allem Rückkehrer aus den holländischen Kolonien in Südostasien ließen sich hier seit dem 17. Jahrhundert gern nieder. Landgüter wie beispielsweise Den Bosch und De Wildbaan legen davon Zeugnis ab.

Gegenüber der „Station" knickt der L F4 nach rechts ab und ein kleiner Radweg führt in den Ort hinein ~ geradeaus weiter auf der **Schoolstraat** ~ an der vorfahrtberechtigten **Zutphensestraat** kurz rechts auf die Radspur, dann im spitzen Winkel nach links auf den **Cortenoeverseweg** ~ dieser führt direkt im Rechtsknick und dann leicht kurvig durchs Wohngebiet und hinaus.

11 Nach Unterquerung der N 348 (Rijksweg) rechts ab auf den **Bronkhorsterweg** ~ zu-

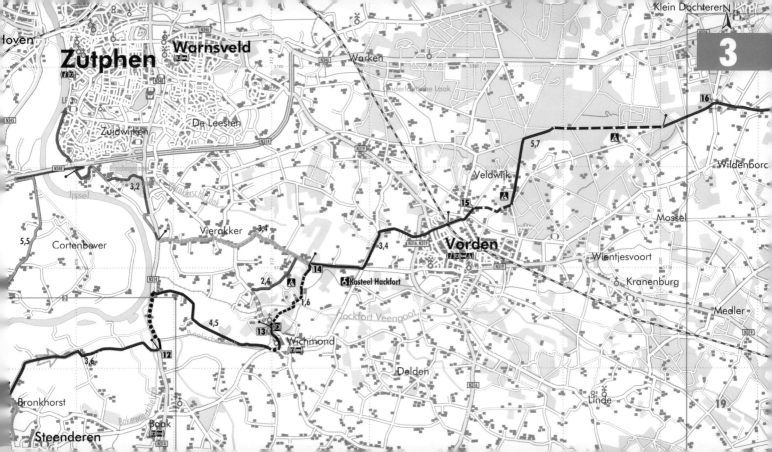

Dieren – Hooge Straat

nächst parallel zur Nationalstraße, dann aber links ab und sanft hinunter zur Bronkhorster Fähre über die IJssel.

Am Rastplatz vorbei knickt der Weg vom Fluss ab ∾ an der Kreuzung – vor Ihnen Bronkhorst, die kleinste Stadt der Niederlande – links ab auf den erhöhten **Deichweg**.

Bronkhorst

🚣 Bronkhorsterveer, D. Wijers, ☎ (0031) 0575/452342

Am Ende kurz rechts und direkt wieder links, weiter auf dem Deich, auf dem Bontekoeweg bis zur Hauptstraße N 314 ∾ **12** hier links ab, kurz Radweg, dann nach dem Baaksche Beek Radspur ∾ direkt vor den Häusern **De Gro-**

ene Jager rechts auf den Broekweg ∾ kurvig diesem hinüber nach Wichmond folgen ∾ am Ortsrand links auf die Radspur am **Baakseweg** und wieder links an der Kirche vorbei auf der **Dorpsstraat**.

Wichmond

Am Ende hinter dem Gasthof St. Ludgerus praktisch geradeaus auf einen holprig geschotterten Radweg **13**.

VARIANTE Nur wenig weiter, aber glatt asphaltiert ist folgende Variante: Links ein Stück weiter auf der Fahrradspur am Vierakkersestraatweg und erst nach Querung des Stroomkanaal van Hackfort rechts ab in den Boshuisweg; nach dem Campingplatz an der Koekoekstraat rechts.

Nach der Brücke an der Stauanlage am **Stroomkanaal van Hackfort** rechts halten ∾ ab den Häusern wieder glatt gepflastert auf der **Beckenstraat** zur Vorfahrtstraße ∾ rechts ab durch diesen „grünen Tunnel" aus mit Efeu berankten Bäumen **14**.

TIPP Hier links ab kommen Sie auf ausgeschilderter Route nach Zutphen (9,5 km).

An der nächsten Kreuzung links ab in den kleinen gepflasterten **Kruisdijk**.

TIPP Rechts ab kommen Sie zum Schloss Hackfort.

Am ANWB-Wegweiser Nr. 20294 rechts vom Kruisdijk ab auf den **Strodijk** ∾ kurvig durch die erhöhte Eichenallee und schließlich über die Vorfahrtstraße hinweg geradeaus auf dem Strodijk nach Vorden hinein ∾ an der Tankstelle weiter geradeaus auf den **Mispelkampdijk**.

Vorden

PLZ: NL-7251; Vorwahl: (0031) 0575

🛈 Touristeninformation VVV Vorden, Kerkstraat 1b, ☎ 553222

Von Vorden nach Geesteren   20,5 km

Über die eingleisige Bahn hinweg aus dem Ort hinaus ∾ an der Kreuzung beim **Hof De Weppel** leicht nach links versetzt auf den **Van Lennepweg** und in Folge weiter geradeaus ∾ **15** an der Sackgasse halbrechts ab auf den Sandweg **Lekkebekje** ∾ diesem in Bögen folgen.

Am kreuzenden **Galgengoorweg** knickt die Route links auf den geteerten **Larenseweg** in Richtung Almen ab.

Von dieser Allee weiter geradeaus auf den Sandweg („Anlieger frei") und an der nächs-

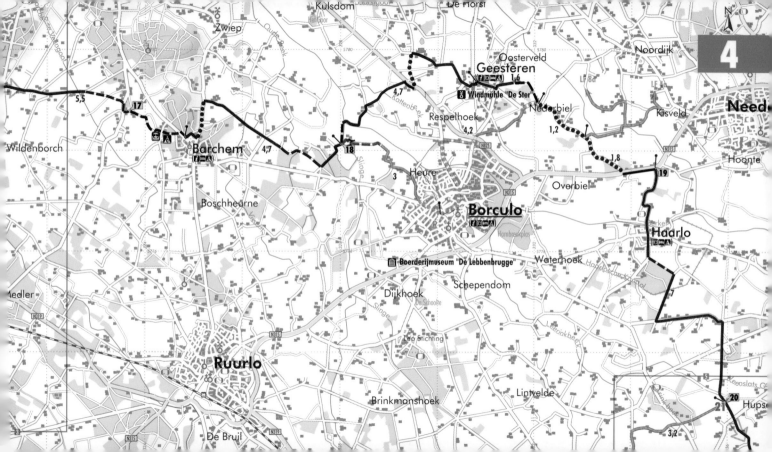

ten Kreuzung rechts in den **Heijendaalseweg** ∿ halbrechts in den **Oude Borculoseweg** ∿ geradeaus weiter durch **Het Groote Veld** ∿ halblinks auf den schnurgeraden Sandweg **Vordense Binnenweg** ∿ ab den ersten Häusern und Viehweiden rechter Hand wieder asphaltiert.

16 Über die Überquerung halbrechts in das Sträßchen **Het Langen** ∿ geradlinig durch das flache Weideland ∿ an der Gabelung hinter dem kleinen Bächlein **Barchemsche Veen goor** halbrechts auf den Sandweg ∿ auf Asphalt rechts kurz auf den **Schoneveldsdijk**, dann wieder vor dem Haus **De Lijster** links ab in den **Brinkerinkweg** ∿ **17** nun wieder auf Sand rechts ab ∿ auf dem Looweg geradeaus über den nächsten Asphaltweg, rechts der Beachvolleyball- und Rastplatz am **Woodbrokershuis** ∿ geradeaus nach Barchem∿ am **Lochemseweg** rechts auf den linksseitigen Radweg.

Barchem
PLZ: NL-7244; Vorwahl: (0031) 0573

🛈 **Vakman Koeleman**, Borculoseweg 3, ☎ 441258

✴ **Kunstgalerie**, Lochemseweg 50, ☎ 257714, ÖZ: Fr-So 14-17 Uhr
Am Beginn der Siedlung knickt die Route links ab in den Bergweg ∿ am Ende vor dem Wald

rechts in den **Omloop** ∿ dann links ab und auf dem mäßig befahrenen **Zwiepseweg** aus dem Ort hinaus.
Hinter dem Wäldchen noch knapp 500 m übers offene Feld, dann rechts ab in das Sträßchen **Witzand** ∿ an der Kreuzung geradeaus auf den **Enteldijk** ∿ ab dem Bauernhof geschottert kurvig weiter.
Mitten auf dieser Sandallee noch vor der weithin sichtbaren Kreuzung mit der Vorfahrtstraße links ab in die Sackgasse **Beekvliet** und kurvig bis zum Flüsschen Slinge **18**.

AUSFLUG In die „Museumsstadt" Borculo gelangen Sie, wenn Sie der im Kartenblatt dargestellten Alternativroute folgen.

Borculo
PLZ: NL-7271; Vorwahl: (0031) 0545

🛈 **Toeristeninformation VVV Borculo**, Hofstraat 5-6, ☎ 271966

🏛 **Bauernhofmuseum De Lebbenbrugge**, ☎ 274391, ÖZ: 1. Juni-16. Sept., So-Fr 11-17 Uhr, Sa 14-17 Uhr, So 11-17 Uhr

🏛 **Brandweermuseum** (Feuerwehrmuseum), Hofstraat 5, ☎ 271966, ÖZ: Mo-Fr 10-12 Uhr und 14-16 Uhr, Sa, So 14-16 Uhr. Im gleichen Gebäude ist auch das Stormrampmuseum (Sturmunwettermuseum) untergebracht: Ein Zyklon hatte 1925 in ganz Borculo nur wenige Häuser

stehen gelassen. Auch die Kirche war schwer beschädigt worden.

🏛 **Kristalmuseum**, Burgemeester Bloemersstraat 1, ☎ 272200, ÖZ: März-Okt. u. in den Schulferien Mo-So 10-17 Uhr, Nov.-Feb. nur Sa u. So. Thema: Edelsteine, Mineralien, Gesteine und Fossilien.

🛉 **N. H. Joriskerk**, Muraltplein, ÖZ: Mai-Sept., Mi-Sa 14-16.30 Uhr. Das spätgotische Bauwerk geht auf eine Kapelle aus dem Jahre 1337 zurück. Der Turm — erbaut Ende des 16. Jh. — kann erklommen werden.

🖼 Auf dem Gelände des Landgutes Beekvliet, direkt am R 1 gelegen, steht die dickste und vermutlich auch **älteste Ulme** der Niederlande: Gepflanzt vor über 160 Jahren hat sie heute eine Höhe von 34 m und einen Stammumfang von gut 6 m.

✿ **Doppelte Unterschlag-Wassermühle** (1628), Burgemeester Bloemersstraat.

Hier im Zentrum der ehemaligen Herrlichkeit Borculo wurden die „Heren van Borculo" seit dem 12. Jahrhundert in den Annalen geführt. Seit dem 14. Jahrhundert gehörten sie zum Geschlecht derer Von Bronkhorst, worunter Gijsbert hervortrat, da er dem Ort 1375 die Stadtrechte verlieh. Das Flüsschen Berkel, das Sie auf dem R 1 bis zu seiner Quelle bei Billerbeck noch mehrmals kreuzen werden, wurde ab 1644 für die Benutzung durch Lastkähne ausgebaut. In Erinnerung an die kommerzielle Berkelschifffahrt, die bereits Ende des

18. Jahrhunderts wieder aufgegeben worden war, wurde ab 1987 ein solcher „Berkelzomp" genannter Kahn nachgebaut. Er steht heute einige Wochen im Jahr für Ausflugsfahrten auf der Berkel zur Verfügung.

Auf der Hauptroute links am Flüsschen Slinge entlang ∼ nach der Brücke rechts und der Straße nach **Mulderink** folgen ∼ links und gleich wieder rechts in die **Kattenbeekdijk** ∼ rechts auf den Radweg ∼ die nächste links ∼ rechts auf den **Stoffersweg** ∼ in der Linkskurve geradeaus auf den **Meiweg** und auf diesem bis Geesteren radeln.

Geesteren

🛈 **Toeristeninformation** VVV Borculo, Hofstraat 5-6, ☎ 0545/271966

✿ **Kornmühle De Ster** (1859), Arbeitszeit: Mai-Sept., Sa 9-16.30 Uhr, Okt.-April, Sa 10-16 Uhr. Die Besichtigung der Gerüst-Windmühle kann während der samstäglichen Arbeitszeiten erfolgen, solange die Flagge am Weg weht.

Von Geesteren
nach Zwillbrock   19,5 km

Links auf die Dorpstraat und durch den Ort ∼ am Ortsende links auf

Am NSG Ellewicker Feld

den Oude Diepenheimseweg und gleich rechts in den Kerkpad ∼ bei den Häusern von Nederbiel links auf die Straße **Needse Tolweg**. An der N 315, dem **Borculoseweg** links auf den Radweg ∼ **19** wenig später rechts ab in den **Haarlosesteeg** ∼ links halten und über die Berkel nach Haarlose.

Haarlo

▣ **N. H. Kerk** (1858), für Besichtigungen ☎ (0031) 0545/ 261243. Etwas versteckt zwischen den Bäumen liegt die kleine, aber einzigartig-achteckige Dorfkirche.

Im Dorf geradeaus weiter auf dem Wolinkweg ∼vor dem Wäldchen links auf den unbefestigten Weg am Waldrand ∼ am Ende des Waldes rechts auf den wieder glatten Veldweg ∼ an der nächsten Kreuzung nach dem **Haarlosche Kanaal** scharf links in den **Oude Eibergseweg**. In der Bauerschaft Olden Eibergen rechts ab auf den Molenweg **20**.

▌ Beim Bruininkdijk können Sie einen Abstecher nach Groenlo machen. Hier einfach den Wegweisern der Westmünsterlandroute folgen. **23**

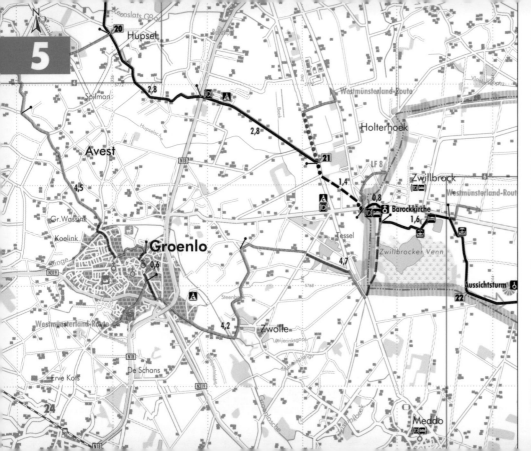

Ebenfalls gut beschildert bringt Sie von dort aus die Arfgoodroute zum Start des deutschen R 1nach Zwillbrock.

Groenlo

PLZ: 7141; Vorwahl: 0544

i **Touristeninformation**, Mattelierstraat 33, 📞 461247

Groenlo erhielt im Jahr 1277 das Stadtrecht und wurde im Laufe der Zeit zu einer Festung ausgebaut. Die Stadt ist auch dafür bekannt, dass hier erstmals das „Grolsch Bier" gebraut wurde, worüber man sich im Cafe-Restaurant „De Klok" informieren kann.

Auf der Hauptroute immer geradeaus auf dem **Molenweg** 〰 geradeaus über die N 18 〰 weiter auf dem **Kerkdijk** am Campingplatz vorbei 〰 **21** am Ende halbrechts in den **Winterswijkseweg** 〰 wenig später halblinks auf die sandige Allee **Kantoordijk**.

Dem **Zwilbroekseweg** am Ende kurz nach rechts zur Vorfahrtstraße folgen 〰 am **Vredense Weg** links ab im Verkehr hinüber nach Deutschland 〰 ab der Grenze beginnt ein Radweg, der zur Barockkirche von Zwillbrock führt.

▮ Noch vor dem Ortseingangsschild empfangen Sie die nordrhein-westfälischen Radwegweiser. In roter Schrift auf weißem

Grund weisen sie Ziele und (oft sehr großzügig gemessene) Entfernungsangaben auf. In der Einschubleiste darunter befinden sich die Signets der auf der jeweiligen Strecke verlaufenden Radfernwege. Dazu kommen hier in der Radregion Münsterland noch eine oder zwei Nummern, die die jeweils angrenzenden Radregion-Waben bezeichnen; zunächst hier am Rand die Nr. 56. Auf den Strecken zwischen diesen aufwändigen Kreuzungswegweisern sind die Routen – in beiden Fahrtrichtungen! – allerdings meist nur durch ein einfaches rotes Fahrradsymbol und einen Pfeil gekennzeichnet.

Vreden-Zillbrock

🏛 **Barockkirche.** Gilt mit ihrer Schleifladenorgel (1720), Kanzel und Hauptaltar als der schönste barocke Kirchenbau des Münsterlandes.

TIPP Auf dem Kirchenvorplatz begrüßt Sie eine Tafel am offiziellen Beginn des R 1.

Von Zillbrock nach Stadtlohn   27 km

Zunächst rechts ab in Richtung **Zillbrocker Venn** ～ links ab auf Asphalt bleiben, während geradeaus die **Arfgoodroute** unbefestigt in Richtung Groenlo führt.

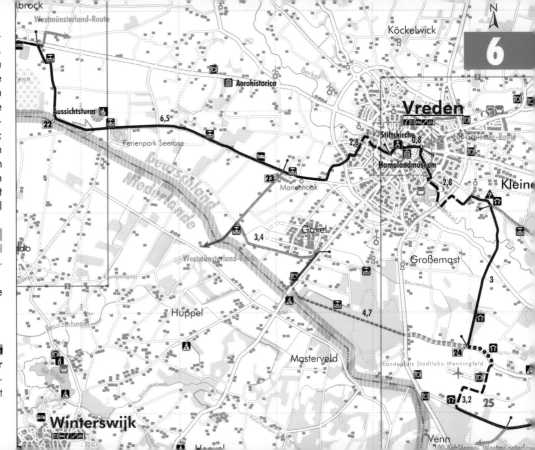

Vreden

Windmühlentor • Butenwall • Rathaus
Gartenstr. • Wallstr. • Burgstr.
Windmühlenstr. • Stiege • Gartenstr.
Aechter-hook • König-Schlupp-Str. • Twickler-str.
Altstadt • Butenwall • Freiheit • Neustr. • Wessen Str.
Kinder-garten • Markt • Waterer-Str.
St.Georg • Kirch-platz • Stiftskirche • Wichmannsg. • Bremer Str. • Franzisk.-Str.
100-Schl. • Butenwall • Stadtgraben • Wassermühlen-Str.
Stadtpark
Bauernhaus-museum Früchtinghoff • Berkel Kraftwerk • Hama-land-museum • Mauerstr.
Schule • Butenwall

500 m

Kurz vor der L 608 halbrechts auf den geschotterten Radweg ~ bei Hüning dann rechts ab, beschildert Richtung Vreden.
Dem kurvigen Verlauf des Sträßchens folgen ~ **22** am Ende, wo geradeaus nur ein schmaler Radweg über die Grenze führt, links ab ~ am Aussichtsturm mit Blick über das Naturschutzgebiet Ellewicker Feld vorbei ~ immer geradeaus ~ **23** nach der Pen-

sion Höing in die Bauerschaft Gaxel/Siedlung Marienhook.

▌ Der R 1 verläuft weiter geradeaus nach Vreden, Sie können aber auch der Alternativroute entlang Wabe 56 folgen. Diese führt Sie südlich um Vreden herum und ist etwas kürzer.

Geradeaus auf Vreden zu ~ noch vor dem Ortsbeginn vom **Venndiek** links ab ~ hinter den Höfen halbrechts halten und über die L 608 auf die Straße **Am Büschken** ~ hinter der Kurve rechts in die **Ravestraße** ~ links **Zum Binnenfeld** und geradeaus in den **Grünen Weg** ~ vor der Berkel rechts ab und am Fluss entlang ins Zentrum.
Nach Querung der Berkel stoßen Sie im Stadtpark wieder auf die Wegweisung des Radelparks, an der Abzweigung der 100-Schlösser-Route geradeaus vorbei ~ erst am **Butenwall** kurz links, dann scharf rechts mit einem Brückchen über den Stadtgraben ~ vor der Stiftskirche links und

direkt wieder rechts in die Fußgängerzone am Markt.

Vreden

PLZ: 48691; Vorwahl: 02564

🛈 Stadtmarketing GmbH, Markt 7, ☎ 4600

🏛 Hamaland-Museum, Butenwall 4, ☎ 39180, ÖZ: Di-So 10-17 Uhr. Das größte kulturgeschichtliche Museum im Westmünsterland.

🏛 Bauernhof-Museumsanlage Früchtinghoff, Stadtpark, ÖZ: März-Okt.

🏛 Miniaturschuhmuseum, Neustr. 16. Das größte historische Miniaturschuhmuseum.

🏛 Scherenschnittmuseum, Markt 6, ☎ 392085

🏛 Romanische Stiftskirche St. Felicitas (11. Jh.) mit ottonischer Hallenkrypta (1024), spätromanischem Stufenportal, gotischem Kronleuchter (1489) u. a. Kunstwerken.

🏛 Pfarrkirche St. Georg. Fundamente einer karolingischen Pfeilerbasilika mit Ringkrypta (um 800). Besonders sehenswert: Krypta, gotisches Taufbecken, Pieta und der Antwerpener Flügelaltar (frühes 16. Jh.).

🟦 Wassermühle, Stadtpark, ☎ 1036
Zur ersten Erwähnung Vredens kam es mit der Gründung des

Bäuerliches Freilichtmuseum Früchtinghoff

Stiftes im Jahr 839. Es folgen eine Stiftskirche und eine Hallenkrypta. 1334 wird ein Teil des Ortes von Reinald von Geldern zerstört, es folgt 1380 die Errichtung der Stadtmauern. Es kommt zu einigen Belagerungen bis Vreden 1470 schließlich Hanse-Mitglied wurde. Nach schweren Jahren während des Dreißigjährigen Krieges wurde die Stadt 1623 von kaiserlichen Truppen eingenommen. Erst neun Jahre später wurde ihre Selbstständigkeit teilweise wiederhergestellt. 1811 fiel ein großer Teil Vredens einem Großbrand zum Opfer, doch schon bald darauf konnte die erste Lederfabrik eröffnet werden; die Industrialisierung nahm ihren Lauf. Nachdem 1952 Vreden das 700-jährige Stadtjubiläum gefeiert hatte, schloss man sich 1969 mit Ammeloe zur Stadt Vreden, wie sie auch heute noch besteht, zusammen.

Der 100-Schlösser- und der Westmünsterland-Route folgend, immer im Wesentlichen geradeaus auf der **Wüllener Straße** bis zum Rand der Altstadt 〜 am Parkplatz zunächst halbrechts am Computerladen vorbei, dann rechts in den kleinen Weg **Am alten Friedhof** 〜 am Ende des Friedhofs geradeaus auf der Straße **Schabbecke** weiter 〜 am Ende rechts auf den Radweg an der **Overbergstraße** und diese direkt vor der Berkel unterqueren 〜 geschottert am Fluss entlang 〜 hinter der Brücke der L 572 links hinauf, dann auf freiem Feld rechts ab Richtung Stadtlohn 〜 nach Linksknick an der Windanlage wieder rechts auf die **Ostendarper Straße**.

⚠ Hinter den Höfen teilen sich die Radrouten: Geradeaus führt die 100-Schlösser-Route entlang der Waben 57/88 direkt nach Stadtlohn, R 1 und WM-Route knicken nach Süden weg. Es geht kurz rechts und direkt wieder links ab 〜 im sanften

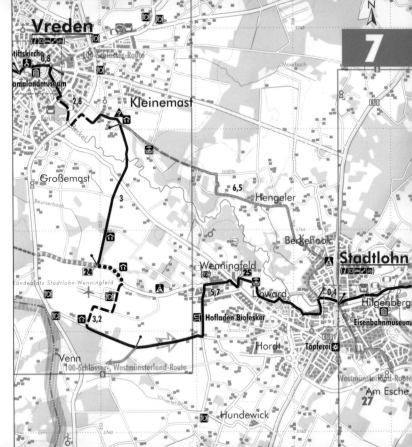

Stadtlohn

Bogen das NSG Berkelauen durchqueren und nun immer geradeaus, bis Sie vor dem kleinen Luftlandeplatz auf die **K 20** stoßen ➳ **24** hier zunächst links ab.

Wenig später rechts ab zum Flugplatz Stadtlohn-Wenningfeld ➳ geradeaus weiter auf den Schotterweg, der direkt am Ende der Piste vorbeiführt ➳ an der nächsten Kreuzung rechts, dann im Linksknick weiter zum Waldrand ➳ dort wieder links und auf Asphalt weiter.

Immer geradeaus am **Hof Klöpper** vorbei ➳ an der nächsten Gabelung halblinks weiter ➳ an der Kreuzung links ab und auf dem Heideweg durch die Bauerschaft Stovermann

➳ an der vorfahrtberechtigten **Eichendorffstraße** rechts ab.

Wenningfeld

Am Ende der Siedlung kurz rechts auf den Radweg der K 24, dann links ab in das Sträßchen **Bockwinkel** Richtung Kläranlage ➳ **25** rechts ab und kurvig an der Schutzhütte vorbei ➳ auf der **Delpstraße** in die Siedlung Wenninghof.

⚠ Vor dem Spielplatz links in die Wohnstraße Linward und hinter dem Friedhofseingang zweimal rechts ab auf den Fuß- und Radweg ➳ am anderen Ende des Friedhofs weiter auf der **Lessingstraße** ➳ die nächste Möglichkeit links ab in die **Droste-Hülshoff-Straße** ➳ an der nächsten Kreuzung erneut nach links in den **Schanzring** und über die Berkel ➳ dahinter rechts auf den Radweg ➳ über die große **Mühlenstraße** ➳ noch vor der Berkel halblinks auf die Uferstraße Richtung Ahaus.

▌ Geradeaus kommen Sie direkt ins winklige historische Ortszentrum.

Stadtlohn

PLZ: 48703; Vorwahl: 02563

🛈 **Verkehrsverein**, Dufkampstr. 11, ✆ 97200

🔆 **Wallfahrtskapelle**. Die Kapelle wurde 1695 errichtet und 1738 erweitert.

🔆 **Töpferei Erning**, Besichtigung: n. V. ✆ 4962. In dem über 200 Jahre alten Familienbetrieb werden salzglasiertes Steinzeug sowie Ofenkacheln, Wand- und Bodenfliesen und die „Stadtlohner Riemchen" (schmale Keramikstücke) hergestellt.

Von Stadtlohn zum Schloss Varlar   30,5 km

Von der Uferstraße kommend an der Vorfahrtstraße **Kalter Weg** geradeaus in die Düsterstegge ➳ bei der Bushaltestelle Büning links halten ➳ **26** nach einem Kilometer rechts in den unbefestigten Weg, weiter entlang der Waben 58 und 87.

An der Schutzhütte bei Brinker knicken Sie scharf rechts ab ➳ die Route schlägt einen weiten Bogen auf glatter Strecke durch den Liesnerwald ➳ an der K 33 links und am Restaurant vorbei ➳ dort links ab und am Waldrand (Waben 58/86) bis zur K 35 ➳ **27** auf deren Radweg weiter nach links.

Nach der sanften Rechtskurve rechts ab und am Bach entlang ➳ noch vor den Häusern an der K 33 zweigen Sie im spitzen Winkel nach rechts ab ➳ später im Bogen über die K 33 und die A 31 ➳ in Hegerort nach rund 2,5 km rechts.

Hegerort

Nach 200 m links ➳ über die L 571, danach links und an der nächsten Kreuzung rechts **28**.

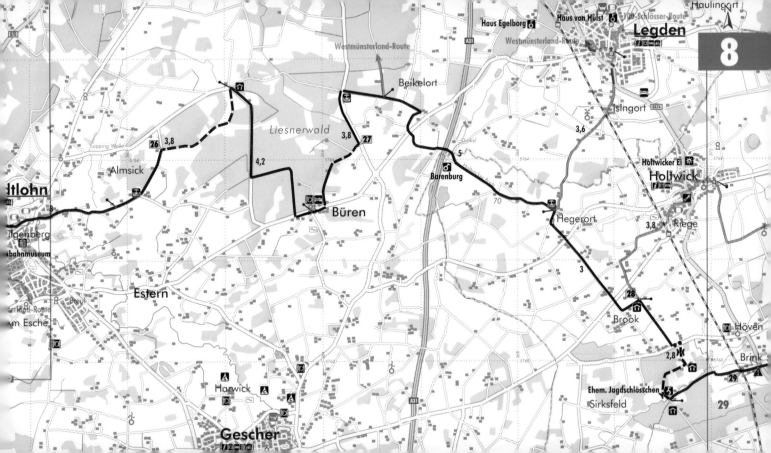

Links entlang der Wabe 60 kommen Sie nach Holtwick.

Holtwick

❋ Das „Holtwicker Ei" ist der größte eiszeitliche Findling Westfalens.

Etwa 1,2 km hinter der Abzweigung links und dann rechts auf einen unbefestigten Weg ↝ ein Rechtsknick wird gefolgt von einer Linkskurve ↝ wieder auf Asphalt und an der nächsten Kreuzung bei den Häusern von Gaupel links ↝ **29** über die Gleise und über die B 474 (⚠) ↝ an der Mülldeponie in den Forst, danach links und nach 500 m rechts ↝ nach ein paar Kurven verlassen Sie den Wald wieder, rechter Hand liegt das Schloss Varlar.

Schloss Varlar

🏰 Das ehemalige **Prämonstratenserkloster Schloss Varlar** (Stiftung um 1125) wurde nach der Säkularisierung 1803 zu einer großzügigen Residenz umgebaut und erhielt die heutige klassizistische Gestalt. Das Schloss ist derzeit nur von außen zu besichtigen, Informationen erhält man bei der Gemeinde Rosendahl, ✆ 02547/770.

Schloss Darfeld

Von Schloss Varlar nach Havixbeck   28,5 km

An der K 42 rechts ↝ dem Straßenverlauf folgen ↝ **30** an der L 555 links auf den Radweg ↝ vor der großen Kreuzung (⚠) rechts in einen gemütlichen kleinen Weg ↝ an der L 577 kurz links und wieder rechts in den **Ludgerusweg** ↝ nach der Linkskurve beim Wegkreuz rechts ↝ an der K 36 links ↝ nach 400 m rechts in die Straße **Netter** ↝ **31** rechts ab in den unbefestigten Weg ↝ Sie kommen zum Schloss Darfeld.

Darfeld-Rosendahl

PLZ: 48720; Vorwahl: 02545

ℹ Verkehrsverein Rosendahl e. V., Darfeld, Sandweg 5, ✆ 257

🏰 Schloss Darfeld, ✆ 257. Die zweiflügelige Anlage stammt aus dem beginnenden 17. Jh. Bei einem Brand 1899 wurde sie zerstört und im Neo-Renaissancestil wieder aufgebaut.

Nach dem Rechtsbogen beim Schloss geradeaus und auf dem **Mohnweg** bis zur L 580 ↝ dort rechts und direkt nach den Gleisen

links ↝ vor den ersten Häusern rechts und in Folge leicht bergauf ↝ vor dem Wald an der Weggabelung links ↝ Sie kreuzen die Baumberger Sandsteinroute ↝ weiter bergauf, um den Hof herum und geradeaus auf unbefestigtem Weg weiter ↝ in eine kleine Mulde hinab ↝ wieder auf Asphalt und nach ca. 600 m rechts abbiegen ↝ bei den Häusern von Aulendorf rechts auf die K 38 ↝ an der Kirche vorbei und direkt danach links in den Anliegerweg ↝ am Ende dieses verkehrsfreien Weges links ↝ **32** an der T-Kreuzung rechts ↝ links auf die K 38 ↝ in der Linkskurve geradeaus ↝ an der Kreuzung rechts↝ links auf die etwas verkehrsreichere L 506 ↝ an der Bushaltestelle Temming rechts ↝ nach Kurven an der T-Kreuzung erneut rechts ↝ nach 900 m rechts in die holprige Straße **Walingen** ↝ nach der Stapelmühle links über die Brücke ↝ am Haus Stapel vorbei und an der Kreisstraße geradeaus auf dem Radweg.

Haus Stapel

Im Jahre 1211 wurde die Wasserburg Stapel erstmals urkundlich erwähnt. Die heute sichtbaren, aus landestypischen gelben Sandsteinquadern errichteten Gebäude sind jedoch jüngeren Datums. Die 1719 fertiggestellte

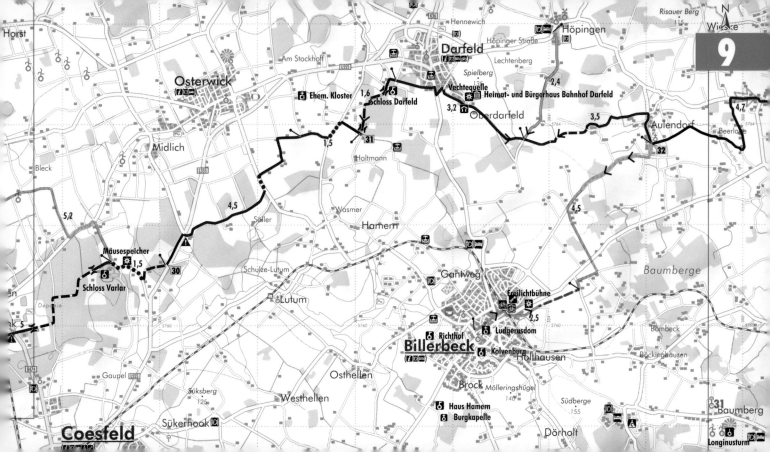

Horst

Osterwick

Midlich

Bleck

5,2

Mäusespeicher
1,5

Schloss Varlar

Depotie

4,5

30

Söller

Schulze-Lutum

Lutum

Gaupel

Coesfeld

Süksberg
125

Sükerhook

Westhellen

Osthellen

Am Stockhoff

Ehem. Kloster

1,6

Schloss Darfeld

1,5

31

Holtmann

Wasmer

Hamern

Hennewich

Darfeld

Spielberg

Lechtenberg

Vechtequelle

Heimat- und Bürgerhaus Bahnhof Darfeld

3,2

Oberdarfeld

Gantweg

Billerbeck

Richthof

Ludgerusdom

Kolvenburg

Holthausen

Brock

Mölleringhügel
140

Haus Hamern

Burgkapelle

Dörholt

Südberge
155

Risauer Berg
135

Höpinger Straße

Höpingen

Wieske

N

9

2,4

3,5

3,2

Aulendorf

32

Beerlage

4,7

Baumberge

4,5

Freilichtbühne

2,5

Bombeck

Böckinghausen

31

Baumberg

Longinusturm

Torburg, die eigentlich einen reinen Zweck-bau darstellt, erhielt durch die Gliederung der Fassade und die geschwungenen Dachhauben eine sehr noble Note.

Das 1819-28 erbaute klassizistische Herren-haus entstand nach Plänen eines der letzten großen westfälischen Baumeister, des Archi-tekten August Reinking.

33 Am Ortseingang von Havixbeck rechts in die **Gennericher Straße** ～ am Sandstein-museum vorbei und auf dem **Gennericher Weg** die Kreisstraße überqueren.

Havixbeck

PLZ: 48329; Vorwahl: 02507

- 🚻 **Verkehrsverein**, Schulstr. 10, ✆ 7510
- 🏛 **Baumberger-Sandstein-Museum**, Gennerich 9, ✆ 33175, ÖZ: März-Okt., Di-So 11-18 Uhr; Nov.-Feb., Di-So 13-18 Uhr. Das Museum informiert über die Steinbrucharbeit sowie die Sandstein-restaurierung und -konservierung. Außerdem gibt es hier auch noch ein Bildhaueratelier.
- 🏰 **Haus Havixbeck** (1735), Schlossanlage mit Burggraben. Be-sichtigungen für Gruppen n. V. mit dem Verkehrsverein mög-lich.

Von Havixbeck nach Münster   23 km

Vom Gennericher Weg links in die **Hauptstra-**
32 ße ～ die Straße endet in der Fußgängerzone

Haus Stapel – Havixbeck

～ die Kirche umrunden und an der Apotheke geradeaus auf die **Altenberger Straße** fah-ren ～ dem Rechtsknick der Straße aus dem Ortskern hinaus folgen ～ bei den letzten Häusern rechts auf einem Pfad zum Radweg entlang der Hauptstraße ～ in den Weg rechts einbiegen ～ das nächste Stück ist weniger gut befahrbar, aber nach den Hochspannungs-leitungen wieder auf Asphalt ～ links auf den Begleitradweg der **K 51** ～ gerade über die Hauptstraße und nach Hohenholte hinein.

Hohenholte

Durch die Ortschaft auf der Straße **Auf dem Stift** ～ dann rechts in die **Roxeler Straße** ～ am Ortsende geradeaus auf einen unbe-festigten Weg ～ bei der Klostermühle rechts

und an der Hauptstraße wieder rechts auf den Radweg ～ **34** dann nach links in die Straße Richtung Senden ～ nach 2 km links und der Straße über die Brücke folgen ～ vor dem Waldrand links ～ rechts durch den Wald, auf Asphalt rechts und wieder links und dann sogleich wieder rechts ～ so gelangen Sie zur Wasserburg Hülshoff.

Wasserburg Hülshoff

- 🏛 **Droste Museum**, im Schloss Hülshoff mit weitläufigen Parkan-lagen, ✆ 02534/1052, ÖZ: April-Nov., tägl. 11-18.30 Uhr. Thema: Lebensgewohnheiten des münsterländischen Adels zur Zeit des Klassizismus und des Biedermeier.

Die bereits seit 1349 belegte Zwei-Insel-An-lage ist eine der bekanntesten und roman-tischsten Wasserburgen Westfalens. Der Bau aus Ziegel- und Backsteinmauerwerk, der 1545 vollendet wurde, ist im Kern spätgotisch, wurde jedoch im Laufe der Jahrhunderte mehr-fach umgebaut und erweitert. Sehenswert sind auch die Anfang der 80er Jahre nach alten Plä-nen restaurierten Garten- und Parkanlagen.

Die Burganlage befindet sich seit dem Jahre 1417 im Besitz der Familie Droste zu Hülshoff, deren berühmtestes Mitglied, die Dichterin An-nette von Droste-Hülshoff, 1797 hier geboren wurde: Ihre Familie war von westfälischem Adel, streng katholisch und konservativ. Annette war von Anfang an kränklich worunter sie ihr ganzes Leben lang litt. 1820 verliebte sie sich in den evangelischen Heinrich Straube, dieses Verhältnis wurde aber von ihrer Familie unterbunden. Nachdem ihr Vater gestorben war, zog sie mit ihrer Familie in die Nähe von Münster. 1838 entstand ihr erster Werk, ein Gedichtband, der aber nicht viel Anklang fand. Drei Jahre später verliebte sie sich in Meersburg in Levin Schücking der 17 Jahre jünger war als sie. Sie verlobten sich, doch zu einer Heirat kam es nie, da sie sich immer mehr auseinanderlebten. 1842 wurde die Judenbuche veröffentlicht, 1844 ein weiterer Gedichtband. Diese beiden Bücher fanden auch großen Anklang und verkauften sich gut. Annette von Droste-Hülshoff starb schließlich nach einem schweren Leben im Jahr 1848 an den Folgen einer Lungenentzündung. Weitere Werke der mittlerweile bedeutendsten Dichterin des 19. Jahrhunderts sind „Ledwina", „Bei uns zu Lande auf dem Lande", „Bilder aus Westfalen" und „Joseph" Über den Parkplatz gegen die Einbahnstraße und die Straße überqueren ⌇ geradeaus und gleich links ⌇ rechts auf den Schotterweg **35** an der K 22 kurz rechts, dann links

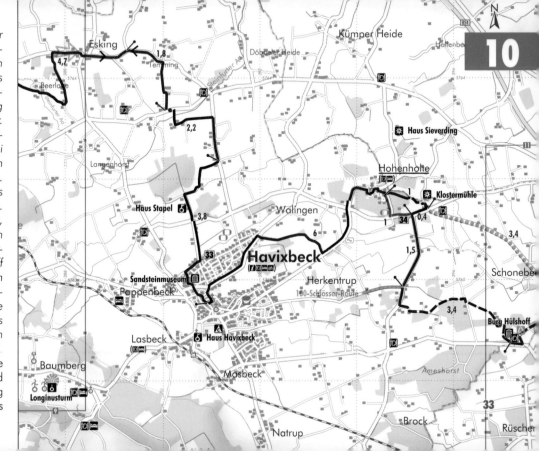

auf den Radweg entlang der **Hülshoffstraße** ↝ wenn der Radweg endet geradeaus auf den **Schonebecker Weg** ↝ rechts in die Straße **Haus Vögeding** ↝ dahinter links in den Twerenfeldweg ↝ an der Hauptstraße links auf den Radweg und in die nächste Straße Richtung Haus Rüschhaus rechts.

Haus Rüschhaus

🏛 Droste-Museum Haus Rüschhaus (1745), ☎ 02533/1317, ÖZ nur m. Führungen: März, April u. Nov. Di-So 11, 12, 14 und 15 Uhr; Mai-Okt. Di-So stündl. 10-12 und 14-17Uhr. Im ehemaligen Sommerhaus des Barockbaumeisters Johann Conrad Schlaun sind Bilder, Handschriften und Kleinodien der Dichterin Annette von Droste-Hülshoff zu sehen, die hier später wohnte.

Vor dem Rüschhaus rechts auf den Schotterweg ↝ über die Autobahn, beim Pfosten links in **Am Gievenbach** ↝ im Rechtsbogen mündet der Weg in den **Horstmarer Landweg** ↝ auf dem straßenbegleitenden Radweg nach Münster hinein ↝ am Ende geradeaus auf den Radweg am vierspurigen **Orléans-Ring** ↝ hier rechts bis zur Kreuzung ↝ links ab entlang der **Apfelstaedtstraße** und geradeaus weiter an der Wilhelmstraße.

An der großen Kreuzung Neutor führt der R 1 kurz rechts, dann am Rande des Hindenburgplatzes links über die Ampel auf die Promenade; rechter Hand liegen Schloss und Schlossgarten.

▮ **TIPP** Auch rechtsherum ist der R 1 entlang der Promenade südlich um die Altstadt herum beschildert. Stadtauswärts halten Sie sich dann vor der einzigen Radlerunterführung rechts.

▮ **TIPP** Eine Besichtigung der Altstadt sollten Sie sich keinesfalls entgehen lassen. Übrigens können Sie hier alles mit dem Rad machen; es gibt wohl kaum eine andere Stadt, in der so viele Fahrradfahrer unterwegs sind. Räder und Gepäck können Sie zwischenzeitlich aber auch komfortabel und sicher in der Radstation am Hauptbahnhof parken.

Münster   Stadtplan s. S. 37
PLZ: 48143; Vorwahl: 0251

🛈 Tourist Information, Klemensstr. 10, ☎ 492-2710

🏛 Archäologisches Museum der Universität, Domplatz 20/22, ☎ 8324581, ÖZ: Di-So 14-16 Uhr

🏛 Domkammer, Horsteberg, ☎ 4955878, ÖZ: Di-So 11-16 Uhr. Thema: Religiöse und künstlerische Kultur der Bischofskirche aus zehn Jahrhunderten.

🏛 Geologisch-Paläontologisches Museum der Universität, Pferdegasse 3, ☎ 8323942, ÖZ: Di-Fr 9-17 Uhr, Sa 10-17 Uhr, So/Fei 14-17 Uhr

🏛 Graphikmuseum Pablo Picasso, Königsstr. 5, ☎ 414470, ÖZ: Di-Fr 11-18 Uhr, Sa, So/Fei 10-18 Uhr

🏛 Museum für Lackkunst, Windthorstr. 26, ☎ 418510, ÖZ: Mi-So 12-18 Uhr, Di 12-20 Uhr

🏛 Mühlenhof, Theo-Breider-Weg 1, ☎ 981200, ÖZ: Mitte März-Okt., tägl. 10-18 Uhr, Nov.-Mitte März, Mo-Sa 13-16.30, So 11-16.30 Uhr. Freilichtmuseum mit Bockwindmühle, Rossmühle, Backhaus, Spieker, Mühlenhaus und Gräftenhof.

🏛 Stadtmuseum, im Salzhof, Salzstr. 28, ☎ 4924503, ÖZ: Di-Fr 10-18 Uhr; Sa, So u. Fei 11-18 Uhr. Thema: Münsters Stadtgeschichte in Modellen, Bildern und anhand von Zeitzeugnissen, wie z. B. Briefen und Kleinanzeigen aus der Zeit des 2. Weltkrieges, „Tante Emma Laden", Café aus den 50er Jahren.

🏛 Westfälisches Landesmuseum für Kunst und Kulturgeschichte, Dompl. 10, ☎ 590701, ÖZ: Di-So 10-18 Uhr. Bildwerke des Frühmittelalters, Glasmalerei, Skulpturen, Kunsthandwerk und Landesgeschichte bis zur Gegenwart, Impressionismus, Expressionismus, Bauhaus, Konstruktivismus u. a.

🏛 Westfälisches Museum für Naturkunde, Landesmuseum mit Planetarium, Sentruper Str. 285, ☎ 59105, ÖZ: Di-So 9-18 Uhr. Thema: Astronomie, Mineralogie, Geologie, Paläontologie, u. a.

▣ Liebfrauen- oder Überwasserkirche. Die hohe, lichte Hallenkirche aus dem 14. Jh. hat den mächtigsten gotischen Kirchturm Westfalens, dem jedoch seit einem Orkan 1704 die Haube fehlt. Überwasserkirche heißt sie, da sie im Viertel jenseits der Aa erbaut wurde.

▣ St. Paulus-Dom. Monumentalbau aus der Zeit zwischen romanischem und gotischem Baustil. Die Astronomische Uhr aus dem 16. Jh. blieb gänzlich erhalten.

🔔 Die **Hallenkirche St. Lamberti** im Stil der westfälischen Spätgotik beherbergt das höchstgelegene Dienstzimmer Münsters – die Türmerstube, die der Türmer über 298 Stufen erreicht.

🏛 **Erbdrostenhof**, im 18. Jh. von dem Barockarchitekten J. C. Schlaun erbaut.

🏛 **Schloss** (18. Jh.). Die dreiflügelige Anlage, ebenfalls von J. C. Schlaun erbaut, wurde nach dem Krieg wieder originalgetreu aufgebaut und beherbergt heute die Universitätsverwaltung.

✳ **Rathaus**, Prinzipalmarkt, ✆ 4922724, ÖZ: Di-Fr 10-17 Uhr; Sa, So/Fei 10-16 Uhr. Das gotische Bogenhaus – ursprünglich aus dem 14. Jh. – wurde in den 50iger Jahren originalgetreu wieder aufgebaut. Besonders sehenswert ist die alte Ratskammer, in Bezug auf den Westfälischen Frieden von 1648 auch Friedenssaal genannt.

✳ **Kuhviertel**, traditionsreiches Vergnügungsviertel mit zahlreichen Studentenkneipen und gemütlichen Restaurants.

⛰ **Botanischer Garten**, im Schlossgarten, ÖZ: 15. März-31. Okt. 8-17 Uhr, 1. Nov.-14. März 8-16 Uhr. 4,6 ha Freilandfläche und 2.000 m² Gewächshäuser.

🐾 **Allwetterzoo**, Sentruper Str. 315, ✆ 89040, ÖZ: April-Sept. 9-18 Uhr, März/Okt. 9-17 Uhr, Nov.-Feb. 9-16 bzw. 17 Uhr. Einmalig im Zoo (400 Arten, 2500 Tiere, Delfinarium, Pinguinrundgänge, Streichelzoo, Affenfreigehege) ist nicht mehr nur der namensgebende Allwettergang, der alle großen Tierhäuser miteinander verbindet, sondern auch das Westfälische Pferdemuseum Hippomaxx.

🚲 **Radstation Münster Hundt KG**, Berliner Pl. 27a (am Hauptbahnhof), ✆ 4840170

Die Geschichte Münsters beginnt mit Karl dem Großen und dem friesischen Missionar Liudger, den der Kaiser ausgesandt hatte, das Sachsenland zu bekehren. 793 kam Liudger in die Siedlung an der Aa, die damals den Namen Mimigernaford trug. Seine Missionsreise war von Erfolg gekrönt. Bereits 805 wurde sein neu errichtetes Kloster auf dem Horsteberg zum Bischofssitz erhoben und er selbst zum Bischof ernannt. Bischöfe und Fürstbischöfe hatten in der stetig wachsenden Stadt bis zur Herrschaftsübernahme durch die Preußen im Jahre 1803 das Sagen.

Jenseits der kirchlichen Befestigungsanlage siedelten Kaufleute, Handwerker und Krämer, mit deren Einzug der Wohlstand und das Ansehen der Stadt stieg. In dieser Marktsiedlung vor den Toren der Domburg entstand die Lambertikirche als Gemeindekirche für die wachsende Stadtbevölkerung. 1368 wurde Münster als Mitglied in die Hanse aufgenommen. Pestepidemien und Stadtbrände im Laufe der Jahrhunderte

Wasserschloss Burg Hülshoff

konnten das Wachstum der Siedlung nicht stoppen. Das 16. Jahrhundert war geprägt durch die kriegerisch niedergeschlagene Reformationsbewegung der Täufer, welche schließlich in großer Zahl getötet wurden. Die Leichname der Anführer wurden zur Abschreckung in Käfigen an den Turm der Lambertikirche gehängt. Noch heute kann man die Käfige dort bestaunen.

Im 17. Jahrhundert stand Münster im Mittelpunkt der europäischen Geschichte, als hier am 15. Mai 1648 in der Ratskammer, dem heutigen Friedenssaal des Rathauses, der Teilfrieden zwischen Spanien und den Niederlanden geschlossen wurde. Damit konnte ein erster Schlussstrich unter den Dreißigjährigen Krieg gezogen werden.

Die schlimmsten Zerstörungen musste Münster im Laufe seiner Geschichte im Zweiten Weltkrieg hinnehmen. Steht man heute z. B. am Prinzipalmarkt, in Münsters „guter Stube", ist es kaum vorstellbar, dass rund 90 Prozent der Altstadt zerstört waren. Die

Der Prinzipalmarkt, Münsters „Gute Stube"

Münsteraner bauten ihre Stadt jedoch nach historischen Plänen wieder auf, so auch den Giebel des Rathauses, der ursprünglich aus dem 14. Jahrhundert stammte.

Münster ist eine Fahrradstadt par excellence. Die rund 280.000 Einwohner legen mindestens 50 Prozent aller Entfernungen unter fünf Kilometern mit dem Rad zurück, im Innenstadtbereich wird dazu besonders die rund um den Stadtkern verlaufende Promenade, eine ehemalige Wallanlage genutzt. Als passionierter Pedalritter werden Sie sich hier ganz sicher wohl fühlen!

Von Münster nach Höxter

194 km

Östlich von Münster, vorbei am Wallfahrtsort Telgte, wartet schon die Pferdestadt Warendorf auf Sie. Entlang der jungen Ems, von der aus sich Ausflüge nach Gütersloh und Rheda-Wiedenbrück anbieten, steigt die Route bald sanft an. Hinunter nach Detmold geht es nach Querung des Lippischen Waldes, von dessen Höhen Sie das Herrmannsdenkmal grüßt. Schloss Vinsebeck und die Abtei Marienmünster liegen im Oberwälder Land an Ihrem Weg, bevor Sie ins Tal der Weser hinunter nach Höxter rollen.

Immer noch praktisch unbelastet von Autoverkehr rollen Sie meist auf asphaltierten Wirtschaftswegen dahin. Lediglich in den Waldgebieten, die auf diesem Abschnitt schon zahlreicher und größer sind als zuvor, gilt es auch geschotterte Passagen zu meistern. Deren Zustand ist leider von Landkreis zu Landkreis unterschiedlich, wenn auch nirgendwo wirklich schlecht.

Von Münster nach Warendorf   31 km

Die Promenade führt im Bogen nördlich um die Altstadt ⁓ vor der Radlerunterführung links und diagonal über die Kreuzung ⁓ auf dem Radweg entlang der Warendorfer Straße stadtauswärts ⁓ rechts in die **Oststraße**, links in den **Mauritz-steinpfad**, einen kleinen Radweg ⁓ über den **Hohenzollernring** in die **St. Mauritz-Freiheit** ⁓ geradeaus auf Kopfsteinpflaster auf den **Mauritz-Lindenweg**, über die **Eugen-Müller-Straße** und dann geradeaus in die Straße **Zum Guten Hirten** ⁓ **1** über den Dortmund-Ems-Kanal und die Umgehungsstraße ⁓ auf dem **Pleistermühlenweg** die Mondstraße queren und schließlich zum Café an der Pleistermühle.

Pleistermühle

Rechts zur Pleistermühle, davor nach rechts und in einem Linksbogen über das Wehr ⁓ nach der Brücke rechts und in einem Linksbogen zur Kreisstraße ⁓ rechts und gleich wieder links in den **Kasewinkel** ⁓ wieder auf Asphalt nehmen Sie an der Weggabelung den linken Weg ⁓ im Linksbogen mitten durch den Hof ⁓ **2** dahinter knickt der R 1 rechts in den Wald auf einen unbefestigten Weg.

Münsters „Radler-Schnellstraße", die Promenade

Geradeaus bietet die 100-Schlösse-Route einen Abstecher durch Wabe Nr. 100 nach Telgte und im Bogen wieder zurück zum R 1.

Telgte

PLZ: 48291; Vorwahl: 02504

ℹ **Stadttouristik Telgte**, Kapellenstr. 2, ✆ 690100

🏛 **Fahrradmuseum**, ÖZ: Mo-Fr 9-12 u. 14-17.30 Uhr; Mai-Sept., auch Sa 9-12 Uhr. In den Räumen der Stadttouristik wird eine Ausstellung hist. Fahrräder und Zubehör von 1900 bis in die Gegenwart gezeigt.

🏛 **Heimathaus Münsterland**, Herrenstr. 1, ✆ 93120, ÖZ: Di-So 11-18 Uhr. Handwerk (Uhrmacher, Blaufärberei, u. a.), religiöse Kultur im Alltag und Festleben in Westfalen. Weit bekannt ist das „Telgter Hungertuch" (1623).

🏛 **Kornbrennerei-Museum**, Steinstraße, ÖZ: bei Ausstellungen und n. V.

🏛 Telgter **Krippenmuseum**, Herrenstraße/Kapellenstraße, ÖZ: Di-So 11-18 Uhr. Thema: Geschichte der Krippenkunst.

🔯 **Barocke Gnadenkapelle**, der achteckige Turm mit dem grünen Kupferdach wurde 1657 erbaut. Jährlich pilgern bis zu 100.000 Menschen zur „Schmerzhaften Mutter" von Telgte, eine aus Pappelholz geschnitzte Pietà, die bereits seit dem 15. Jh. verehrt wird.

🔯 **Propsteikirche St. Clemens** (um 1522). Ein spätgotischer Hallenkirchenbau westfälischen Typs. Noch aus dem romanischen Vorgängerbau stammen das mit Silber beschlagene Kreuz sowie die um 1460 entstandenen „Apostelfiguren" aus Baumberger Sandstein.

✳ **Telgter Kutschenwallfahrt**. Eine Wallfahrt der besonderen Art findet jährlich am Christi Himmelfahrtstag statt. Auf der Planwiese treffen sich Friesen, Isländer, Fjordpferde, Hannoveraner, Araber, Haflinger, Schimmel, Rappen, Ponys u. v. a. Von Federwagen, Gigs, Dogcarts, Münsterländer Jagdwagen und Landauern reicht die Palette der auffahrenden Gespanne bis hin zu Hofkutschen.

✳ **Maria-Geburts-Markt**, am Dienstag nach Maria Geburt (Sept.) lädt die Stadt zum größten Pferde- und Krammarkt des Münsterlandes.

🄰 **Marienlinde**. Dieses Naturdenkmal ist vermutlich 750 Jahre alt.

🚲 **Stadttouristik**, ✆ 690100

🚲 **König**, ✆ 77119

🚲 **Fahrradverleihstation Lauheide**, ✆ 02571/98273

Am Hof Averkamp auf Asphalt weiter ⁓ eher links halten ⁓ an der L 585, der **Wolbecker Straße** geradeaus.

Über die L 811, die **Alverskirchener Straße**, geradeaus auf den **Alten Münsterweg** ⁓ **3** nach Einmündung der 100-Schlösse-Route von links an der nächsten Kreuzung rechts ⁓ an der darauffol-

Gröblingen

N

Sass

Vechtrup

weg, Werse-Radweg

B64

Hellweg

Velsen

Odsteinbach

B475

Einen

Ems-Radweg, Werse-Radweg

Ems-Hessel-See

Laxter Esch
60

Müssingen

Raestrup

Am Raestruper Bahnhof B64

4,2

3,6

Warendorf

100-Schlösser-Route

1,4

3

ckenhagen

Besterfeld

4,2

Klauenberg
70

Mussenbach

Neuwarendorf

B64

2,8

NRW Landesgestüt

Erterberg
70

2,4

4

Erter

Rathaus

2,6

Haus Werl

3,2

B64

Walgernheide

rsmar

Gallenbach

NRW-Schlösser-Route

Wester

Erscher-Wagen

Walgern

Freckenhorst

Hägerort

41

Everswinkel

Op'n Hoff

rskirchen

Mehringen

Stiftskirche St. Bonifatius

Schloss Westerholt

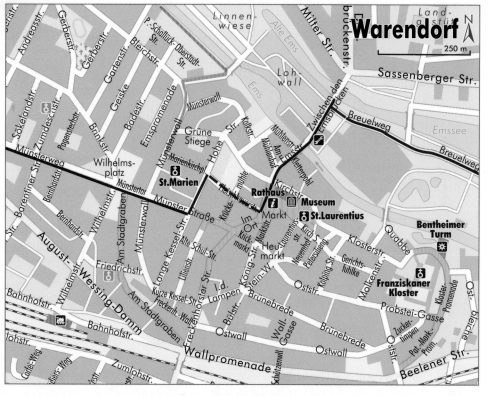

genden Kreuzung, noch vor der Windmühle, links und durch die Bauerschaft Raestrup.

AUSFLUG Durch Wabe 101 kommen Sie geradeaus ins sehenswerte Everswinkel. Zurück geht's entlang der Waben 101/102. Am Rand des Wäldchens entlang ∿ am Raestruper Hof scharf links und vor dem nächsten Wald beim Hundezwinger rechts ∿ **4** über die K 19 ∿ im Linksbogen bis nach Müssingen ∿ **⚠** Vorsicht bei Querung der B 64.

Müssingen

In Müssingen in die erste Straße rechts ∿ geradeaus nach Warendorf hinein – zunächst immer noch auf dem Alten Münsterweg, dann Münsterstraße.

Warendorf

PLZ: 48231; Vorwahl: 02581

ℹ Warendorf Marketing GmbH, Emsstr. 4, ✆ 787700

🏛 Historisches Rathaus, Markt 1, ✆ 541410, ÖZ: Di-Fr 15-17 Uhr, Sa 10.30-12.30 Uhr, So 10.30-12.30 Uhr und 15-17 Uhr

🏛 Dezentrales Stadtmuseum; „Gadem", Zuckertimpen 4 (20er Jahre); Haus Bispineck, Münsterstr. 19 (Historismus); Haus Klosterstr. 7 (Klassizismus); Torschreiberhaus, Oststr. 59; ÖZ: So/Fei 15-17 Uhr und n. V. An verschiedenen Standorten können Sie originalgetreu restaurierte Häuser besuchen.

⛪ St. Laurentius (1404), zur Hallenkirche gehört ein reich verziertes, neugotisches Eingangsportal und ein sehenswerter, um

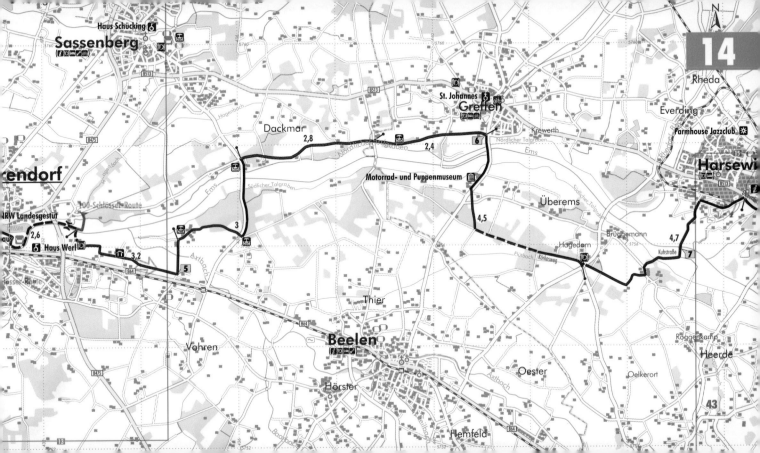

1414 entstandener Tafelbildaltar, der aufgeklappt 5,10 m misst und die Passion Christi schildert.

- 🏛 Neben der **neoromanischen Marienkirche** (1911-12) blieb der mittelalterliche Glockenturm der alten Kirche (um 1200), die erst 1927 abgebrochen wurde, erhalten.
- 🏛 **Pfarrkirche St. Bonifatius**, im Ortsteil Freckenhorst. Aufgrund des burgartig-trutzigen Charakters und der spärlichen Ausstattung wird die Kirche auch „Bauerndom" genannt. Sie gilt als eines der bedeutendsten romanischen Baudenkmäler in Westfalen.
- 🏛 **Franziskanerkirche und Kloster**, Baubeginn 1652, einschiffiger Saalbau mit spätbarocker Ausstattung, schlichtes Klostergebäude mit reich ornamentierter Klosterpforte.
- ✳ **Bentheimer Turm** (nach 1200), der Rundturm war Teil der Stadtbefestigung.
- ✳ **Historischer Marktplatz** mit alten Giebelhäusern aus dem 6. Jh.
- ✳ **Nordrhein-Westfälisches Landgestüt**, Sassenberger Straße, ☎ 63690. Das Warendorfer Gestüt hat bedeutende Erfolge in der Pferdezucht, Nachkommen der Warendorfer Hengste gehören zur Weltelite im Reitsport.
- 🚲 📧 **Radstation am Bahnhof**, ☎ 7899770 (Gepäckservice)
- 🚲 **Fahrradgeschäft Neehus**, ☎ 2558

Den Beinamen „Stadt des Pferdes" trägt Warendorf nicht ohne Grund. Die Deutsche Reiterliche Vereinigung mit dem Deutschen Olympiade Komitee für Reiterei sind hier seit langem beheimatet. Das Ziel für

Im Zentrum von Warendorf

ein internationales Publikum sind die alljährlichen Bundes-Championate. Bereits seit dem frühen 19. Jahrhundert steht das Nordrhein-Westfälische Landgestüt für allerhöchste Qualität in der Pferdezucht. Zu den Warendorfer Hengstparaden im September und Oktober werden die Hengste mit attraktiven Schaudarbietungen ihren interessierten Zuschauern präsentiert.

Das Selbstbewusstsein mittelalterlicher Fernkaufleute spiegelt die historische Altstadt wieder. Über sechshundert denkmalgeschütze Häuser, wie die Löwenapotheke von 1552 und das Storpsche Haus von 1715 am Markt, zeugen von der Blüte der Handels-, Handwerker- und Hansestadt Warendorf. Die Stein- und Fachwerkhäuser in der Innenstadt zeigen nahezu die gesamte Bandbreite der norddeutschen Bürgerbaukunst, und laden zu einem Bummel durch die malerischen Gassen ein.

Von Warendorf nach Harsewinkel 23 km

Im Zentrum von Warendorf durch das Münstertor und vor der Fußgängerzone nach links ⟿ rechts

in die **Fleischhauerstraße** ⟿ am Marktplatz links in die **Emsstraße** ⟿ rechts in den **Breuelweg** ⟿ südlich am Emssee vorbei, am Überlauf über die Brücke zur nördlichen Seite wechseln ⟿ der Beschilderung an der Ems entlang folgen ⟿ die **B 475** unterqueren ⟿ rechts und über die Brücke ⟿ an der Gaststätte Herrlichkeit vorbei, dann links ⟿ **5** dem Weg nach rechts folgen und dann links abbiegen ⟿ an der T-Kreuzung links zum Wasserwerk Vohren ⟿ immer rechts halten ⟿ an der **K 18** nach links auf den Radweg ⟿ Sie fahren entlang des bewaldeten Binnendünenstreifens und über die Ems vor bis zum **Warendorfer Landweg** ⟿ rechts, und bis zur L 813, der **Beelener Straße** radeln ⟿ **6** links von Ihnen liegt Greffen.

Greffen
PLZ: 33428; Vorwahl: 02588

- 🏛 **Motorrad- und Puppenmuseum**, Beelenerstr. 32, ☎ 1381, ÖZ: Ostern-Okt., So 11-17 Uhr u. n. V. Hier sind über 180 Motorräder aus der Zeit vor 1914 sowie Motorroller und Nutzfahrzeuge zu sehen. Außerdem gibt es auch noch eine Sammlung von 700 alten Puppen.
- 🚲 **Fahrradverleih**, Hauptstr. 38, ☎ 89-0

Rechts auf den Radweg entlang der **Beelener Straße** über die Ems ⟿ durch die Bauerschaft Überems am Museum vorbei und halblinks, weiter auf der Beelener Straße ⟿ geradeaus, dann am Waldrand links ∿ anfangs unbefestigt, dann wieder asphaltiert auf dem **Körkesweg** durch Mattelmanns Heide bis zur K 22.

Kurz links auf den **Heerdamm** und direkt rechts in die **Kortenhegge** ∿ kurvig zum übernächsten Hof ∿ **7** hier erst links, dann rechts in die **Kuhstraße** und über die Ems ∿ auf der Tüllheide nach Harsewinkel hinein ∿ rechts auf den Radweg entlang des **Mühlenwinkels** und bis zur Vorfahrtstraße.

Harsewinkel

PLZ: 33428; Vorwahl: 05247

🛈 **Stadt Harsewinkel**, Münsterstr. 14, ☎ 935-200

🛈 **St.-Lucia-Kirche**, Neugotik

✳ **Farmhouse Jazzclub**, Oesterweger Str. 49, ☎ 2989, mit überörtlich bedeutenden Auftritten. www.farmhouse-jazzclub.de

In dem bereits 1090 erstmals erwähnten Harsewinkel finden seit 1963 das ganze Jahr über Jazzkonzerte durch einen der ältesten Jazzclubs Deutschlands statt.

Von Harsewinkel nach Verl   **40,5 km**

Rechts und ein Stück entlang der **B 513** ∿ rechts auf den für Autos gesperrten **Diepenbrocksweg** ∿ an der Hauptstraße rechts ∿ die erste Möglichkeit links in den Wald der Boomberge, die

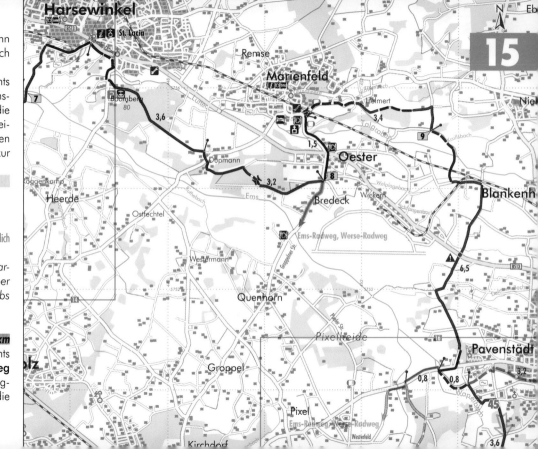

„kleinen Geschwister" der Baumberge bei Havixbeck ~ nach knapp 3 km kommen Sie in die Ortschaft Heckerheide.

Heckerheide

Hier noch kurz vor der Vorfahrtstraße rechts, dann diese geradeaus queren ~ hinter den Häusern links halten und wieder in den Wald ~ wenn der Weg geradeaus den Waldrand verlässt, halbrechts auf den unbefestigten Weg durch den Wald.

Am Ende an der Schranke links auf Asphalt ~ an der Gabelung links und auf der Straße **Südfeld** bis zur querenden Landstraße ~ **8** links auf den Radweg entlang der L 927 ~ in Oester die B 513 kreuzen und hinüber nach Marienfeld.

Marienfeld

PLZ: 33428; Vorwahl: 05247

ℹ Stadt Harsewinkel, Münsterstr. 14, ℂ 935-200

🏛 Ikonenmuseum, Adenauerstr. 11, ℂ 8455

🏛 Heimatmuseum, Lutterstrang 30, ℂ 05241/340175, ÖZ: Mai-Okt., So 14-18 Uhr. Im Heimatmuseum kann man sich über die Geschichte der Bodennutzung sowie der Landwirtschaft und die Handwerksgeschichte informieren. Dazu sind landwirtschaftliche Großgeräte ausge-

Marienfeld

stellt, außerdem gibt es auch eine Küche und verschiedene Werkstätten zu besichtigen.

🏛 **Abteikirche des Zisterzienserklosters**, Spätromantik mit gotischen und barocken Anbauten, geweiht 1222, Führungen unter ℂ 935-182

✱ **Seilerei Brügge**, Max-Planck-Str. 3, ℂ 8975. Nach Voranmeldung kann man sich hier über die Herstellungstechnik von Seilen informieren.

✱ **Klostercafé u. Klosterladen**, internationale Glaskunst im Klosterhof

1185 wurde von Widukind von Rheda und einigen Edelherren das Zisterzienserkloster „Campus Sanctae Mariae" gegründet von dem sich auch der Name des Ortes Marienfeld ableitet. Das Kloster wurde jedoch im Zuge der Säkularisation im Jahr 1803 geschlossen. Es kam zur Gründung der Gemeinde Marienfeld aus den Ortschaften Marienfeld, Remse, Oester und Hovesaat. Nach dem Wiener Kongress kam noch Harsewinkel dazu und im Jahr 1973 Greffen. Nach dem 2. Weltkrieg begann Marienfeld stetig zu wachsen und daran hat sich bis heute nichts geändert.

Im scharfen Linksknick der Straße am Ortsbeginn rechts auf den Schotterweg und über die Gleise mit den engen Umlaufgittern ~ bei den

Häusern Helmort rechts auf den Asphaltweg ~ **9** dann links halten auf den Kiesweg am Wald (NSG) entlang ~ nach etwa 600 m geradeaus weiter auf Asphalt ~ an der nächsten Kreuzung rechts ~ im Rechtsknick des befestigten Weges links auf den Schotterweg am Bach entlang ~ die Güterbahn erneut queren, am Sträßchen dahinter vor den Häusern links ab ~ an der Einmündung geradeaus auf die Straße, die nächste Möglichkeit rechts (Kfz-Verbot) ~ vorbei an den Häusern von Schmäling ~ vorsichtig die B 513 überqueren (⚠) ~ geradeaus in die Straße **Auf der Kosten** ~ an der T-Kreuzung am Ende links in **Am Stellbrink** ~ bei Neue Mühle die L 788 queren und ein Stückchen nach rechts entlang.

Geradeaus können Sie auf dem Ems-Radweg nach Rheda-Wiedenbrück fahren.

Rheda-Wiedenbrück

PLZ: 33378; Vorwahl: 05242

ℹ Flora Westfalica, Mittelhegge 11, ℂ 9301-0, www.flora-westfalica.de

🏛 Wiedenbrück-Schule-Museum, Hoetger-Gasse 1. Das Museum gibt Einblick in die Ursprünge der Kunst und des Kunsthandwerk des Historismus.

🏛 St. Aegidius-Kirche, Wiedenbrück, Kirchpl. 6, erstmals gegründet 785, die heutige Kirche stammt aus dem Jahre 1502.

- 🔒 **Marienkirche** (1470), Mönchstraße, Wiedenbrück
- 🔒 **Franziskanerkloster** (1667), Wiedenbrück
- 🔒 **St. Clemens**, Rheda. Im Jahr 1910 im neuromanischen Stil errichtet, im Innern befinden sich u. a. eine Kalvarienbergdarstellung, ca. 1470, und eine Muttergottesstatue aus Holz, ca. 1510.
- 🔒 **Wasserschloss Rheda (ca. 12. Jh.)**, Steinweg, ℰ 94710, ÖZ: n. V. Führungen, Kutschenmuseum, Spielzeugsammlung und Künstlerwerkstatt Bleichhaus.
- ✴ **Stadtführungen**, Info unter ℰ 9301-0
- 🏞 **Flora Westfalica Park**, das Gelände der Landesgartenschau von 1988 ist heute ein Natur- und Erholungspark mit vielen Möglichkeiten für Jung und Alt, an der Ems gelegen zwischen Rheda und Wiedenbrück.

Die beiden Städte Rheda und Wiedenbrück wurden 1970 vereinigt. Wiedenbrück ist die Ältere der beiden. Sie erhielt 952 durch Otto I. das Münz-, Markt- und Zollrecht, bereits 785 vermutet man hier die erste Kirche. Während in Wiedenbrück die sogenannten Fachwerk-Ackerbürgerhäuser überwiegen, das älteste erhaltene stammt aus dem Jahr 1468, ist Rheda von unterschiedlichsten Baustilen geprägt. Besonders sticht hier das Wasserschloss der Familie Bentheim-Tecklenburg hervor, in dem auch das Kutschenmuseum beheimatet ist. Die Stadtrechte erhielt Rheda im Jahre 1355, wobei

48 *es schon ca. 130 Jahre vorher als Burgflecken*

angelegt wurde. Die Industriestadt ist Rheda-Wiedenbrück nicht anzusehen, obwohl viele namhafte Firmen ansässig sind und damit für einen gewissen Wohlstand sorgen. Es lohnt sich, einen ausgedehnten Spaziergang durch die Doppelstadt zu unternehmen und die vielen interessanten Inschriften an und vor den wunderschönen Fachwerkhäusern zu studieren.

Links in den Schotterweg am Bach einbiegen.

AUSFLUG Am querenden Asphaltweg haben Sie die Möglichkeit, einen Abstecher ins Stadtzentrum von Gütersloh zu unternehmen: Geradeaus entlang des Dalkebaches kommen Sie nach rund 3 km ins Zentrum.

Gütersloh

PLZ: 33330; Vorwahl: 05241

- ℹ **Touristinformation**, Berliner Str. 63, ℰ 211360
- 🏛 **Stadtmuseum**, Kökerstr. 7-11a, ℰ 26685, ÖZ: Di-Fr 14-17 Uhr, Sa/So 11-17 Uhr, Führungen n. V. Thema: Industriegeschichte und Entwicklungsgeschichte der Stadt.
- 🏛 **Miele-Museum**, Carl-Miele-Str., ℰ 892575, ÖZ: Mo-Do 8-16 Uhr, Fr 8-14 Uhr, für Gruppen auch n. V. Thema: Entwicklung der Hausgerätetechnik.
- 🏞 **Botanischer Garten**
- 📧 **Freizeitbad „Die Welle"**, mit finnischer Saunalandschaft

Gütersloh – die junge Stadt: Der Aufstieg vom Dorf zum bedeutenden Wirtschaftsstandort in knapp 150 Jahren ist vor allem verbunden mit der Entwicklung der Weltunternehmen Miele und Bertelsmann, die hier ihren Stammsitz haben.

Die Kreisstadt Gütersloh gehört heute zu den bedeutenden Zentren Ostwestfalens. Moderne Architektur auf der einen Seite, der historische Fachwerkkirchplatz sowie üppige Park- und Gartenlandschaften auf der anderen Seite prägen das Bild der Stadt.

Am Abzweig nach Gütersloh knickt der R 1 rechts ⤳ geradeaus an der Kläranlage vorbei ⤳ an der Gabelung erst weiter geradeaus, an der nächsten dann halblinks halten ⤳ an der Kreuzung rechts, weiter geradeaus und schließlich auf der Straße **Im Füchtei** hinüber in den Ortsteil Kattenstroth.

Kattenstroth

Noch vor der Bahnlinie von der Kiebitzstraße rechts Richtung Kiebitzhof auf die **Rhedaer Straße** und deren kurvigem Verlauf aus dem Ort hinaus folgen ⤳ **10** über den Wapelbach zur Abzweigung bei der Bahnunterführung.

Links auf die Straße **Hilgenbusch** und unter der Bahn hindurch ⤳ ▲ die B 61 ein Stück nach links versetzt queren, und in die kleine Straße **Schledebrück** ⤳ die Mühle links liegen lassen, weiter am Ölbach entlang, dem nun geschotterten Hauptweg folgen ⤳ über die A 2 auf die Straße **Am Ritterbusch** ⤳ an der Kreuzung halblinks auf den **Jagdweg** ⤳ am vorfahrtberechtigten Brockweg links ⤳ noch vor der Autobahnbrücke am Windrad rechts auf die Straße **Im Brock** ⤳ nach der weiten S-Kurve an den Häusern vorbei ⤳ **11** an der T-Kreuzung rechts auf den **Plümersweg** ⤳ an der L 782 links auf den straßenbegleitenden Radweg der **Neuenkirchener Straße** ⤳ rechts über die Straße hinweg auf einen schmalen, holperigen Wiesenweg.

Nach dem Linksknick vor dem Bauernhof im Wäldchen rechts ab ⤳ halblinks am nächsten Hof vorbei wieder auf Asphalt ⤳ an der **Determeyerstraße** rechts.

Spexard/Siedlung Determeyer

An der T-Kreuzung rechts in die **Rapunzelstraße** ⤳ im Linksbogen weiter auf der etwas breiteren **Determeyerstraße** ⤳ **12** für Radler beschildert Richtung Schloss Holte und Verl kurz vor dem Ort-

Verl, Sender Straße

sende rechts in den **Varenseller Weg** ⤳ aus dem Ort hinaus und an der alten Mühle am Ölbach vorbei immer geradeaus halten ⤳ an der Vorfahrtstraße scharf links auf den Radweg links der großen Varenseller Straße.

Der Wegweisung Richtung Verl folgend vor den Häusern direkt wieder rechts ab in den **Westfalenweg** ⤳ nach knapp 4 km durch zwei verkehrsberuhigte Vorortsiedlungen nach Verl hinein ⤳ die Straße überqueren und über das kurze Stück Radweg geradeaus weiter auf dem **Westfalenweg** ⤳ nach links in den **Wachtelweg** und über die Bahnschienen ⤳ geradeaus über die Ampelkreuzung in die breite, aber wenig befahrene Straße **Zum Meierhof** ⤳ hinter den Sportplätzen kurz vor dem Ortsende rechts in den **Friedhofsweg** ⤳ am Ende kurz rechts auf die **Hauptstraße** und direkt wieder links in die **Sender Straße** ins historische Ortszentrum.

Verl

PLZ: 33415; Vorwahl: 05246

🅸 **Stadtverwaltung**, Paderborner Str. 5, ✆ 961112

🏛 **Heimathaus**, Sender Str. 8, ✆ 82209, ÖZ: So, Mi 15-17.30 Uhr. Im Museum ist die Ausstellung „1000 Jahre Verler Siedlungsgeschichte" zu besichtigen. Daneben gibt es Informationen über das Handwerk, die Verler Höfe sowie eine heimatkundliche Bücherei.

🛏 **Heier**, Gütersloher Str. 100, ✆ 4595

🛏 **Krax**, Oesterwieher Str. 95-97, ✆ 2378

🛏 **Hobelmann**, Sender Str. 356, ✆ 3670

Erstmals erwähnt wird der Name „Verlo" 1264 der sich auf den Hof „Meier zu Verl" bezog. Dieser und auch alle anderen Höfe gehörten damals der Grafschaft Rietberg an. Später wechselte die Grafschaft durch Erbfolge in den Besitz der Grafen von Kaunitz. Nach einigen Eingliederungen und Verkäufen entstand schließlich der Kanton Verl der schließlich Amt Verl wurde. Auch dieses wurde aber wieder aufgelöst und 1970 durch die Gemeinde Verl ersetzt die aus Verl, Bornholte, Österwiehe, Sende und Schloss Holte-Stukenbrock besteht.

Von Verl nach Detmold 42 km

Am Ende der Pflasterstraße links auf den Radweg an der **Poststraße** und Richtung Sende aus Verl hinaus ⤳ **13** nach gut 3 km am Klärwerk rechts in die Straße **Im Bruch** ⤳ ⚠ sehr holprig an der Tierarztpraxis vorbei ⤳ ein kurzes Stück

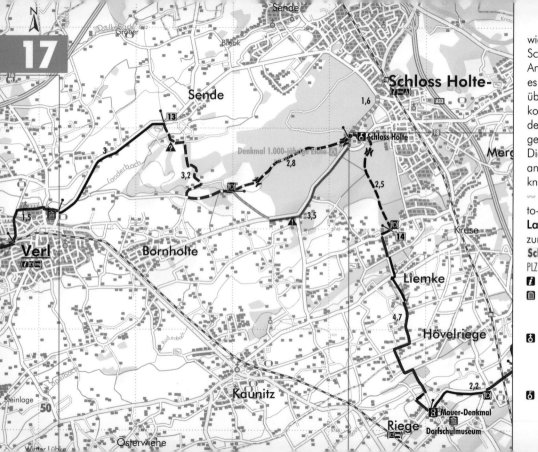

wieder auf Asphalt, dann rechts auf den breiten Schotterweg in Richtung Mühlgrund.

An der Gabelung rechts halten, geradeaus ginge es zum Café Mühlgrund ⌇ scharf links erneut über den Ölbach ⌇ von der **Lehmkuhlstraße** kommend an der nächsten Kreuzung links ab auf den Schotterweg ⌇ wieder über den Ölbach und geradeaus in den Weiler Mühlgrund.

Die Route führt geradeaus in die Sackgasse ⌇ an der Schranke in den Holter Wald hinein und knappe 2 km geschottert geradewegs hindurch ⌇ am Ende (Schranke) gemeinsam mit der Teuto-Senne-Route kurz geradeaus auf die **Verler Landstraße**, dann in der Linkskurve rechts ab zum Schloss in den Weg **Am Schloss**.

Schloss Holte-Stukenbrock

PLZ: 33758; Vorwahl: 05207

🛈 Stadt, ☎ 89050

🏛 **Heimathaus**, Am Pastorat 18a, ☎ 3059, ÖZ: März-Okt., So 10.30-12 Uhr. Das Heimathaus informiert in 12 Räumen über die Geschichte von Schloss Holte-Stukenbrock.

⛪ **St. Johannes-Baptist-Kirche.** Die kathol. Kirche wurde im Jahr 1686 geweiht. Neben einem barocken Hochaltar aus dem Jahr 1683, sind zwei aufwendig gestaltete vorzufinden. Die Orgel verfügt über 32 Register mit insgesamt 1792 Pfeifen.

⛪ **Jagdschloss Holte**, im Holter Wald/ Schlossstr. In den Jahren zwischen 1608 und 1616 wurde das Jagdschloss im Stile der Renaissance erbaut.

Das Schloss, 1982 letztmalig umfassend renoviert, ist noch heute im Privatbesitz. Die Räumlichkeiten sind in Wohnungen umgewandelt und vermietet worden. Im Rahmen einer Stadtführung besteht die Möglichkeit, den Schlosshof zu betreten und die Schlosskapelle zu besichtigen!

- ✳ **Ems-Erlebniswelt** mit Erlebnisgarten, eröffnet Sept. 2010
- 🏊 **Garten-Hallenbad** mit Sauna-Oase, Am hallenbad 1
- 🚲 **Wittwer**, Lüchtenstr. 17, ✆ 2098
- 🔧 **Zweirad Baak**, Pollstr. 25, ✆ 77381
- 🔧 **Fulland Zweiradservice**, Holter Str. 213, ✆ 2098

Am Ende der kleine Straße kurz links auf den Radweg der **K 43**, dann direkt wieder rechts ab ⟿ an der Schranke in den Holter Weg hinein und auf geschottertem Untergrund für 2 km geradeaus durch den Wald ⟿ die Landstraße (**Schlossstraße**) an der Querungshilfe kreuzen und ihr kurz nach links folgen ⟿ rechts abbiegen Richtung Schloss (**Am Schloss**) ⟿ der Landstraße an der T-Kreuzung kurz nach links folgen und dann sofort

rechts in den Waldweg abbiegen, der streckenweise unbefestigt ist ⟿ dem Weg folgen, bis der Waldrand erreicht ist ⟿ **14** rechts auf die **Helleforthstraße** abbiegen ⟿ bei nächster Gelegenheit links in die **St.-Michael-Straße** ⟿ am Dorfplatz die Kaunitzer Straße queren und ihr für wenige Meter nach rechts folgen ⟿ links in die **Liemker Straße** ⟿ am Ende rechts ⟿ sofort wieder links in den **Ginsterweg** ⟿ nach dem Linksknick rechts ab und auf dem **Nachtigal-**

Schloss Holte-Stukenbrock

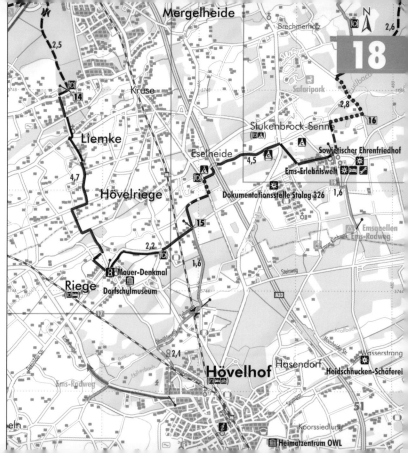

lenweg ∿ rechts in die Furlwiese und geradeaus auf das Mauer-Denk-Mal zu. Sie sind im Ortskern von Riege angekommen.

Riege
PLZ: 33161; Vorwahl: 05257

- 🏛 **Dorfschulmuseum** und Sitz der **Biologischen Station Senne**, Junkerallee 20, ☎ 940905.
- ✳ **Mauer-Denk-Mal**, nähere Informationen beim Verkehrsverein Hövelhof, ☎ 5009215

Links ab auf den Radweg an der L 935 nach Hövelriege ∿ über die Stoppstraße und die Bahn hinweg ∿ **15** an der Kreuzung mit dem Mühlenweg links ab.

Rechts kommen Sie nach Hövelhof. *(AUSFLUG)*

Hövelhof
PLZ: 33161; Vorwahl: 05257

- ℹ **Verkehrsverein,** Schloßstr. 14 (Rathaus), ☎ 5009215, www.hoevelhof.de
- 🏛 **Heimatzentrum OWL,** ☎ 5009830, ÖZ: n. V. Im Haus der hist. Handwerks sind Kulturgut aus Hövelhof und das Leben und die handwerklichen Gewerke wie vor 100 Jahren zu sehen.
- 🛡 ehem. fürstbischöfliches **Jagdschloss**
- 🛡 **Jugendstil-Kapelle** im Salvator-Kolleg
- 🚲 **Zweirad Volker Kramp**, Bielefelder Str. 38, ☎ 4764
- 🚲 **Zweirad Alois Sieweke**, Paderborner Str. 11, ☎ 3283

Mauer-Denk-Mal

Der Name Hövelhof stammt von einem alten Vollmeierhof ab. Dieser Hof wurde 1446 erstmals urkundlich erwähnt, 1661 wurde dann das Jagdschloss daneben errichtet. 1705/06 folgte die erste Kirche und bereits zehn Jahre später wurde die Kirchengemeinde Hövelhof gegründet, daraufhin folgte schließlich 1807 die Entstehung der politischen Gemeinde. Vom „Hövelhof" selbst ist nichts mehr zu sehen, da er 1903 abgebrannt ist.

Auf der anderen Seite des Wäldchens dem Schilderbaum am Wegekreuz folgend rechts ab ∿ unbefestigt geradewegs bis zur Querstraße ∿ hier links in die **Alte Poststraße** ∿ vor der alten Poststation „Gaststätte Jägerkrug" mit Campingplatz rechts in den asphaltierten Radweg ∿ nach

der Schikane links auf die Straße **Am Furlbach** ∿ an der Landstraße (**Paderborner Straße**) nach rechts abbiegen und bei nächster Gelegenheit durch die Schikane nach schräg links auf einen Schotterweg abbiegen ∿ an der nächsten Kreuzung links abbiegen in den **Lippstädter Weg** ∿ nach der Kirche links in den **Kapellenweg** ∿ an der T-Kreuzung rechts ∿ **16** dem Straßenverlauf nach links folgen (**Mittweg**) ∿ rechts einem Schotterweg in den Wald folgen ∿ rechts halten und die Schranke passieren ∿ weiter geradeaus auf der wassergebundenen Decke.

Weiter geradeaus kommen Sie zum gut 500 m entfernten Eingang des Safariparks. *(AUSFLUG)*

Stukenbrock Senne
PLZ: 33758; Vorwahl: 05207

- ✳ **Hollywood- und Safaripark/Zoo,** ☎ 05257/952425, ÖZ: Mai-Juni u. Sept.-Okt., 9-18 Uhr; Juli, Aug., 9-19 Uhr. In diesem Freizeitpark kann man z. B. Löwen, Tiger, Affen und Giraffen sehen, außerdem kann man sich mit einer Looping-Achterbahn, Westernshows, einem Zirkus usw. die Zeit vertreiben.

Der R 1 führt geradeaus durch das Naturschutzgebiet Furlbachtal, immer links des Baches ∿ auf dem **Mühlenweg** erreichen Sie Augustdorf ∿ noch vor der Hauptstraße knickt der Weg rechts ab und stößt im Bogen an eine Querstraße.

Hövelhof
Das Sennezentrum
an den Quellen der Ems

Hövelhof

Machen Sie auf Ihrer R1-Tour Station in Hövelhof

Hövelhof liegt im Paderborner Land, an den Quellen der Ems. Der bekannte Fluss entspringt im Naturschutzgebiet Moosheide und mündet nach 371 km in die Nordsee. In der Moosheide ist die ursprüngliche Sennelandschaft mit ihren malerischen Bachtälern, Dünen und ihrer Heidevegetation noch unverfälscht erhalten. Entstanden nach der letzten Eiszeit vor ca. 12.000 Jahren, bietet die Senne heute dem Besucher und Naturfreund ein einzigartiges Erlebnis. Der „Senne-Parcours Hövelhof" - direkt am R1 gelegen - verbindet auf bequem zu fahrenden Radwegen interessante und sehenswerte Besonderheiten dieser eindrucksvollen Natur- und Kulturlandschaft.
Hövelhof hat seinen Gästen viel zu bieten: vom ländlichen Gasthof über die gemütliche Landhaus-Pension und schmucke Ferienwohnung bis zum ausgezeichneten Hotel - also für jeden Geschmack und Geldbeutel das Richtige. Über zehn Gastgeberbetriebe einschließlich Campingplatz laden zum Wohlfühlen ein. Sie sind überall herzlich willkommen.

Verkehrsverein Hövelhof e.V.
Tourist-Information im Rathaus
Schloßstr. 14, 3361 Hövelhof
Tel.: 05257/5009215
Fax: 05257/5009282
verkehrsverein@hoevelhof.de
www.hoevelhof.de
www.senneparcours.de

Besuchen Sie das Paderborner Land

Neben dem Europa-Radweg R1 bietet das Paderborner Land Radfreunden über 2000 km ausgeschilderte Radrouten und tolle Touren, z.B. um die Aabach - Talsperre, durch malerische Flusstäler und zu kulturhistorischen Sehenswürdigkeiten.

Fordern Sie unser dickes "Info-Paket" mit dem großen Angebot an ausgearbeiteten Touren unterschiedlicher Länge und der Spezialbroschüre "Radtouren im Paderborner Land" an.

Touristikzentrale Paderborner Land e.V.
Königstr. 16, 33142 Büren
Tel.: 02951/970300
Fax: 02951/970304
info@paderborner-land.de
www.paderborner-land.de
www.paderbornerlandroute.de

Hövelhof ist Drehkreuz am

R1 ★ **Europaradweg**
Von der französischen Atlantikküste
durch neun europäische Länder
bis nach St. Petersburg in Russland

dnetz
RADNETZ Deutschland
D-Route 3

Hövelhof ist Startpunkt vom

EmsRadweg
Von den Quellen in der Senne bis
zur Mündung an die Nordsee

ADFC
QualitätsRadroute

Augustdorf

An dieser Querstraße rechts ~ im Linksknick der Straße folgen ~ an der Vorfahrtstraße rechts auf den Radweg ~ leicht bergan bis zur Kreuzung ~ halblinks Richtung Rathaus in die **Pivitsheider Straße** ~ geradeaus über den Kreisverkehr ~ weiter auf dem holprigen Radweg entlang der Pivitsheider Straße ~ halblinks halten (nicht Richtung Forsthaus) und weiter auf dem Radweg bis zu dessen Ende ~ hier kurz links und direkt wieder rechts auf den Radweg an der **L 758**, der Waldstraße, in Richtung Detmold ~ **17** nach der Brücke ist die Kuppe erreicht und es geht bergab nach Pivitsheide.

Pivitsheide

Direkt am Ortsbeginn rechts in die Straße **Am Fischerteich** ~ vorbei am Freibad in den Wald hinein ~ hinter der Schranke links auf den Schotterweg ~ leicht bergan unweit des Waldrandes entlang ~ an der T-Kreuzung rechts in den Forst hinein ~ geradeaus, am abzweigenden Reitweg halb rechts und hinunter bis zur Straße.

Auf der anderen Straßenseite beim Gasthof Forstfrieden beginnt etwas versteckt ein breit geschotterter Radweg rechts hinauf bis zum Rastplatz am Donoperteich ~ geradeaus weiter, immer im Hörbereich der **L 938** ~ **18** auch deren

scharfem Linksknick folgen, dann direkt entlang der Fahrbahn weiter nach Hiddesen.

Hiddesen

- ⊞ **Hermannsdenkmal auf der „Grotenburg"**, ✆ 05231/3014863, ÖZ: im Sommer tägl. 9-18.30 Uhr, im Winter 9.30-16 Uhr. Unweit der Ruinen der altgermanischen Wallburg erhebt sich das insgesamt fast 54 m hohe Denkmal (1838-75). Es erinnert an den Cheruskerfürsten Arminius, später Hermann genannt, der bei der Schlacht im Teutoburger Wald im Jahre 9 n. Chr. die Legionen der römischen Besatzer vernichtete. Die Plattform in 27 m Höhe bietet eine fantastische Rundumsicht.

Vor dem Gasthof links in die **Birkenallee** ~ rechts in die **Heidebachstraße** ~ an der Ampel halbrechts in den **Bollweg** ~ an der nach rechts abknickenden Vorfahrt geradeaus auf die Straße **Auf den Klippen** ~ an der L 828 kurz rechts auf den Radweg und direkt links hinauf in die **Schirrmannstraße**, die zur Jugendherberge führt.

Detmold

PLZ: 32754; Vorwahl: 05231

- 🛈 **Tourist Information**, Rathaus am Markt, ✆ 977328
- 🏛 **Westfälisches Freilichtmuseum**, Krummes Haus, ✆ 7060 od. ✆ 706104, ÖZ: April-Okt., Di-So/Fei 9-18 Uhr. Im größten Freilichtmuseum Deutschlands sind etwa 100 Gebäude aus Westfalen zu besichtigen. Darunter sind z. B. das Paderborner und das Sauerländer Dorf, Mühlen und Handwerksbetriebe.
- 🏛 **Lippisches Landesmuseum**, Ameide 4, ✆ 9925-0, ÖZ: Di-Fr 10-18 Uhr, Sa, So 11-18 Uhr. Besucher des Landesmuseums

können sich über die Landes- und Kunstgeschichte, Naturkunde und die Prähistorie informieren.

- 🛡 **Schloss Detmold**, ✆ 70020, ÖZ: Nov.-März, tägl. 10-16 Uhr, April-Okt., tägl. 10-17 Uhr. Während der Schlossführungen kann man in den Räumen noch die historische Einrichtungen bewundern. Zu sehen sind unter anderem der Rote Saal, der Ahnensaal, das Königszimmer sowie der Innenhof in dem noch zwei Beutekanonen zu sehen sind.

Gegründet wurde Detmold 1263 von Bernhard III. zur Lippe, gleichzeitig erhielt der Ort das Stadtrecht. 1447 wurde Detmold bei der Soester Fehde erheblich zerstört, 1547 vernichtete ein Brand abermals einen großen Teil der Stadt. Es wurde mit dem Wiederaufbau begonnen und im Laufe der Zeit wurde Detmold immer größer. Schließlich wurde es 1918 Landeshauptstadt des Freistaates Lippe. heute hat sich Detmold als Kulturhauptstadt einen Namen gemacht. Das Wahrzeichen der Stadt und der Region ist das Hermannsdenkmal, welches an die "Schlacht im Teutoburger Wald" erinnert.

Von Detmold nach Vinsebeck   24 km

Hinter der Jugendherberge knickt der Weg an der rotweißen Bake rechts ab auf einen schmalen Pfad steil hinunter ~ in der Wohnsiedlung links auf den **Amselweg** ~ weiter hinab rechtsher-

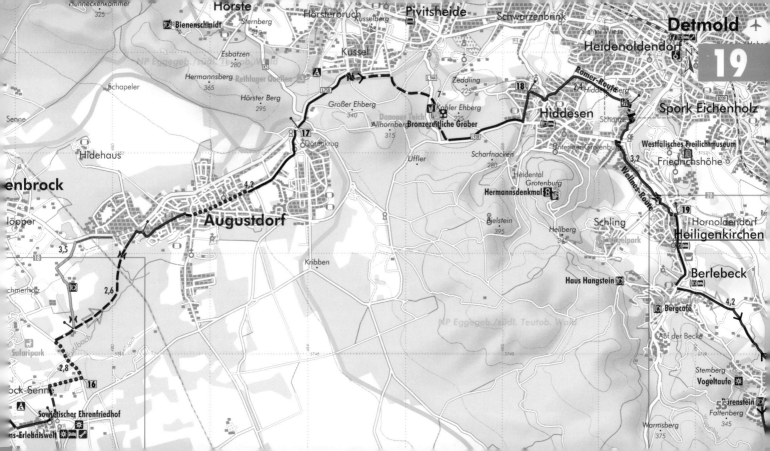

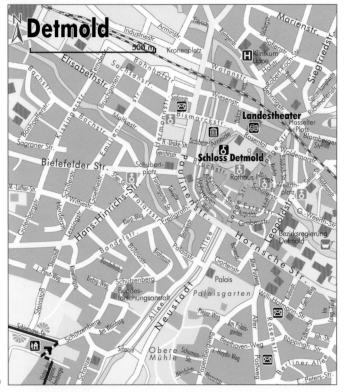

Detmold

500 m

um in die **Untere Schanze**, dann ins Friedenstal 〰 **19** über die Vorfahrtstraße, die L 938 und kurz rechts auf deren Radweg 〰 gemeinsam mit der Wellness-Route direkt wieder links ab und in Folge im Tal bleibend halbrechts auf dem **Unterer Weg** 〰 nun immer geradeaus und schließlich auf dem schmalen **Steinweg** am Poller vorbei hinein nach Heiligenkirchen.

Heiligenkirchen

Vogelpark, Ostertalstr., ℄ 05231/47439, ÖZ: 15. März-1. Nov. tägl. 9-18 Uhr. Über 2.000 heimische und exotische Vögel erwarten Sie in 120 Volieren und Freigehegen.

Links in die **Denkmalstraße** 〰 auf dem Radweg der **Paderborner Straße** rechts nach Berlebeck.

Berlebeck

Adlerwarte, Adlerweg 13-15, ℄ 05231/47171, ÖZ: März-15. Nov., tägl. 9.30-17.30 Uhr (mit Freiflugprogramm). Europas älteste und artenreichste Greifvogelwarte zeigt über 90 Tiere aus aller Welt.

Im Ort an der Ampel links ab und weiter auf dem begleitenden Radweg 〰 in der Linkskurve rechts ab auf den Weg **Am Kral** das weite Wiesental hinauf und geradeaus über die Anhöhe.

Holzhausen-Externsteine

Die **Externsteine** sind eine Steingruppe, die sich aus 13 Sandsteinfelsen zusammensetzt und teilweise bis zu 38 m hoch sind. Lange Zeit waren sie auch aufgrund des Steinreliefs „Kreuzabnahme Christi" Ziel von Wallfahrten. Daneben sind hier eine Höhenkammer und ein Felsengrab zu finden. Sie liegen gut 3 km weiter direkt an der Route.

20 Unten an der Vorfahrtstraße rechts 〰 geradeaus und hinauf in die **Lange Straße** 〰 an der Gabelung vor dem Fachwerkhaus halblinks 〰 rechts in den **Schliepsteinweg** 〰 rechts auf der Straße **Am Bärenstein** 〰 an der nächsten Kreuzung hinter einem kleinen Teich rechts hinauf auf dem Asphaltweg.

Geradeaus kommen Sie zu den Externsteinen und hinunter in den Ortsteil Horn der Stadt Horn-Bad Meinberg.

Horn-Bad Meinberg

PLZ: 32805; Vorwahl: 05234

Externsteine - Holzhausen-Externsteine

- 🛈 **Tourist-Info Horn-Bad Meinberg**, Parkstr. 2, ✆ 98903
- 🏛 **Traktorenmuseum**, Kempener Str. 33, ✆ 05255/236, ÖZ: Di-So 14-18 Uhr
- 🏛 **Burgmuseum**, Burgstr. 13, ✆ 201200, ÖZ: Mai-Okt., Di-So 14-16 Uhr. Untergebracht ist das Museum in der Burg Horn. Es informiert über die Stadtgeschichte, die Externsteine sowie über geschichtliches der Burg Horn.
- 🛡 Die **Burg Horn** wurde 1348 errichtet und diente den Edelherren zur Lippe als Wohnsitz. Heute ist darin das Burgmuseum zu finden.
- ❋ **Kurpark**, der Kurpark wurde etwa 1770 geschaffen. Zu sehen sind das Kurtheater, der Brunnentempel in dem sich die Bad Meinberger Heilquelle befindet sowie eine Musikmuschel.

Horn wird 1248 erstmals urkundlich erwähnt, hundert Jahre darauf wurde die gleichnamige Burg

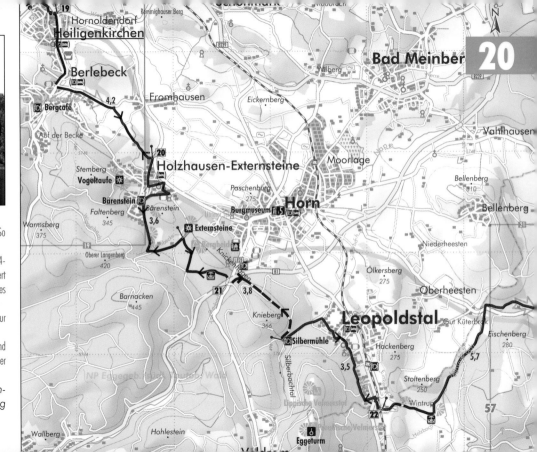

Schloss Vinsebeck

fertiggestellt. Es folgten die Braunsschweiger und Soester Fehde im 15. Jahrhundert. Während des 16. Jahrhunderts beginnt die Bevölkerungszahl von Horn stetig größer zu werden. 1767 wird Meinberg schließlich zum Kurort, woraufhin der Kurpark und Kurhäuser entstehen. 1864 wird die Stadt durch Feuer teilweise zerstört, doch mit dem Wiederaufbau erhält sie auch einen Bahnanschluss. 1970 werden Horn und Bad Meinberg mit 14 weiteren Gemeinden zur Großgemeinde Horn-Bad Meinberg zusammengeschlossen. Heute erreicht besonders das historische Mineral- und Moorheilbad Meinberg mit seinen Schwefelmoor- und Mineralquellen eine hohe Bekanntheit.

An der nächsten Kreuzung links hinunter auf Asphalt bleiben ～ entlang des Naturlehrpfades zu einem Parkplatz ～ **21** hier kurz rechts, dann links in einen schmalen Schotterweg und unter der Brücke der B 1 hindurch ～ die L 828 queren und den Asphaltweg steil hoch ～ links in den geschotterten Hermannsweg weiter bergauf Richtung Silbermühle ～ bergab im Rechtsbogen zum Waldparkplatz Silbermühle ～ links am Bach entlang bergab und am Hotel vorbei nach Leopoldstal. Rechts in den **Silbergrund** ～ kurvig bergauf und geradeaus weiter Richtung Friedhof ～ am Abzweig des Silbergrundes links hinunter geradeaus auf den Waldweg wechseln und im Linksbogen hinunter bis zur Vorfahrtstraße folgen.

Leopoldstal

Kurz rechts im Verkehr, dann am Ortsende wieder links, beschildert Richtung Bad Driburg und Wintrup ～ **22** unter der Bahn hindurch an Landgasthof und Kläranlage vorbei ～ geradeaus kurz geschottert durch den Wald und weiter hinunter asphaltiert zum Hof Wintrup.

Kulturland Kreis Höxter

Klöster, Flüsse und weite Landschaften sind bezeichnend für das östliche Westfalen. Hinter dem Titel "Kulturland" verbirgt sich die Klosterregion mit ihren 25 ehemaligen Stiften und noch intakten Klosteranlagen, die es zu erkunden gilt. Geprägt ist die Region durch alte Handels- und Ackerbürgerstädte mit zahlreichen Fachwerkbauten und prächtigen Adelssitzen, die Einblick in die Geschichte vergangener Tage gewahren.

Am Rastplatz links Richtung Vinsebeck ～ dem mäandrierenden Mühlenbach sanft bergab durch den Wald folgen ～ am Waldrand den Bach queren und unten auch die **L 616** ～ an der Mineralquelle auf dem schmalen Asphaltweg rechts ～ weiter am Mühlenbach entlang bis Vinsebeck.

Vinsebeck

Von Vinsebeck nach Höxter   33,5 km

Vor dem Schloss links über den Parkplatz ～ am Ende rechts die **L 827** kreuzen und praktisch geradeaus in den linken der beiden Wege Richtung Eichholz und Höxter ～ an der T-Kreuzung links ab und vor dem Wegekreuz rechts ～ schon in Sichtweite des Gutes Vordereichholz rechts auf den **Laakeweg** ～ kurvig und über die Bahn nach Eichholz.

Eichholz

Kurz nach rechts auf die Radspur der B 252, dann an der Ampel links in die birkengesäumte **Kantstraße** ～ am Ortsende rechts auf den **Klusweg** ～ an der Gabelung rechts halten und über den Bach ～ **23** vor dem Wölberg rechts ab.

Links weisen Sie die Schilder des R 53 nach Steinheim.

Steinheim

PLZ: 32839; Vorwahl: 05233

ℹ Stadtmarketing, Emmerstr. 7, ☎ 997327

🏛 Möbelmuseum, Rolfzener Str., ☎ 8552, ÖZ: So 14-18 Uhr o. n. V. Das Museum informiert über die Geschichte der Kunsttischlerei und Möbelindustrie von Steinheim.

⛪ Pfarrkirche, sehenswert ist hier der Hochaltar.

🔧 Pedalo Fahrradservice, Sedanstr. 2-4, ☎ 951192

Hinter dem Wald des Wölberges halbrechts den Beberbach überqueren ⇝ an der nächsten Gabelung halblinks ⇝ noch vor den ersten Häusern von Nieheim scharf links und in Folge geradeaus weiter ⇝ an der kleinen Kreisstraße kurz rechts auf den Radweg ⇝ wenige Meter später links und vorbei an der Wasserentsorgungsanlage der Stadt Nieheim ⇝ an der T-Kreuzung nach dem Bach links.

Hier verlässt der R 53 Ihre Route nach rechts und führt hinein nach Nieheim.

Nieheim

PLZ: 33039; Vorwahl: 05274

ℹ Tourismusbüro, Lange Str. 12, ☎ 8304

🏛 Deutsches Sackmuseum, Wasserstr. 6, ☎ 9810, ÖZ: März-Okt., Di-Sa 14-17 Uhr, So 10-17 Uhr, Nov.-Febr., Mi u. Sa 14-17 Uhr, So 10-12 u. 14-17 Uhr. Hier können sich Besucher über die Stadtgeschichte informieren, außerdem ist im Gebäude noch ein Korn- und ein Sackmuseum untergebracht.

🏛 Westfalen Culinarium, Lange Str. 12, ☎ 9529241, ÖZ: Mitte März-Dez., Mi-So 10-19 Uhr. Vier Museen widmen sich den fünf westfälischen Spezialitäten: Brot, Käse, Schinken, Bier und Schnaps.

⛪ St.-Nikolaus-Kirche, 13. Jh.

⛪ Evangelische Kreuzkirche

✳ Holsterturm, der 700 Jahre alte Turm gilt als Wahrzeichen der Stadt Nieheim.

✳ Menne's Nieheimer Schaukäserei, Hospitalstr. 22, ☎ 472, ÖZ: Mo-Fr 9-12 u. 15-18 Uhr, Sa 9-12 Uhr. In alten Hofgemäuern befindet sich eine moderne Käserei. Im Hofladen kann die Käseherstellung durch eine Glasfront verfolgt werden.

Zu Beginn im Mittelalter war Nieheim nur ein unbedeutendes Gemeinwesen, entwickelte sich aber rasch zur heutigen Größe, als es nach und nach bestimmte städtische Vorrechte wie z. B. das Markt- und Münzrecht erhielt. Heute ist Nieheim ein Heilklimatischer Kurort mit mittelalterlichem Flair.

Am Bauernhof geradeaus und an der Kreuzung danach halblinks ⇝

Abtei Marienmünster

mit Blick ins weite Tal rechts ⇝ unten links auf den Radweg an der Kreisstraße ⇝ wenig später am Ende des Radwegs rechts auf den schmalen Asphaltweg ⇝ gewunden an Haselnusshecken entlang ⇝ am Querweg rechts ⇝ mit Blick auf den Schierenberg geht der R 1 an der T-Kreuzung links weiter. Nach der Abzweigung unten über den Beberbach, dann halblinks ein wenig bergan ⇝ hinter der Hecke an der Kreuzung nach rechts übers offene Feld ⇝ **24** geradeaus über die L 886 ⇝ an der folgenden T-Kreuzung lässt der R 1 Bredenborn samt seiner fahrradfreundlichen Gastronomie rechts liegen ⇝ erst nach links weiter, dann rechts einen mit Obstbäumen bestandenen Feldweg bergan ⇝ immer geradeaus zur Hauptstraße am Rande von Marienmünster ⇝ rechts ab auf der **L 825** ins Zentrum des Ortsteils Vörden.

Zum Kloster gelangen Sie, wenn Sie sich hier stattdessen links halten.

Marienmünster - Vörden

PLZ: 37696; Vorwahl: 05276

ℹ Tourist-Information Vörden, Schulstr. 1, ☎ 989818

6 Das barocke Herrenhaus **Schloss Vörden** wurde 1734 errichtet. Es sind nur die Außenanlagen sowie der Schlosspark zu besichtigen.

8 Benediktiner-Abtei, ☎ 1019. 1128 stiftete Graf Widukind I. die Benediktinerabtei. Nachdem sie in den Jahren 1622-24 zerstört wurde, wurde sie ab 1658 im barocken Stil wieder errichtet. Schließlich kam sie 1803 aufgrund der Säkularisation in den Besitz der Preußen. Nachdem die Abtei 1955-66 nochmal restauriert wurde, sind heute unter anderem barocke Altaraufbauten, ein eisernes Chorgitter sowie eine dreimanualige Orgel zu besichtigen.

🛁 **Hallenbad** mit Sauna, Dampfbad und Whirlpool, ☎ 989852

📋 **Albert Nolte**, Angerberg 5, ☎ 1061

📋 **Alfons Brockmann**, Am Wiehenbrink 14, Vörden ☎ 401

Entstanden ist Marienmünster bereits um das Jahr 1.000 n. Chr., lange bevor Widukind I. von Schwalenberg die Abtei gründete. 1970 wurde Marienmünster mit Bredenborn und Vörden sowie weiterer elf Ortschaften zusammengeschlossen, wobei der Ortsteil Vörden seit 1988 als Erholungs- und als Luftkurort Anerkennung findet.

An der größeren Kreuzung oben auf Höhe des Hotelgasthofes Weber links hinauf Richtung Fürstenau und Hohehaus ⤳ kurz danach am kleinen Busbahnhof rechts von der Amtsstraße auf die Schulstraße ⤳ noch vor der Vorfahrtstraße linksherum ⤳ hinter dem Hallenbad halbrechts auf einen Hohlweg und unter den Hochspan-

nungsleitungen durch ～ in Eilversen links halten
und im Bogen hinunter.

Eilversen

Am Kapellchen rechts und in Folge halblinks in die
Tempo-30-Zone ～ **25** weiter bergab am Teich
vorbei und unter der L 755 hindurch ～ an beiden
folgenden Gabelungen links bergab halten ～ es
geht nun als straßenparalleler Radweg der L 755
ein wenig abgesetzt durch den Laubwald.

⚠ Schiebend sollen Sie dann die Landstraße
und den Bach **Grube** überqueren ～ weiter
auf der anderen Seite am Bach entlang bergab
～ das Tal öffnet sich und im Linksbogen nach
Ovenhausen ～ ein Stück hinter dem Sportplatz
dann halbrechts über den Bach und an der Vorfahrtstraße kurz links und vorbei an der modernen
Kirche.

Ovenhausen

Rechts in die Bornstraße, dann direkt wieder halblinks in die Sackgasse ～ am Ende geradeaus
auf dem Radweg weiter sanft bergab ～ **26** von
der L 755 halbrechts Richtung Westfriedhof Höxter und an der Straße Große Breite halbrechts an
diesem entlang.

Lütmarsen

An der Schutzhütte wenig später links hinauf
～ wieder nahe der Landstraße über die Vor-

Stadtleben - Höxter

fahrtstraße ～ nun immer geradeaus am Bach
bleiben und nach Höxter hinein.

⚠ Der an der Einmündung der Straße Papen-
brink angezeigte Wechsel des R 1 nach links
und direkt an der stark befahrenen Straße
entlang ist unnötig; Sie stoßen auch weiter geradeaus mit dem Radweg auf die Hauptstraße.
Geradeaus liegt die Altstadt von Höxter, Sie halten
sich rechts parallel des Ringes hinunter ～ am Ende
kurz links auf die **Stummrigestraße**, dann rechts
hinunter über die Bahn und an die Weser ～ nach
wenigen hundert Metern auf dem Weser-Radweg
zur Brücke, links liegt der Bahnhof von Höxter und
dahinter das historische Stadtzentrum.

Höxter

PLZ: 37671; Vorwahl: 05271

ℹ **Tourist-Information**, Historisches Rathaus, ☎ 19433. Stadtführungen
Mai-Sept., Mi 15 Uhr und Sa 11 Uhr, Treffpunkt: Hist. Rathaus

ℹ **Kulturland Kreis Höxter**, Corveyer Allee 21, ☎ 974323

🏛 Das **Forum Jacob Pins**, Westerbachstraße 35-37, zeigt in wechselnden Ausstellungen Werke des Künstlers Jacob Pins, der vor allem
durch seine Holzschnitte weltweit Anerkennung gefunden hat.
Beispiele für adliges Wohnen, historische Fundstücke und ein Raum
der Erinnerung an die Höxteraner Juden erweitern das Angebot.

⛪ Die **Nikolaikirche** von 1766 befindet sich direkt am Markt. Sie
wurde im Barockstil gebaut und 1896 erweitert.

⛪ Die 1075 erbaute **St. Kilianikirche** gilt als die älteste in Höxter. Ihre
Türme bilden das Wahrzeichen der Stadt. Sehenswert sind die Kanzel
aus dem Jahr 1597 sowie die Barockorgel (1710).

✴ **Erlebnisführung** Jost Ziegenhirt, Tel 19433. Jost Ziegenhirt, Bäcker
und Bremenfahrer entführt Sie ins 16. Jh., der Blütezeit Höxters.

✴ Das **historische Rathaus** ist ein zu Beginn des 17. Jhs. errichteter Fachwerkbau. Seine Dachhaube krönt ein Laternenaufsatz mit Glockenspiel.

✴ **Dechanei**, Marktstr. 19. Ursprünglich war die Dechanei ein Adelshof
der Familie von Amelunxen. Heute zählt das Gebäude von 1561, in
dem nun das katholische Pfarramt untergebracht ist, zu den bedeutendsten Häusern der Weserrenaissance.

✴ **Adam- und Eva-Haus**, Stummrigestr. 27. Dieses Haus von 1571
gilt als eines der schönsten in Höxter, auch hier zeigen sich viele ty-
pische Elemente der Weserrenaissance. Den Namen hat es von seiner
Fassadendarstellung

Die Geschichte Höxters beginnt im 7./8. Jahrhundert. Damals bestand eine kleine Furtsiedlung namens Huxori. Als ein Gegenpol entstand nur 2 Kilometer entfernt die Klostersiedlung Corvey im Jahr 822. Von diesem Zeitpunkt an entwickelte sich die Konkurrenz zwischen geistlicher und weltlicher Macht, wobei sich Höxter als unabhängige Stadt behauptete. Schon im Jahr 1115 wurde dem Ort das Marktrecht verliehen und im 13. Jahrhundert folgte die Ernennung zur Stadt. Als solche wurde Höxter dann 1293 Mitglied der Hanse.

Der Kampf zwischen weltlicher und geistlicher Macht manifestiert sich sogar im Stadtbild. Wenn Sie genau hinsehen, können Sie erkennen, dass der linke der beiden Türme der Kilianikirche ein wenig niedriger ist als der rechte. Der linke Turm unterstand seit jeher der Bauherrschaft der Stadt, der rechte jener der Kirche. Und da die kirchliche Macht in früheren Zeiten höher als die weltliche eingestuft wurde, ist

es nicht verwunderlich, das solches in der Höhe der Kirchtürme zum Ausdruck gebracht wurde.

Trotz aller Machtkämpfe konnte sich die Stadt bis ins 17. Jahrhundert hinein ihre Unabhängigkeit bewahren. Im 16. und 17. Jahrhundert erlebte Höxter seine Blütezeit, wie an den zahlreichen profanen Bauwerken im Stil der Weserrenaissance zu erkennen ist.

Erst nach dem Dreißigjährigen Krieg brach der wirtschaftliche Niedergang über Höxter herein, und im Jahr 1674 musste die Herrschaft Corveys wieder anerkannt werden. Damals wurden der Stadt alle errungenen Freiheiten wieder aberkannt.

Heute bietet sich das Stadtbild der über tausend Jahre alten Stadt zwar nicht als eine historisch vollkommen geschlossene Altstadt dar, aber es zeigt einige herrliche Häuserzeilen im Fachwerkbau, die mit meisterhafter Farbgebung und kunstvollen Schnitzarbeiten verziert sind.

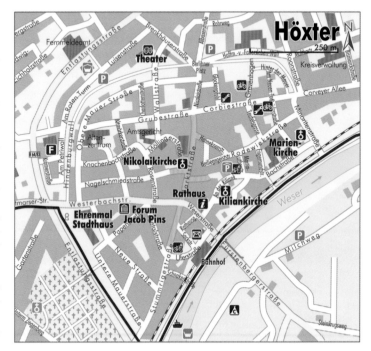

Von Höxter nach Goslar

Vorbei am berühmten Kloster Corvey begleiten Sie nun zunächst die Weser ein Stück durch ihr weites Tal. Im Weserbergland eröffnen Ihnen dann die sanften Hügel immer wieder grandiose Ausblicke über die Wiesen und Wälder, oft schlängelt sich der Weg aber auch im engen Tal eines Flüsschens dahin. Fachwerkbauten aus verschiedenen Jahrhunderten prägen nicht nur die historischen Ortskerne von Stadtoldendorf, Bad Gandersheim oder der Bierstadt Einbeck, sondern auch viele Dörfer. Am Rand des Harzes entlang tauchen Sie kurz ins idyllische Tal der Innerste ein und bald darauf erwartet Sie schon die Bergbaustadt Goslar.

In diesem Abschnitt bewegen Sie sich zwar längere Strecken auch auf Kreisstraßen, doch störend ist der Verkehr hier nur selten. Die schmalen, steilen Pfade im engen Tal der Gande und vor allem am Harzrand kosten dann jedoch Kraft, belohnen aber auch mit ruhigen Walddurchfahrten und Natur pur.

Von Höxter
nach Holzminden   13 km

1 Auf der Hauptroute des R 1 setzen Sie Ihre Radreise entlang der Promenade direkt am Ufer des Flusses fort.

AUSFLUG Zum Schloss Corvey kommen Sie, wenn Sie sich geradeaus halten. Die Hauptroute zweigt nach rechts ab.

Gleich nach den Gleisen erhebt sich die mächtige Schloss- und Klosteranlage ~ der Eingang befindet sich auf dieser Seite, Sie radeln einfach geradeaus weiter.

Corvey
PLZ: 37671; Vorwahl: 05271

🏛 **Museum Höxter-Corvey**, Schloss Corvey, ✆ 694010, ÖZ: April u. Okt., Di-So 10-18 Uhr, Mai-Sept. 10-18 Uhr. Die ständige Ausstellung umfasst Informationen zur Volks- und Heimatkunde, zur Stadtgeschichte Höxters und zur Geschichte des Corveyer Klosters.

🔒 **Kloster Corvey**, im Jahr 822 im Tal der Weser als Ableger des Klosters Corbie in Frankreich gegründet, in den barocken Räumen ist seit

1948 das Museum Höxter-Corvey untergebracht.

Das Kloster Corvey wurde als Benediktinerabtei im Jahr 822 auf Initiative Ludwig des Frommen, einem Sohn Karls des Großen, von Mönchen aus dem französischen Corbie gegründet. In Windeseile entwickelte sich die Abtei zu einem kulturellen und politischen Mittelpunkt Deutschlands. Die Mönche verfassten – neben ihrer regen Missionstätigkeit in Norddeutschland und Skandinavien – wertvolle Abschriften der Annalen von Tacitus, der Schriften Ciceros und der Gesetze Karls des Großen. Diese Werke können Sie jedoch heute nicht mehr im Kloster sehen, da sie entweder im Dreißigjährigen Krieg zerstört oder in alle Winde zerstreut wurden.

Die eigentliche Blütezeit des Klosters wird auf die Periode bis zum 12. Jahrhundert datiert; im Dreißigjährigen Krieg erfuhr die Abtei dann einen endgültigen Rückschlag, von

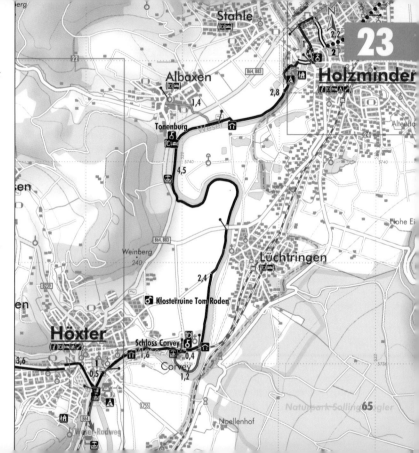

Schloss Corvey

auch der Dichter Hoffmann von Fallersleben als Bibliothekar berufen wurde, der im Schatten der Klosterkirche begraben ist. Heute können Sie in dem Gebäudekomplex die Stilrichtung der Romanik neben jener des Barock bewundern.

Für die Weiterfahrt vom Klostereingang aus wieder nach links immer entlang der Klostermauern ∼ links ab in die Straße Corvey am Hafen ∼ um das Bauwerk an seiner rechten Flanke herum ∼ immer an der Weser entlang ∼ von jenseits des Flusses winkt der hübsche Kirchturm Lüchtringens herüber, eine Brücke verbindet die Ufer.

Geradeaus am linken Ufer weiter auf Holzminden zu ∼ am Ufer an Campingplatz, Freibad und Sportplatz vorbei ∼ hoch zur Brücke und die Weser auf dem Radweg der Landstraße queren. Über den Platz am Ortsbeginn halbrechts halten ∼ an der Querstraße Bleiche links ab ∼ über die breite Obere Straße hinüber in die Kirchstraße; rechter Hand der Markt.

Holzminden

PLZ: 37603; Vorwahl: 05531

i Stadttourismus Holzminden, Markt 2, ☎ 8138945

Die Stadt Holzminden zählt heute etwa 22.000 Einwohner. Sie wurde um das Jahr 1200 von den Grafen von Everstein planmäßig ange-

legt und bekam schon 45 Jahre später das Stadtrecht verliehen. Der Name ist von dem in die Weser mündenden Flüsschen Holzminde abgeleitet.

Seit Beginn des 15. Jahrhunderts gehörte die Stadt den Welfen und gelangte so im 19. Jahrhundert zum Herzogtum Braunschweig. Im Jahr 1640 ereilte die Stadt ein schweres Schicksal, sie wurde fast gänzlich niedergebrannt und erholte sich nur langsam. Aber im 18. Jahrhundert erlebte die Ackerbürgerstadt dann durch die Ansiedlung eines Eisenwerks einen Aufschwung. Im Jahr 1831 wurde hier eine der ersten Baugewerkschulen Deutschlands eröffnet.

dem sich Corvey wie auch Höxter nur schwer erholten.

Zu Beginn des 19. Jahrhunderts, im Rahmen der Säkularisation, wurde das Kloster aufgehoben und zum Schloss umgewandelt. So fiel das Fürstentum Corvey anfangs an Preußen und wurde später an die Landgrafen von Hessen eingetauscht. Diese schufen erneut eine große Bibliothek, in die im 19. Jahrhundert unter anderem

Schloss Bevern

Seit Ende des 19. Jahrhunderts entwickelte sich dann ein ganz besonderer Wirtschaftszweig in Holzminden, die Riech- und Geschmacksstoffindustrie. Grund hierfür ist die Erfindung des Wissenschafters Wilhelm Haarmann, dem es gelang, den natürlichen Aromastoff Vanillin synthetisch herzustellen. Seitdem werden in Holzminden Aromaessenzen, Parfumöle und Riechstoffe künstlich produziert.

Von Holzminden nach Stadtoldendorf　　17 km

Gleich wieder links in die **Weserstraße** bis zum Ufer ∼ rechts auf den **Weserkai** bis zum Ende der Straße ∼ rechts in die Straße **Kolk** ∼ die nächste Straße links in den **Neuen Weg** ∼ an der Querstraße, an der jenes riesige Lagerhaus protzt, nach links ∼ beim Radwegende in die Straße **Rehwiese** ∼ rechts in die **Nordstraße** ∼ **2** am Ende links weiter auf der **Allersheimer Straße** Richtung Ortsausgang.

VARIANTE Alternativ können Sie auch auf der Rehwiese bleiben. Über die Vorfahrtstraße, die Nordstraße hinweg, fahren Sie an der zweiten Querstraße etwas nach rechts versetzt in die Straße Am Niederen Felde. Im Linksknick nehemn Sie den rechten Weg. Am Ende gelangem Sie linksabbiegend in die Allersheimer Straße.

Hinter der Umgehungsstraße immer auf dem Radweg hinüber nach Bevern ∼ am Ende des Radwegs im Ort knickt die Route rechts ab auf die **Angerstraße**; noch ein paar Meter geradeaus gelangen Sie zum Schloss.

Bevern
PLZ: 37639; Vorwahl: 05531
🄸 Tourist-Information, Schloss 1, ☎ 990785

🏛 **Heimatmuseum** im Schloss Bevern, ☎ 990785, ÖZ: So/Fei 10-12.30 Uhr u. n. V. Thema: Sammlung zur Geschichte von Bevern und des Schlosses Bevern.

🄶 **Schloss Bevern**, ☎ 994018, Führungen: April-Okt., So/Fei 15 Uhr u. n. tel. V. Als eines der prachtvollsten Bauten der Weserrenaissance angesehen, wurde Anfang des 17. Jhs. von Statius von Münchhausen die mächtige vierflügelige Wasserschlossanlage in Auftrag gegeben.

Die Geschichte des Schlosses Bevern begann, als Statius von Münchhausen, ein wichtiger Vertreter dieses niedersächsischen Adelsgeschlechts, den kleinen Gutshof Bevern im Jahr 1590 erwarb. Er ließ an diesem Ort von Johann Hundertossen, der jedoch noch vor Fertigstellung des Baus starb, eine vierflügelige Schlossanlage errichten. Wer das Werk zu Ende führte, ist unbekannt. Sicher ist, dass Statius aufgrund hoher Verschuldung nicht lange auf dem Schloss verweilen konnte. Schon im Jahr 1619 musste er das Anwesen verkaufen. Nichtsdestotrotz verkörpert der Bau in seinem Ganzen die Architektur der Weserrenaissance des 16. Jahrhunderts.

Auf der **Angerstraße** aus Bevern hinaus ∼ jeweils links auf dem asphaltierten Weg halten ∼ ab der Schleifmühle weiter auf der **Mühlenstraße**.

Lobach

In der Siedlung rechts auf der Mühlenstraße 〰 an der T-Kreuzung kurz rechts in den **Wiesenweg**, dann links in die Sackgasse 〰 am Ende in den abgepollerten Radweg **3** rechtsherum über die Ortsumgehung der B 64 〰 noch vor dem Beverbach im Linksbogen weiter bis zur Landstraße L 583 〰 rechts auf deren Radweg bis in den nächsten Ort.

Arholzen

PLZ: 37627; Vorwahl: 05532

🛈 **Gemeindebüro**, Hauptstr. 24, ✆ 3648

🛐 **evangelisch-lutherische Kirche**

Arholzen wurde vermutlich im Jahr 800 gegründet, die erste Erwähnung ist in einer Urkunde des Klosters Corvey zu finden, welche etwa aus der Zeit zwischen 900 und 1000 n. Chr. stammt. 1493 war Arholzen von den Einwohnern vollkommen verlassen worden, unter Herzog Heinrich dem Jüngeren wurde der Ort aber rasch wieder besiedelt. Es folgten schwere Jahre für Arholzen: Während des Dreißigjährigen Krieges wurde Arholzen belagert und verwüstet, außerdem hatten die Bürger unter der Pest und den Wölfen, die in den Ort und sogar in die Häuser drangen, zu leiden. Nach diesen Jahren begann die Einwohnerzahl langsam zu wachsen

Stadtoldendorf

– heute ist Arholzen Mitglied der Stadtgemeinde Stadtoldendorf und zählt etwa 420 Bürger.
Hinter der Kirche rechts ab in die Heidbrinkstraße Richtung Schorborn 〰 direkt hinter dem unbeschrankten Übergang links und an der Bahn entlang 〰 am Haltepunkt Arholzen rechts auf die Straße nach Deensen.

Deensen

In der Rechtskurve am Ortsrand geradeaus in den **Wiesenweg** 〰 an der Querstraße links auf den Radweg der **Königsberger Straße** 〰 dieser mündet am Stadtrand auf den Fuß- und Radweg entlang der L 583, der **Deenser Straße** 〰 **4** der Radweg endet unvermittelt (⚠) und es geht im starken Verkehr weiter; linker Hand am Hang liegt der sehenswerte Stadtkern.

Stadtoldendorf

PLZ: 37627; Vorwahl: 05532

🛈 **Stadtoldendorf**, Kirchstr. 4, ✆ 90050

🏛 **Charlotte-Leitzen-Haus**, Amtsstr. 8-10, ✆ 4255, ÖZ: So 15-17 Uhr od. n. V. In diesem Stadtmuseum kann man sich anhand diverser Geräte, Alltagsgegenstände und einer nachgebauten Küche sowie einem Wohnzimmer über die Geschichte Stadtoldendorfs informieren.

🏛 **Freilichtmuseum** Mühlenanger, ✆ 90050, ÖZ: n. V. Das Museum im Angerhof besteht aus einem Wohnhaus und drei Scheunen. Darin untergebracht sind ein Lokschuppen, verschiedene landwirtschaftliche Geräte und ein Veranstaltungsraum. Daneben findet sich hier eine Schmalspurbahn mit Schienen mit einer Gesamtlänge von 350 m.

🛐 Die **evangelische Kirche** ist den drei Heiligen Dionysius, Kilian und Sebastian geweiht.

🛐 Die **Homburg** war von 1183-1409 im Besitz der Edelherren von Homburg. Danach wechselte sie in den Besitz des Welfenhauses und den der Wickensener Amtmänner. Schließlich wurde die Burg als Steinbruch genutzt, nachdem man sie jahrelang verfallen hatte lassen. 1897 wurde die Ruine wieder ausgegraben. Dabei gefundene Objekte sind nun im Stadtmuseum zu besichtigen.

✳ Der **Hagentorturm** war ursprünglich Teil der Stadtmauer und gehörte zum Hagentor. Bis 1856 fand er als Gefängnis Nutzen. Heute ist nur mehr der Turm vorhanden, da das Tor 1858 abgerissen wurde.

✳ Der **Försterbergturm** war ebenfalls Teil der Stadtmauer.

✉ **Freibad**, Jahnweg, ✆ 900563, ÖZ: Mitte Mai-Mitte Sept., Mo-Fr 8-19.30 Uhr, Sa, So/Fei 9-19 Uhr

Die Geschichte von Stadtoldendorf lässt sich bis in die erste Hälfte des 12. Jahrhunderts zurückverfolgen – damals errichtete Siegfried IV. die Homburg. Das Gebiet selbst war aber wahrscheinlich schon früher besiedelt. Erstmals urkundlich erwähnt wurde der Ort Oldendorp 1150 und erhielt vermutlich 1281 das Stadtrecht. Da es aber zu der Zeit viele Orte dieses Namens gab, wurde der Name zu Beginn des 16. Jahrhunderts auf Oldendorf geändert. Während des Dreißigjährigen Krieges musste Oldendorf starke Rückschläge hinnehmen, von denen sich der Ort lange Zeit nicht richtig erholte. Erst 1865 besserte sich die wirtschaftliche Lage wieder – es entstanden Gipswerke und eine mechanische Weberei, und viele Bewohner fanden Beschäftigung im Bau- und Steinbruchgewerbe.

Von Stadtoldendorf nach Einbeck   27 km

Im Verkehr der Lenner Straße aus dem Ort hinaus ～ hinter der Bahn dann rechts ab auf die Straße Richtung Einbeck.

Wangelnstedt
PLZ: 37627; Vorwahl: 05532

ℹ **Gemeindeamt**, Hudeweg 2, ✆ 4532

⛪ **Johanniskirche**

Das Gebiet von Wangelnstedt dürfte etwa im 7. Jahrhundert besiedelt worden sein. Die erste urkundliche Erwähnung erfolgte im Jahr 1251. In der Zeit von 1380-90 wurde die Ortschaft, wie viele andere auch, von den Herren von Lüthorst zerstört, aber kurz darauf wieder neu errichtet. 1409 ging Wangelnstedt in den Besitz der welfischen Herzöge von Braunschweig und Lüneburg über. Unter ihrer Herrschaft mussten die Bewohner den Herzögen Hand- und Spanndienste leisten und wurden oft als unfreie Hörige behandelt. Schließlich wurde 1447 der Ort wieder zerstört und ausgeplündert. Daraufhin verließen alle Bewohner ihre Heimat – erst 1518 schaffte es Heinrich d. J. das Gebiet wieder zu bevölkern. Ab 1834 erlebte die Stadt einen wirtschaftlichen Aufschwung und die Bevölkerung wurde immer größer. 1972 schloss sich Wangelnstedt mit drei weiteren Gemeinden zu einer Großgemeinde zusammen.

Auf der Vorfahrtstraße **L 546** durch Wangelnstedt ～ danach in Kurven bergan ～ hinter der Kuppe ein Stück bergab und im Rechtsknick der Straße geradeaus abbiegen ～**5** auf dem Schotterweg hinauf ～ oben wieder auf Asphalt, unter den Hochspannungsleitungen rechts ab und nach Lüthorst hinunter ～ auf dem **Steinweg** geradeaus zur Vorfahrtstraße.

Lüthorst
PLZ: 37586; Vorwahl: 05562

🏨 **Wilhelm Busch Zimmer**, Elbigsweg 1, ✆ 590

Für ein kurzes Stück auf die L 546 nach rechts fahren ～ sofort wieder links in den asphaltierten Wirtschaftsweg einbiegen ～ an der T-Kreuzung rechts und an der nächsten T-Kreuzung links und dem Wegverlauf durch Hunnesrück folgen ～ Sie kommen direkt auf die K 526 und biegen hier rechts in die **Schlossstraße** ab. Die **Erichsburg** liegt sogleich vor Ihnen.

Erichsburg

Am etwas verwunschenen Schloss vorbei.

▮ Rechts können Sie auf der Alternativstrecke auch über Dassel fahren.
VARIANTE

Dassel
PLZ: 37586; Vorwahl: 05564

ℹ **Fremdenverkehrsverein**, Südstr. 1, ✆ 501

🏨 **Blankschmiede**, Teichpl. 2, ✆ 2721, ÖZ: So 15-18 Uhr und n. V. Im technischen Kulturdenkmal läßt sich die alte Handwerkskunst neu erleben.

✳ historische **Wassermühle** "Im kühlen Grunde", Gestütstr. 14, OT Hunnesrück, ✆ 200736

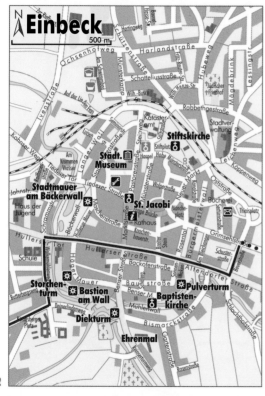

Einceck

An der Vorfahrtstraße links ab ⌇ die **K 515** führt wellig hinüber nach Eilensen.

Eilensen

6 Links ab auf den Radweg der großen L 580, der **Krugstraße** ⌇ nach Querung der stillgelegten Ilmebahn geht es in den Flecken Marktoldendorf.

Markoldendorf

Hinter dem Friedhof knickt dieser breite Radweg nach links ab in die **Ilmebahnstraße** und folgt dieser dann im Rechtsbogen parallel der Gleise durch die Hinterhöfe ⌇ wieder entlang der **L 580** zunächst links, dann mit der Bedarfsampel am Ortsende nach rechts wechseln ⌇ bei der Juliusmühle hinter den Fabrikgebäuden rechts ab nach Holtensen ⌇ eine Brücke führt Sie über die Ilme ⌇ auf dem Triftweg hinein in die Siedlung.

Holtensen

Die Straße **Auf der Stiftsseite** windet sich – erneut ein Brückchen – bis zur Vorfahrtstraße ⌇ hier rechts ab und auf der kleinen

Altes Rathaus Einbeck

K 511 (**Hauptstraße**) bis zur Kreuzung, dann rechts in die **Dorfstraße**, die wiederum zur **Am Linnenplack** wird ⌇ an der nächsten Möglichkeit halten Sie sich links und folgen dem Weg bis zur Kreuzung im Ortskern von Hullersen.

Hullersen

An der Kreuzung wählen Sie die rechte Straße **An der.Opperworth** ⌇ **7** unter der B 3 hindurch ins Gewerbegebiet von Einbeck ⌇ der Radweg endet, nun im Verkehr weiter stadteinwärts auf der **Hullerser Landstraße** ⌇ an der großen Kreuzung rechts ab, Hullerser Tor und weiter **Hullerser Straße**.

> **TIPP** Links führt die Fußgängerzone Marktstraße ins historische Zentrum der Fachwerkstadt; der R 1 geht geradeaus vorbei.

Einbeck

PLZ: 37574; Vorwahl: 05561

🛈 **Tourist-Information**, Eickesches Haus, Marktstr. 13,
☎ 3131910, www.einbeck-online.de

26

🏛 **Stadt Museum inkl. Radhaus**, Steinweg 11/13, ☎ 971710, ÖZ: Di-So 11-16 Uhr, Führungen n. V. Die Kulturgeschichte der Region ist ein Schwerpunkt des Museums. Außerdem erfahren Sie hier alles über das Einbecker Brauereiwesen, den Blaudruck und die Tapetenherstellung. Weiterhin ist im Museum das neue „Radhaus" eine Ausstellung zum Fahrrad untergebracht. Zwei Ausstellungen erinnern an den Morphium-Entdecker Sertürner und an den Erfinder des Versandhauses und Fahrradfabrikanten Stukenbrock.

🏛 **Einbecker Blaudruck**, Mönchepl. 4, ☎ 3350. In der 370 Jahre alten Blaudruckerei können sich Interessierte über diese alte Kunst informieren (Führungen).

⛪ **Stiftskirche St. Alexandri** und **Stiftsgarten**. Gegen Ende des 11. Jhs. zu Ehren des Hl. Alexander errichtet, besitzt die Kirche eine sehenswerte Innenausstattung aus verschiedenen Epochen.

⛪ **St. Jakobi Kirche**, Marktplatz. Der Glockenturm der Kirche steht satte 1,53 m aus dem Lot.

✺ Teile der ehemaligen **Wehranlagen** sind überall im Stadtbild Einbecks präsent.

✺ Der **Diekturm** wurde nach dem Patrizier Heinrich Diek benannt. Ihm warf man vor, der Brandstifter jener verheerenden Katastrophe gewesen zu sein, die die Stadt im Jahre 1540 in Schutt und Asche gelegt hatte. Mit glühenden Zangen „gezwickt" und mit Honig bestrichen, um Bienen und Wespen anzulocken, wurde er lebendig in einem Käfig an den Turm gehängt. Sein Bruder erlöste ihn schließlich von diesen „irdischen Höllenqualen", indem er ihn im Käfig erschoss.

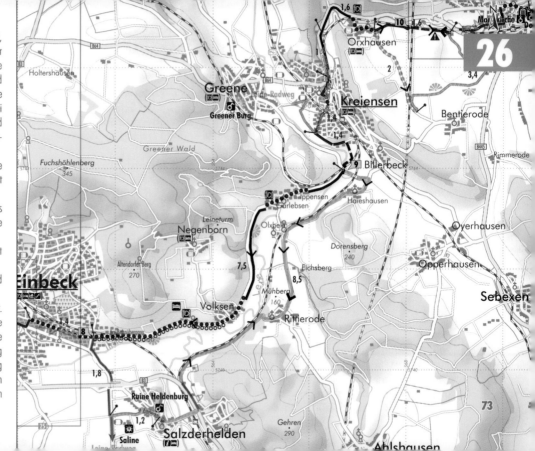

❇ **Brauhaus** AG, Papenstr. 4-7. Führungen durch die Bierbrauanlagen können über die Tourist-Information gebucht werden.

Die Altstadt Einbecks ist ein einziges Freilichtmuseum: Mehr als 400 Fachwerkbauten, darunter gar 120 reich verzierte Bürgerhäuser der Spätgotik, prägen das Stadtbild. Die farbenprächtigen spätmittelalterlichen Fachwerkhäuser erzählen vom Wohlstand und Reichtum, den die Stadt während ihrer Mitgliedschaft in der Hanse erlangte, und von der 600-jährigen Bierbrautradition, die sie berühmt machte. Bereits im 13. Jahrhundert wurde das „Grutbier" mit Hopfen angereichert und haltbar gemacht. Das ursprünglich „Einpöckisch Bier" später „Bockbier" genannte Hopfenbräu bildete die Grundlage für den florierenden Handel, den Einbeck in Deutschland, nach Skandinavien und in die Ostseeländer unterhält. Zu erkennen sind die ehemaligen Bürger-Brauhäuser, von denen es zu Beginn des 17. Jahrhunderts rund 750 Stück gab, an den großen, rundenbogigen Toreinfahrten und dem hohen Dachbereich, in dem der Hopfen gelagert wurde.

Neben der Braukunst gehört die Blaudruckerei zum traditionellen, bis heute ausgeübten Handwerk. In der 370 Jahre alten Blaudruckerei – der einzigen Niedersachsens – werden die alten Modeln noch im Handdruckverfahren eingesetzt.

Von Einbeck nach Bad Gandersheim   18 km

An der Altstadt vorbei führt der R 1 noch weiter auf der Hauptstraße, zuerst **Hullerser Straße**, dann **Altdorfer Straße** ～ erst an der Kreuzung mit der **Schlachthofstraße** links ab in die kleine **Beverstraße** ～ dann rechts auf den Radweg entlang der **Grimsehlstraße** stadtauswärts **8**.

▌**AUSFLUG** Am Ortsende bietet sich mit dem Leine-Radweg ein Ausflug zur Ruine Heldenburg in Salzderhelden (auch zum Bahnhof Einbeck) an.

▌**VARIANTE** Sie können auf der Alternativstrecke die 7 km auf der sehr befahrene L 487 umgehen, solange der Radweg noch nicht komplett fertig gestellt ist. Der Ausbau des letzten Stückes bis Volksen ist für 2010 geplant. Auf der verkehrsärmeren Strecke müssen Sie jedoch ein Paar Steigungen überwinden.

Salzderhelden
PLZ: 37559; Vorwahl: 05561

🅘 **Tourist-Information Einbeck**, Eickesches Haus, Marktstr. 13, ✆ 3131910 www.einbeck-online.de

🅖 Die **Heldenburg** wurde auf einem Bergrücken am Leineufer errichtet. Allein Teile der Palastwand und ein Turmstumpf sind von der mittelalterlichen Burganlage, die einst Hauptresidenz der Gruben-

hagener Welfen war, erhalten geblieben. Das Wahrzeichen Niedersachsens, das Sachsenross, hat hier seinen Ursprung.

Flussabwärts führen R 1 und Leine-Radweg die nächsten 7 km auf der **L 487** durch Volksen und Garlebsen/Ippensen.

9 Nach Ippensen auf Höhe der Eisenbahnunterführung rechts über die Leine ～ sofort links in den Schotterweg ～ unter der Eisenbahnbrücke hindurch nach rechts dem Verlauf des sehr holprigen Weges folgen ～ nach dem Linksschwenk geradeaus über einen Bach bis zur T-Kreuzung ～ links der Beschilderung folgend noch kurz unbefestigt, nach der Rechtskurve befestigt weiter.

Der R 1 knickt nach rechts in den Ort hinein auf der Kastanienallee ～ unter der Bahn hindurch auf der **Biebelstraße** bis zur Vorfahrtstraße.

Kreiensen
PLZ: 37547; Vorwahl: 05563

🅘 Gemeinde Kreiensen, Wilhelmstr. 21, ✆ 7020

🅖 Von der **Burgruine Greene** (erbaut 1308, zerstört 1553 u. im Dreißigjährigen Krieg) bietet sich ein wunderschöner Blick über das Leinetal.

❇ Bahnhofsgebäude Kreiensen von 1887

❇ Viadukt

Hier links in die **Wilhelmstraße** ins Ortszentrum ～ vor der Kirche rechts in die Straße **Am Plan**,

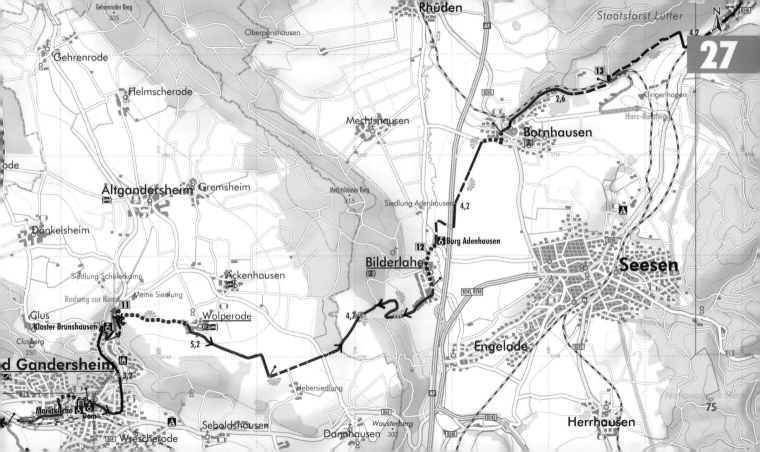

Staatsforst Lutter

Rhüden

Oberpanshausen

Gehrenroder Berg
305

Gehrenrode

4.2

Helmscherode

13

B243

Klingenhagen

2,6

Mechtshausen

Harz-Rundweg

Bornhausen

Altgandersheim   Gremsheim

Mechtshäuser Berg
375

Siedlung Adenhausen

4,2

Dankelsheim

Seesen

Siedlung Schülerkamp

Ackenhausen

Burg Adenhausen

12

Meine Siedlung

Bilderlahe

Radweg zur Kunst

11

Wolperode

4,7

B243, B248

Glus

Kloster Brunshausen

5,2

Clusberg
250

Engelade

d Gandersheim

3,2

Hebersiedlung

Herrhausen

Marktkirche

Dom

Seboldshausen

Darnhausen

Waustberg 300

75

Wrescherode

B64

B243

B248

Nationalpark

die am Ende als Radweg linksherum zur Bundesstraße führt ~ halbrechts auf den Radweg.
Entlang der **B 64** in Richtung Orxhausen ~ am Ortseingang rechts und der Wegweisung auf der Hauptstraße folgen.

Orxhausen

Nach der Kirche knickt der R 1 in einer Rechtskurve links in einen Wirtschaftsweg ab.

> **TIPP** Die offizielle Routenführung der nächsten 1,5 km ist anstrengend und streckenweise sehr holprig, eng und steil. Die Alternativroute in der Karte, die wir für Reisende mit Anhänger oder sehr viel Gepäck empfehlen, ist durchgehend asphaltiert und ungefährlich, allerdings fast viermal so weit:

Auf der holprigen Hauptroute geht es geradeaus den Feldweg hoch ~ **10** an der nächsten Abzweigung nach dem unbeschrankten Bahnübergang in den linken, geschotterten Weg ~ in einem Rechts-Linksbogen unter der ICE-Strecke hindurch ~ an der nächsten Gabelung links in den geschotterten, teils sandigen und sehr unwegsamen Weg parallel zur Bahn.

> **TIPP** ⚠ Schiebestrecke: Der holprige Weg führt nun sehr steil bergab. Es wird daher geraten, sein Fahrrad bis zu den beiden Wohnhäusern zu schieben, wo auch die Variante wieder ankommt.

76

Bad Gandersheim

An der T-Kreuzung fahren Sie links auf der asphaltierten Straße unter der Bahn und der B 64 hindurch ~ dann parallel zur Gande bis zum Ortsrand von Bad Gandersheim ~ an der Gabelung rechts in die **Neue Straße** ~ nach ca. 300 m links und über die Gandebrücke in die **Gandestraße** fahren ~ rechts in die **St.-Georg-Straße** ~ dem **Steinweg** zum Marktplatz folgen.

Bad Gandersheim

PLZ: 37582; Vorwahl: 05382

🛈 **Tourist-Information**, Stiftsfreiheit 12, ☎ 73321

🏛 **Portal zur Geschichte**, Ausstellung im Dom Bad Gandersheim und Kloster Brunshausen, ☎ 955647, ÖZ: 11-17 Uhr. In der Ausstellung zur Stifts-, Regional- und Reichsgeschichte können Sie 1.200 Jahre Stadtgeschichte erleben.

🏛 **Museum der Stadt Bad Gandersheim**, Markt 10, ☎ 1573 u. 73700, ÖZ: Di-So 15-17 Uhr, Sa/ So 10.30-12.30 Uhr, während der Festspielzeit verlängerte Öffnungszeiten. Das Museum beherbergt eine stadtgeschichtliche Sammlung, ein mittelalterliches Stadtmodell, Einrichtungsgegenstände und Werkzeuge.

🛡 Der **Dom** wurde 881 als Stiftskirche geweiht und zählt zu den bedeutenden Bauwerken der deutschen Romanik und berherbergt die Ausstellung „Portal zur Geschichte".

✳ **Renaissance-Rathaus**, Abtei und „Bracken"

✳ **Gandersheimer Domfestspiele**, Karten für die jährlich von Juni bis Aug. gehende Veranstaltungsreihe unter ☎ 73777

🚲 **Gründel**, Hildesheimer Str. 7a, ☎ 958804 od. 0172/ 5129025 (Fahrradverleih und Kanutouren)

Im Jahr 852 gründete Sachsengraf das Kanonissenstift Gandersheim. Unter dessen Nachkommen, den ottonischen Königen und Kaisern wurde Gandersheim zu einem zentralen Ort der Reichsgeschichte. Im 10. Jahrhundert wirkte im Stift Deutschlands erste Dichterin, die Kanonisse Roswitha von Gandersheim. Sie verfasste Epen, Legenden und Dramen in lateinischer Sprache. Zentrum des Stifts und der heutigen Stadt Bad Gandersheim war und ist die romanische Stiftskirche, der „Dom". Seit 1959 finden die Gandersheimer Domfestspiele jährlich statt. Die Festspielsaison zieht mit einem umfangreichen Angebot an Schauspiel-, Musical-, Kindermärchen- und Studioinszenierungen ein überregionales Publikum an. Straßencafés mit Blick auf das Wahrzeichen der Stadt, die romanische Stiftskirche, laden zum Verweilen in der Kurstadt ein.

Von Bad Gandersheim nach Goslar 43 km

Der R 1 knickt am **Marktplatz** rechts in die kleine Gasse **Markt**, die widerum zur **Stiftsfreiheit** wird, ein ～ weiter auf der **Bismarckstraße** ～ hinter der Roswithastraße biegen Sie links in den Radweg ab und folgen diesem bis zum Kloster ～ hier rechts auf dem Radweg entlang der **Hildesheimer Straße** ～ nach Unterquerung der Eisenbahn folgt ein scharfer Linksknick ～ hinter der Park-Reha-Klinik rechts ab Richtung Jugendherberge auf die **Dr.-Heinrich-Jasper-Straße** und über die Gande in den Ortsteil Brunshausen ～ an der Gabelung links ab in die Straße **Am Kantorberg** und im Tal bleiben ～ am Ende geradeaus auf den geschotterten **Philosophenweg**, linker Hand jenseits der Gande liegt das Kloster Brunshausen.

Brunshausen

PLZ: 37581; Vorwahl: 05382

🛈 Tourist-Information Bad Gandersheim, Stiftsfreiheit 12, ☎ 73700

Kloster Brunshausen

🏛 **Portal zur Geschichte**, Ausstellung im Dom Bad Gandersheim und im Kloster Brunshausen, ☎ 73700, ÖZ: Di-So 11-17 Uhr. In der Ausstellung zur Stifts-, Regional- und Reichsgeschichte können Sie 1.200 Jahre Stadtgeschichte erleben.

🎟 **Kloster Brunshausen**, ☎ 73000 od. ☎ 955647. Im 8. Jh. wurde das Kloster von Benediktinermönchen gegründet. Zu sehen sind die Ausstellung Portal zur Geschichte, die Klosterkirche, der angrenzende Südflügel des Klosters und der im 18. Jh. für die Sommerresidenz der Gandersheimer Äbtissin umgestaltete Westflügel. Zusätzlich können Sie noch Ausstellungen des örtlichen Kunstvereins und die zwei Cafés besuchen.

🏞 Im Tal direkt unterhalb des Klosters entspringt eine heilkräftige Mineralquelle; trotzdem ist der **Quellsumpf** noch in beinahe natürlichem Zustand und beherbergt seltene Tier- und Pflanzenarten.

11 An der **K 633** in Serpentinen rechts hinauf.

Wolperode

In Wolperode die erste Möglichkeit halbrechts hinauf ～ weiter bergan dem Asphaltweg und der Obstbaumreihe auch im Rechtsknick nach ～ oben am Aussichtspunkt links auf den Schotterweg ～ mit wechselndem Belag geradeaus über die K 636 den Höhenzug Heber hinauf. Oberhalb des Hofes ist der höchste Punkt erreicht und der Blick schweift über Seesen und die Ausläufer des Harzes ～ geradeaus dem geteerten Weg folgen ～ in weiten Serpentinen ins Tal.

Bilderlahe

Auf dem R 1 noch vor der Hauptstraße links in die Straße **Drei Linden** ～ weiter auf der K 58 an der Kirche vorbei ortsauswärts ～ **12** rechts in die Straße **Burg** Richtung Seesen ～ direkt nach dem Brückchen über die Nette links auf die Schotterstraße; links die Burg Adenhausen. Nach der Kurve holprig unter der A 7 hindurch, dahinter links auf den Asphaltweg ～ an der Querstraße rechts nach Bornhausen und an der Vorfahrtstraße links in den Ort hinein.

Bornhausen

Nach dem Bach rechts in die **Grabenstraße** und weiter halblinks in die **Klingenhagener Straße** ～ hinter der Kirche links in den **Langenberger** **77**

Weg ～ vor dem Hang rechtsherum weiter am ehemaligen Bahnhaltepunkt vorbei.

Immer an der stillgelegten Bahnlinie entlang ～ am Abzweig geradeaus auf Schotter weiter am Bach entlang ～ **13** die nächste Möglichkeit links hinauf.

TIPP

Von nun an folgen Sie bis hinter Ballenstedt der gemeinsamen Wegweisung von R 1 und Harz-Rundweg mit

Gemeinsame Wegweisung mit dem parallel verlaufenden Harz-Rundweg

seiner radelnden Brockenhexe als Symbol.

Auf grobem Schotter über die Gleise und kurz danach die erste Möglichkeit rechts hinauf ～ unweit des Waldrandes hangparallel weiter ～ scharf rechtsherum wieder auf Asphalt über die Wiesen ～ im Linksbogen weiter das Schaller-Tal hinauf entlang der Bahn ～ auf grobem Kopfsteinpflaster nach Neuekrug ～ geradeaus durch die Siedlung ～ an der Vorfahrtstraße rechts die Gleise überqueren.

Neuekrug-Hahausen

Über die **B 248**, dahinter halblinks in die kleine Straße ～ auf stellenweise sehr knubbligem Belag schlägt diese alte Straße einen weiten Bogen etwa 4 km am Waldrand entlang.

Kurz nach dem Abzweig, der nach links unter der Bahn hindurch wegführt, noch bevor der Weg geradeaus den Waldrand verlässt, rechts steil hinauf in den Wald bis zur Unterquerung der B 82 **14**.

VARIANTE

An dieser Stelle zweigt rechts der Harz-Rundweg ab. Bis
Goslar sind es ca. 20 anstrengende, teils unbefestigt und eng, aber sehr sehenswerte Kilometer. Der Weg führt Sie direkt am Granestausee entlang. Nachfolgend wird diese Route als Variante beschrieben.

Auf dem Harz-Rundweg über Wolfshagen nach Goslar   20 km

Unsere Hauptroute R 1 und Harz-Rundweg führen, vom Hof **Im Kiefholz** kommend, rechts und auf dem Schotterweg steil bergan ～ an der Gabelung halblinks und nach dem Rechtsknick wieder links weiter steil hinauf dem Symbol der Brockenhexe folgen ～ ab der Kuppe hangparallel ～ am Waldrand öffnet sich der Blick über Langelsheim.

TIPP

Den Ort können Sie geradeaus hinunter über die Kastanienallee erreichen.

Vor der Umgehungsstraße rechts auf einen schmalen Pfad steil hinauf ～ auf besser befahrbarem Schotter am Waldrand oberhalb der Straße entlang und bergab ～ links durch das Industriegelände bis zur Vorfahrtstraße ～ kurz links auf die **L 515** und direkt wieder rechts auf einen Asphaltweg ～ hinter den alten Gleisen auf einem Schotterweg weiter und über die Innerste ～ dahinter führt ein schmaler aber glatt geschotterter Pfad rechts das Tal hinauf.

Nach dem zweiten Brückchen, das nach rechts weg die Innerste quert, knickt der Weg links ab unter dem Bahndamm hindurch und steil hinauf ～ dahinter oben rechts auf die breite Forststraße.

AUSFLUG

Wenig später bietet sich für Interessierte ein Ausflug zum Innerstestausee und ggf. eine Fahrt drumherum an. Hier befindet sich
auch ein Campingplatz direkt am Wasser. Dazu zweigen Sie halbrechts ab und fahren auf dem Radweg auf der alten Bahntrasse. Zur Weiterfahrt müssen Sie aber wieder bis hier zurückkommen, da Sie die Bahntrasse

ansonsten erst wieder an der Staumauer verlassen können.

An der nächsten Kreuzung nach gut einem Kilometer auf der geschotterten Forststraße geht es praktisch geradeaus steil den Berg hinauf ⤳ ⚠ nach etwa einem Kilometer scharf links einen schmalen Schotterweg bergauf.

▌TIPP Hier zweigt der Weser-Harz-Heide-Radweg ab, der von Hann. Münden über Goslar nach Lüneburg führt.

An der Gabelung rechts und am breiteren Weg wieder rechts ⤳ die Route schlängelt sich, immer auf und ab, dahin ⤳ an einer Schutzhütte vorbei und schließlich leicht bergab zum Waldparkplatz an der **K 35**.

Kurz nach links auf die Straße, dann rechts auf einen Schotterweg und wieder links hinauf ⤳ an der Gabelung halbrechts ⤳ im Bogen vorbei an einer Trinkwasserquelle, links im Tal Wolfshagen ⤳ holprig am Campingplatz entlang und im Rechtsbogen steil hinunter.

Wolfshagen

Rechtsherum auf der Asphaltstraße und wieder bergan ⤳ auf Schotter dem breiten Hauptweg folgen, an der Schutzhütte geradeaus und schließlich wieder hinunter ⤳ unwert des Granestausees an der ge-

Auf dem R 1 im Tal der Innerste

teerten **Varleystraße** links ⤳ wellig immer in Talsperrennähe bis zur Schranke an der Staumauer des Granestausees ⤳ am anderen Ende links ab ⤳ unweit der Bahnlinie weiter auf Schotter; die Brockenhexe weist den Weg. Ab hier verläuft der Radweg wieder parallel zum R 1.

Geradeaus, dann unter der **B 82** hindurch ⤳ über die Bahngleise und weiter geradaus ⤳ rechts über die Hauptstraße ⤳ nehmen Sie den linken der beiden Wege ⤳ im Rechtsbogen dem Straßenverlauf folgend, kommen Sie ins zentrum von Langelsheim.

Langelsheim

PLZ: 38685; Vorwahl: 05326

🛈 Stadtverwaltung, Harzstr. 8, ✆ 5040

🏛 **Heimatmuseum**, Mühlenstr. 10, ✆ 50480 od. 50463, ÖZ: Sept.-Mai, 1. u. 3. So im Monat 13.30-12.30, 2. u. 4. Sa im Monat 15-17 Uhr. In der ehemaligen Schule von Langelsheim sind zahlreiche Objekte, die über die Geschichte von Langelsheim informieren, zu sehen.

Die erste urkundliche Erwähnung von Langelsheim stammt aus dem Jahr 1016. 1653 wurde der Ort zum Sitz eines fürstlichen Amtes, der sich zuerst im Adelshof, danach im Junkernhof befand. Hier erfolgte die Rechtsprechung, unter anderem über Jagden, Brau- und Kruggerechtigkeit.

Über die **Innerste** hinüber folgen Sie dem Rechts-Links-Verlauf des Weges ⤳ weiter in einer Linkskurve kommen Sie direkt auf die Bahngleise zu ⤳ vor diesen links in die **Bahnhofstraße** abbiegen und parallel dazu weiter ⤳ an der T-Kreuzung rechts in die **Wolfshagender Straße** (**K 35**) ⤳ Sie queren die Bahngleise ⤳ halten Sie sich geradeaus und folgen dem Schlängel der **Wolfshagener Straße** bis zum Töllebach ⤳ hier links in den Radweg entlang des Baches, unter der B 82 hindurch bis zur Straße ⤳ hier links in den anfänglich unbefestigten Weg ⤳ es geht ein wenig bergauf. Sie radeln am Ortsrand von Astfeld entlang.

Astfeld

Weiter gehts immer parallel zur Bundestraße und den Bahngleisen ⤳ Sie durchfahren **Juli-**

ushütte auf der **Bahnhofstraße** ∿ nach der Flußquerung rechts in die Straße **Im Grauetal** ∿ zweite Straße links hin zu den Gleisen und den geschotterten Weg folgen.

Am Stadtrand von Goslar vor der Straße **Am Nordberg** rechts parallel hinauf, dann links in den **Marienbader Weg** und geradeaus weiter in den Reinkamp ∿ links in den Schieferweg ∿ rechts ab auf die verkehrsreiche **Von-Gar-ßen-Straße**.

VARIANTE Sie können hier noch rechts parallel am Hang auf der Wohnstraße Triftweg bleiben und stoßen erst am Ende mit dem Claustorwall nach links an die Hauptstraße.

Geradeaus weiter auf der Hauptstraße, dem **Nonnenweg** ∿ ⚠ kurz nach dem Abzweig der Straße **Am Beek**, die nach links in die Altstadt führt, geht es rechts einen kleinen Asphaltweg hoch ∿ über ein Brückchen, dann geschottert geradeaus bis zur Straße ∿ unten kurz rechts auf die **Clausthaler Straße**, dann links auf einem schmalen Teerweg über ein weiteres Brückchen ∿ links am Bach entlang ∿ am anderen Ende dieses Radweges zur **Rammelsberger Straße**, die rechts Richtung Jugendherberge führt.

TIPP Links kommen Sie über die große Clausthaler Straße hinweg in die Goslarer Altstadt.

Goslar

PLZ: 38640; Vorwahl: 05321

ℹ Goslar Marketing GmbH, Markt 7, ✆ 78060

🏛 **Huldigungssaal** (1505-20), Markt 1 (Rathaus), ✆ 704241, ÖZ: April-Okt., Mo-Fr 11-15 Uhr, Sa/So/Fei 11-16 Uhr. Der Huldigungssaal ist ein einzigartiges Zeugnis spätgotischer Raumkunst, er ist vollständig mit Tafelgemälden geschmückt. Die Multimediale Präsentation der Ausstellung führt Sie in die Vergangenheit des Saals zurück.

🏛 **Goslarer Museum**, Königstr. 1, ✆ 43394, ÖZ: April-Okt., Di-So 10-17 Uhr, Nov.-März, Di-So 10-16 Uhr. Hier kann man sich über die Ur- und Frühgeschichte, die mittelalterliche und die neuere Geschichte sowie über Kunst und Kultur in der Stadt informieren.

🏛 **Mönchehaus** – Museum für moderne Kunst, Mönchestr. 1, ✆ 29570 od. ✆ 4948, ÖZ: Di-So 10-17 Uhr. Im Mönchehaus sind Arbeiten von Preisträgern aus Goslar sowie Werke internationaler Künstler ausgestellt.

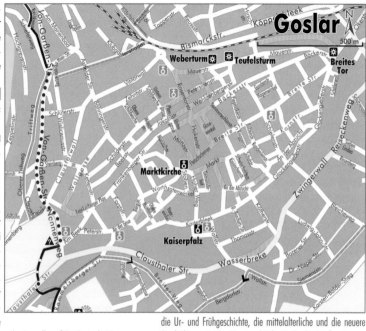

Goslar

500 m

Weberturm · Teufelsturm · Breites Tor · Marktkirche · Kaiserpfalz

81

- 🏛 **Musikinstrumente- und Puppenmuseum**, Hoher Weg 5, ☎ 26945, ÖZ: tägl. 11-17 Uhr

- 🏛 **Zinnfigurenmuseum**, Münzstr. 11, ☎ 25889, ÖZ: Di-So 10-16 Uhr. In diesem Museum wird mit Hilfe von Zinnfigurendioramen die Stadtgeschichte dargestellt.

- 🏛 **Museum im Zwinger**, Thomasstr. 2, ☎ 43140 u. 45167, ÖZ: März, 10-16 Uhr, April-Mitte Nov., 10-17 Uhr. Museum des Mittelalters mit Rüstzeug, Foltergeräten und Kriegsgeräten der Bauern.

- 🏛 **Kaiserpfalz**, Kaiserbleek 6, ☎ 3119693, ÖZ: April-Okt., 10-17 Uhr, Nov.-März, 10-16 Uhr. Hier fanden unter verschiedenen Kaisern 23 Reichstage statt. Im Erdgeschoss befindet sich eine Ausstellung über die Geschichte des mittelalterlichen Reisekönigtums.

- 🔓 **Frankenberger Kirche**, ☎ 22464 u. 22566. Sehenswert in der romanischen Basilika sind die spätromanischen Malereien.

- 🔓 **Marktkirche**, ☎ 22922, ÖZ: 10-17 Uhr. Die Kirche wurde erstmals 1151 urkundlich erwähnt und im Laufe der Zeit immer mehr erweitert. Einen Besuch wert sind die Glasmalereien, das Taufbecken, die Kanzel sowie der barocke Hochaltar.

- 🔓 **Neuwerkkirche**, ☎ 22839, ÖZ: März-Dez., Mo-Sa 10-12 Uhr u. 14.30-16.30 Uhr In der ehemaligen Stiftskirche sind die Steinmetzarbeiten und der Freskenschmuck sehenswert.

- ✱ Das **Rathaus** wurde zwischen dem 15. und 16. Jh. erbaut und während dieser Zeit mehrmals vergrößert. Es ist noch heute Sitz des Oberbürgermeisters.

- ✱ **Kunsthandwerk im Grossen Heiligen Kreuz**, Hoher Weg 7, ☎ 21800, ÖZ: Di-So/Fei 11-17 Uhr. Im ehem. Hospizgebäude

(1254) bieten verschiedene Kunsthandwerker in ihren Werkstätten ihre Waren an. Im Glas- und Holzstudio im Hof finden sich noch mehr handwerkliche Unikate.

- ✱ **Weltkulturerbe Rammelsberg - Museum und Besucherbergwerk**, Bergtal 19, ☎ 7500, ÖZ: 9-18 Uhr. Hier werden dem Besucher Fahrten mit der Grubenbahn und dem Förderkorb sowie verschiedene Maschinenvorführungen geboten. Daneben sind die Stollen und Wasserräder zu besichtigen.

Das Besucherbergwerk sowie das Bergbaumuseum sind im ehemaligen Erzbergwerk Rammelsberg untergebracht. Das Erzbergwerk war über 1.000 Jahre in Betrieb und wurde 1988 eingestellt da nicht mehr genug Erzvorräte vorhanden waren. 1992 wurde es mit der Goslarer Altstadt und Kaiserpfalz in die Welterbeliste der UNESCO aufgenommen. Der Rammelsberg selbst steht mittlerweile unter Naturschutz. Heute ist das ehemalige Bergwerk als Bergbaumuseum für Besucher zugänglich. Ziel des Museums ist es, den Besuchern einen Einblick in das Arbeitsleben sowie das soziale und wirtschaftliche Umfeld der Bergbauarbeiter zu geben. Nachdem das Bergwerk 1988 geschlossen wurde, wurde damit begonnen, es in ein Besucherbergwerk umzuwandeln. Bereits 1989 wurden Teile des Bergwerks zum Museumsbesitz, 1990 folgte eine Teileröffnung – ab diesem Zeitpunkt konnte

Kaiserpfalz Goslar

man die Mannschaftskaue, den Roeder-Stollen sowie zwei große Wasserräder besichtigen. Es folgten die Grubenbahn, mit der man in den Berg fahren kann, sowie eine Rekonstruktion des Kehrrades aus den Jahren 1805-1910. Schließlich konnten ab 1996 Besucher erstmals die Erzaufbereitungsanlage teilweise besichtigen. Heute kann man noch zusätzlich einer Simulation des historischen Feuersetzens zusehen und die Erzaufbereitungsanlage ist mittlerweile vollständig zugänglich, außerdem werden Maschinenvorführungen geboten. Der Rammelsberg mit einer Gesamtfläche von etwa 20.000 qm zählt zu den größten Museen in Deutschland das auf realitätsnahe Weise die Geschichte der Arbeit, die Alltagswelten der Menschen und die Geschichte der Technik aufzeigt.

Von Goslar nach Dessau

215 km

Der wellige Kurs am Harzrand entlang bietet viel Ruhe und Natur und vom erhöhten Waldrand aus oft weite Blicke ins flache Harzvorland. Dann geht es immer wieder hinunter und Sie tauchen ein ins bunte Treiben eines kleinen Städtchens mit kunstvoll mit Schieferschindeln verkleideten Fachwerkhäusern. Unweit des Brockens rollen Sie dann in die fruchtbare Magdeburger Börde hinunter und entlang von Bode und Saale. Kurz vor der Bauhausstadt Dessau erwarten Sie bereits die Auwälder des Biosphärenreservats Mittlere Elbe.

Auch wenn sich der R 1 nur an seinem Nordrand entlangzieht – der Harz wartet mit einigen Steigungen auf! Glatt asphaltierte Wege sind hier selten, störender Kfz-Verkehr zum Glück aber auch. In Sachsen-Anhalt finden Sie über weite Strecken eigene, sehr gut befahrbare Radstreifen neben den holprigen Schotterstraßen über Land. Dank konsequenten Ausbaus sind die historischen Pflasterstrecken entlang des Europa-Radwegs selten geworden.

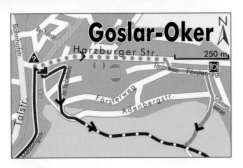

Goslar-Oker
N
250 m

Von Goslar nach Wernigerode　　　　　　**40 km**

1 Die offizielle Route des R 1 führt zunächst rechts auf dem Radweg der **Rammelsberger Straße**, dann links hoch zur Jugendherberge und weiter hinauf in den Wald ~ am Parkplatz nach der scharfen Linkskurve geradeaus in den Wald hinein.

Diese Strecke (knapp 2 km) ist teilweise so unwegsam, dass Sie nur für vollgefederte Räder und möglichst nur ohne Gepäck zu befahren ist. Wir empfehlen daher die Alternative.

Asphalt-Variante Goslar　　　　　　3 km

Zunächst die Rammelsberger Straße links ~ weiter im Bogen vor der Ampelkreuzung halbrechts den Breiten Weg hinauf ~ am Ende links in die **Bergdorfstraße** ~ unten halbrechts in die **Wallstraße**, weiter als Siemensstraße ~ am Ende beim Spielplatz rechts hinauf in den **Bleicheweg** ~ an der Kreuzung geradeaus in den Anliegerweg und im Rechtsbogen des Asphaltweges geradeaus auf den Schotterweg ~ am anderen Ende rechts auf die **Schützenallee**.

Auf der Hauptroute meist hangparallel geradeaus am Berufsförderungswerk vorbei ~ an der Schützenallee rechts hinauf.

Hinter der Kuppe halblinks auf Asphalt weiter und an der Schranke vorbei ~ hangparallel schlängelt sich der breite Weg kurz ins Gelmketal, im Zweifelsfall immer eher links halten ~ am Forsthaus Groß Ammental vorbei ~ dahinter knickt der R 1 links ab hinunter auf einen groben Schotterweg, unten dann rechts.

Wer lieber auf Asphalt bleibt und keine Angst vor starkem Verkehr hat, bleibt auf dieser Forststraße, unten im Okertal dann links auf die B 498.

Am Rande der Siedlung nach einer Engstelle an der Straße rechts entlang des **Kutscherweges** ~ weiter rechts die **Rosenstraße** hinunter ~ über die B 498 hinweg ~ **2** mit der **Brunnenstraße** linksherum ~ auf der **Messingstraße** bis kurz vor die **Harzburger Straße**.

Oker

Wem das folgende Stück mit Treppe zu beschwerlich ist, der kann der Alternativroute (Stadtplan) folgen.

Scharf rechts kurz eine Treppe hinauf ~ oben links auf die Wohnstraße **Im Stobenholz** ~ diese im Bogen bergauf und geradewegs in den Wald noch ein Stück steil hoch.

Nun durch den Wald geradeaus und hangparallel ~ gut 2 km auf diesem nun recht breiten Schotterweg, vorbei am Café Goldberg ~ am Sträßchen dahinter links, hinunter und durch die Gestütswiesen der Pferderennbahn.

Geradeaus über die Hauptstraße auf der Straße **Herbrink** bis zur T-Kreuzung ~ rechts in die **Breite Straße**.

Schlewecke

Geradeaus weiter gelangen Sie auf dieser Straße ins Zentrum von Bad Harzburg.

Bad Harzburg

PLZ: 38667; Vorwahl: 05322

ℹ️ **Touristinformation**, Nordhäuser Str. 4, ☎ 75330

🏰 Die Ruine der ehemaligen **Burg Harzburg** befindet sich am Großen Burgberg. Nach nur neunjährigem Bestehen war die Burg im Jahr

1074 abgerissen, im Laufe der Zeit aber wieder aufgebaut worden. 1651 wurde sie von Herzog August erneut niedergerissen, woraufhin heute nur mehr die Überrreste zu sehen sind.

✳ **Märchenwald**, ☎ 3590, ÖZ: März-Okt., tägl. 10-18 Uhr, Nov., Jan-Febr., tägl. 10-17 Uhr

Die Anfänge von Bad Harzburg lassen sich bis 1065 zurückverfolgen. Damals wurde auf dem Burgberg die Burg Harzburg von Heinrich IV. errichtet. 1569 entdeckte man eine Solequelle die schließlich ab 1820 als Bad Nutzen fand. Als Harzburg 1841 an das Eisenbahnnetz angebunden wurde, entwickelte sich Harzburg bereits zu einem Tourismusort. Seit 1892 findet die Stadt Ansehen als Kurort Bad Harzburg. Auch heute noch ist das Bad mit seinen beiden Solequellen und den damit verbundenen Therapiemöglichkeiten sehr beliebt bei erholungssuchenden Gästen. Die Mineralwasserquellen können am Trinkbrunnen genossen werden.

Der R 1 knickt aber noch im Stadtteil Schlewecke links ab auf die **Bahnhofstraße** und unter der Bahn hindurch ⤳ auf der **Schlewecker Straße** über die nächsten Gleise und schließlich unter der B 4 hindurch ⤳ der **Hohe Weg** führt in den Stadtteil Westerode ⤳ rechts in die **Straße Vor den Höfen**.

Die Landesgrenze im Tal der Ecker

Westerode

VARIANTE Vor der Feuerwehr linksherum können Sie auf einer asphaltierten Variante über die K 43 und entlang der B 6 nach Stapelburg-Eckertal fahren, da die Hauptstrecke zwischenzeitlich sehr holprig wird.

Weiter geradeaus auf der **Sandstraße**, der K 42 sanft bergan ⤳ im leichten Rechtsknick geradeaus auf den unbefestigten Weg ⤳ nach einem Rechtsknick unter dem alten Bahndamm hindurch, dann wieder links daran entlang ⤳ hinter dem Bächlein rechts in den Wald hinauf ⤳ **3** hinter der B 6 weiter geradeaus durch die Siedlung Ottenhai ⤳

oben dann links auf die breit geschotterte Forststraße ⤳ hangparallel immer geradeaus bzw. halblinks und schließlich hinunter ins Tal der Ecker.

ANSCHLUSS Hier zweigt der Deutsch-Deutsche Radweg nach Stapelburg ab, wenig später führt er entlang des Ilsetals in den Harz.

Nach dem Sträßchen geradeaus ein Stück schlechter Weg ⤳ **4** über den Fluss ins Bundesland Sachsen-Anhalt ⤳ geradeaus auf glattem Weg an der Schutzhütte vorbei wieder in den Wald.

Wellige 4 km immer geradeaus nach Ilsenburg ⤳ halbrechts in die Straße **Suental** ⤳ halblinks weiter auf der Kastanienallee ⤳ unten halbrechts auf die **Harzburger Straße** und am Marktplatz vorbei ⤳ an der **Pfarrstraße** rechts ab ⤳ in der Kurve links auf die **Schlossstraße**.

Ilsenburg

PLZ: 38871; Vorwahl: 039452

ℹ **Tourismus GmbH**, Marktplatz 1, ☎ 19433

ℹ **Nationalpark-Informationshaus**, Ilsetal 5, ☎ 89494

🏛 **Hütten- und Technikmuseum**, Marienhöferstr. 9b, ☎ 2222, ÖZ: Mo-Di, Do-Fr 13-16 Uhr, Sa 14-16.30 Uhr. Zu sehen sind Öfen und Ofenplatten sowie Nachbildungen von Kunstwerken aus verschiedenen Stilepochen.

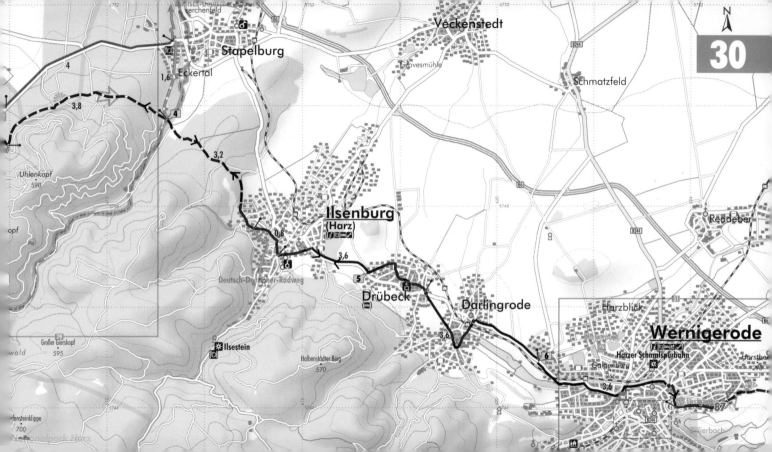

Lerchenfeld

Stapelburg

Eckertal

1,6

4

3,8

3,2

Uhlenkopf
590

opf

Großer Gierskopf
595

wald

Ilsestein

Halberstädter Berg
570

fenlteinklippe
700

nalpark Harz

Veckenstedt

Grovesmühle

Schmatzfeld

Reddeber

Ilsenburg
(Harz)

0,8

3,6

Deutsch-Deutscher-Radweg

5

Drübeck

Darlingrode

3,6

Harzblick

Wernigerode

Harzer Schmalspurbahn

Galgenberg

3,6

6

Horstber

87

Wernigerode

250 m

- Bahnhof Westerntor
- Nikolaiplatz
- Goth. Haus
- Marktplatz
- Rathaus
- Westernturtorum
- Sylvestrikirche
- Liebfrauenkirche
- Vorwerk
- Nationalparkverwaltung
- Stadtgarten

Klosterkirche, ☎ 80155, ÖZ: Mo-Fr 8-16 Uhr u. n. V. Die Kirche wurde im 12. Jh. errichtet. Es werden regelmäßig Konzerte und Ausstellungen abgehalten. Führungen n. V.

Fürst Stolberg Hütte, Schmiedestr. 17, ☎ 2494, ÖZ: Mo-Fr 10 und 14 Uhr. Bei der Besichtigung der Hütte – sie ist eine der ältesten Eisengießereien in Deutschland – wird ein Schaugießen vorgeführt. Dabei gewinnt man Einblicke in das Modelleinformen, den Abguss und die Nachbearbeitung.

Bad Bikes, Marienhöfer Str. 2, ☎ 80655

Ilsenburg trägt den Titel "Nationalparkort Hochharz" und ist der Einstieg zu einer der schönsten Brockenwanderungen am Ilsestein vorbei durch das Ilsetal. Der Nationalpark Harz ist einer von

14 deutschen Nationalparken und geht aus der Fusion der beiden Nationalparke Hochharz (1990) und Harz (1994) im Jahr 2006 hervor. Die Besonderheit: als einziger umfasst er zwei Bundesländer, Niedersachsen und Sachsen-Anhalt. Da das Gebiet, und vor allem der Brocken, durch seine Lage an der innerdeutschen Grenze 1961 bis 1989 Sperrgebiet war, hat sich die Natur in ihrer Vielfältigkeit ausbreiten können. Der höchste Berg ist der Brocken, mit 1.142 Metern die höchste Erhebung Norddeutschlands, und der einzige Berg im deutschen Mittelgebirge mit einer durch das harsche Klima entstandenen natürlichen Baumgrenze. Auf dem Gipfelplateau ist der sogenannte Brockengarten angelegt, in dem über 1.600 verschiedene alpine Pflanzen zu finden sind.

Auf der **Schlossstraße** bis zur L 85 ∿ rechts und auf dem Radweg nach Drübeck

> **TIPP** In Drübeck lohnt sich ein Besuch des Klosters. Folgen Sie den Hinweisen zum Evangelischen Zentrum.

5 Links geht es weiter in Richtung Gewerbegebiet und in einem Rechtsbogen durch den Ort auf der Straße **Am Kamp** ∿ hinter der Kirche

in die Schulstraße ∿ rechts und gleich wieder links in den Weg nach Darlingerode ∿ auf der **Dorfstraße** zur Kirche radeln.

Darlingerode

Hinter der Kirche links in die **Straße der Republik** ∿ an der Landesstraße rechts auf dem Radweg in Richtung Wernigerode ∿ **6** an der Hasseröder Brauerei vorbei ∿ am Klinikum links in die **Ochsenteichstraße**.

> **AUSFLUG** Von Wernigerode aus können Sie einen Ausflug mit der Schmalspurbahn zum Brocken unternehmen.

Wernigerode

PLZ: 38855; Vorwahl: 03943

Wernigerode Tourismus GmbH, Marktpl. 10, ☎ 5537835

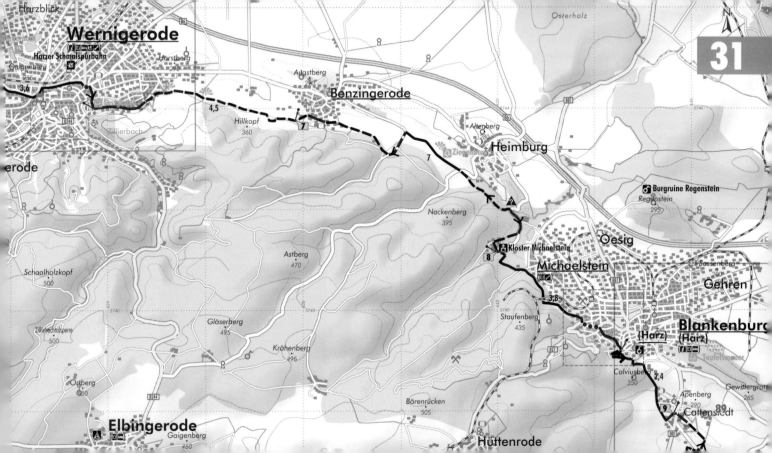

🏛 **Harzmuseum**, Klint 10, ✆ 654454, ÖZ: Mo-Sa 10-17 Uhr. Die naturwissenschaftliche Geschichte der Harzregion und die Stadtgeschichte Wernigerodes werden Ihnen hier erläutert.

🏛 **Mahn- und Gedenkstätte**, Veckenstedter Weg 43, ✆ 632109, ÖZ: Mo-Di 8-16 Uhr und n. V. Die Geschichte des Außenlagers des KZ Buchenwald wird in zwei original erhaltenen Baracken dargestellt.

🏛 **Brockenhaus**, Brocken, ✆ 039455/50005, ÖZ: tägl. 9.30-17 Uhr. Die interaktive Ausstellung befindet sich in der ehem. Abhörzentrale der DDR auf der Brockenkuppe und befaßt sich mit der Geschichte des Brockens und dem Nationalpark Hochharz. Zu erreichen mit der Schmalspurbahn, zu Fuß oder per Rad.

🏰 **Schloss**, ✆ 553030, ÖZ: Mai-Okt., tägl. 10-18 Uhr; Nov.-April, Di-Fr 10-16 Uhr, Sa, So/Fei 10-18 Uhr. Die original eingerichteten Wohnräume des deutschen Hochadels des im Stil des norddeutschen Historismus umgebauten Schlosses sind zu besichtigen. Am Schlossgarten schließt sich ein Wildpark an.

✳ **Harzer Schmalspurbahn-Harzquerbahn**, ✆ 558-0. Die Harzquerbahn verkehrt überwiegend im Dampfbetrieb von Wernigerode nach Drei Annen Hohne. Von dort aus können Sie in den Zug zum Brocken umsteigen.

✳ **Hasseröder Brauerei**, Auerhahnring 1, ✆ 936-219, regelmäßige Führungen Mo-Fr und n. V., Anmeldung erforderlich.

⚠ **Brockengarten**, auf dem Plateau des Brocken, ÖZ: im Rahmen von Führungen, Mai-Okt. jeweils 11.30 und 14 Uhr. Zu erreichen mit der Schmalspurbahn, zu Fuß oder per Rad.

🏛 Der **Lustgarten** (16. Jh.) mit Orangerie wurde im 18. Jh. zu einem engl. Landschaftsgarten umgestaltet.

⚠ **Bürgerpark**, Dornbergsweg 27, ✆ 40891011, ÖZ: März-April, Okt., 9-18 Uhr, Mai-Sept. 9-19 Uhr, Nov.-20. Dez. 10-16.30 Uhr. Der Park geht aus der ehemaligen Landesgartenschau 2006 hervor und bietet 78 verschiedene Themengärten.

🚲 **Zweirad John**, Zaunwiese 2, ✆ 633294

🚲 **Bad Bikes**, Große Bergstr. 3, ✆ 626868

🚲 **Fahrrad Baron**, Mauergasse 37, ✆ 634503

🚲 **Wernigeröder Fahrradwelt**, Benzingeröder Chaussee 39a, ✆ 264918

Das Wahrzeichen der Stadt Wernigerode, die 1229 das Stadtrecht erhielt, ist das Schloss Wernigerode. Es wurde 1110 erbaut und war lange Zeit im Besitz der hiesigen Grafen. Sein heutiges Aussehen erhielt das Schloss, nachdem es 1671-76 schon teilweise umgebaut worden war, in den Jahren 1862-83. Mittlerweile ist es in den Besitz des Landkreises Harz übergegangen.

Blick ins Harzvorland vom Struvenberg aus

Von Wernigerode nach Blankenburg   **15 km**

Am Kreisverkehr am Bahnhof rechts in die **Halberstädter Straße** ⬿ rechts in die **Lindenallee** und am Lustgarten vorbei ⬿ links in die Straße **Am Lustgarten** ⬿ am Abzweig zum Hotel am Schlosspark geradeaus auf Schotter wechseln ⬿ an der Gabelung halbrechts kurz in den Wald, dann wieder am Rand der Kleingartenanlage entlang ⬿ am Ende beginnt ein Fuß- und Radweg, der sich – im Wesentlichen immer am Waldrand entlang – bis Benzingerode dahinschlängelt.

Benzingerode

Oberhalb der Häuser geradeaus auf schmalem Pfad weiter ⬿ dahinter wieder etwas breiter am Waldrand bis zu einer Querstraße hinter dem Hellbach.

Links und dann rechts hinunter auf dem grob überteerten Sträßchen ⬿ **7** an der Straße links und wieder rechts.

Struvenberg/Ziegenberg

⚠ Kalkmagerrasen prägen dieses kleine **Naturschutzgebiet**. Links den Pfad hinauf bietet sich ein grandioser Ausblick nach Norden ins Harzvorland.

Die K 1347 geradeaus queren und auf Schotter hinunter ∿ an dem Teufelsbach entlang in den Wald.

⚠ Unten nach rechts auf die Straße ∿ auf der K 1347 den Hang hinauf ∿ hinter dem Wald gegenüber der Bikerstation rechts ab auf dem Schotterweg hinüber zum Kloster.

Michaelstein

🅱 Kloster Michaelstein, ✆ 90300, ÖZ: April-Okt. 10-18 Uhr; Nov.-März, Di-Sa 14-17 Uhr, So/Fei 10-17 Uhr. Im Kloster befindet sich das **Musikinstrumentenmuseum** mit einer Sammlung von 700 historischen Instrumenten aus dem 17.-19. Jh. Regelmäßige Konzerte sowie Führungen, z. B. durch den Klostergarten, runden das Angebot ab.

Das Kloster Michaelstein befindet sich an der Straße der Romanik. Erstmals erwähnt wurde es 956, damals aber noch als St.-Michaels-Kirche. Als Zisterzienserkloster diente es erst ab 1147. In der Zeit von 1544-1807 beherbergte es eine Klosterschule, später waren darin Wohnungen, Stallungen und Lager untergebracht. Ab 1968 fand hier das „Institut für Aufführungspraxis der Musik des 18. Jahrhunderts" geeignete Räum-

lichkeiten. Heute dient das Gebäude auch als Musikinstrumentenmuseum und Sitz der Landesmusikakademie Sachsen-Anhalt. Ebenfalls sehenswert ist der Kräuter- und Wurzelgarten, der nach dem Vorbild der Mönche angelegt wurde.

8 Am anderen Ende der Anlagen rechts in den geschotterten Radweg einbiegen ∿ durch das Sanatoriumsgelände bis zur Straße ∿ dort links und gleich wieder rechts halten ∿ hier führt der Radweg weiter ∿ sie überqueren Bahngleise und kommen zur **Rübeländer Straße** ∿ dieser folgen und rechts in die **Welfenstraße** einbiegen ∿ am Ende rechts den Schieferberg hinauf.

■ Die **Harzstraße** führt links ins historische Stadtzentrum.

TIPP

Blankenburg

PLZ: 38889; Vorwahl: 03944

🅱 **Kurverwaltung**, Tränkestr. 1, ✆ 2898

🏛 **Herbergsmuseum**, Bergstr. 15, ✆ 365007, ÖZ: Mo-Do 14.30-17 Uhr u. n. V. In der ehemaligen Herberge ist eine Ausstellung über das zünftige Wandern der Handwerksgesellen zu finden.

- 🏛 **Kleines Schloss** (1725), Schnappelweg 6, ✆ 2658, ÖZ: April-Okt., Di-Sa 10-17 Uhr, So/Fei 14-17 Uhr, Nov.-Mai, Di-Sa 11-17 Uhr, So/Fei 14-17 Uhr. Im Museum im Schloss können Sie u. a. die Geschichte der herzoglichen Residenz in Blankenburg, das Hofleben und die Baugeschichte der Schlösser erkunden. Daneben finden sich Informationen über Handwerk, Industrie, Verkehrswesen, den Bergbau und die Stadtgeschichte. Sehenswert ist auch die Bauernstube sowie die Bibliothek, die Bücher aus dem 17. Jh. beherbergt.
- 🄳 **Burg Regenstein**, ✆ 61290, ÖZ: April-Okt. 10-18 Uhr, Nov.-März, Mi-So 10-16 Uhr. Erstmals erwähnt wurde die Burg 1169; sie war zunächst im Besitz der Grafschaft Regenstein, wurde aber im 15. Jh. aufgegeben. 1670 wurden die Überreste der Burg in eine Bergfestung umgewandelt, 1758 dann endgültig zerstört. Heute dient die Anlage als Freilichtmuseum.
- 🄳 Das **Große Schloss** befindet sich am Kalkberg, der auch „Blanker Stein" genannt wird. Die eher schlichte Barockschlossanlage, die einst im Besitz der Regensteiner Grafen und danach der Herzöge von Braunschweig war, wird heute von einem Verein betreut, der sich um die Erhaltung bemüht. ÖZ: Jan., Sa 14-16 Uhr, Febr.-Dez., Di-Sa 10-16 Uhr, zusätzliche Besichtigung n. V., ✆ 2658. Der Schlosspark beinhaltet einen Berg- und Terassengarten und den Tierpark.
- 🄳 **Bergkirche St. Bartholomäus**, ✆ 369075, ÖZ: tägl. 10-18 Uhr, im Winter 10-16 Uhr. Errichtet wurde die Kirche um 1200 und im Laufe der Zeit mehrfach erweitert. Sehenswert sind die Kreuzigungsgruppe (15. Jh.), die Kanzel (1580), die barocke Altarwand (1712) und die Orgel von 1932.

Am Stadtrand von Blankenburg

- 🚲 **Rad und Tat**, Karl-Zerbst-Str. 22, ✆ 369777
- 🚲 **Fahrradhaus Wagner**, Lerchenbreite 2, ✆ 364853

Nachdem um 1100 die Blankenburg auf einem Kalkfelsen errichtet wurde, entstand kurz darauf eine Siedlung die den Namen der Burg bekam. 1182 wurden sowohl Burg als auch Stadt von Friedrich Barbarossa stark zerstört. Nachdem die Schäden beseitigt waren, wurde die Blankenburg 1384 von Graf Dietrich von Wenigerode überfallen. Im Jahre 1425 fielen große Teile der Stadt einem Brand zum Opfer. 1675 wurde mit dem Buchdruck in Blankenburg begonnen, der Ort lebte aber hauptsächlich vom Bergbau, wobei Sandstein, Farberden und Kalk abgebaut wurde. Auch hier sorgte der Anschluss ans Bahn-

netz (1872) für die Belebung des Tourismus', der heute eine wichtige Einnahmequelle darstellt. Nachdem 1937 das Teufelsbad gegründet wurde, erhielt die Stadt den Titel „Rheumabad Blankenburg (Harz)" und ist seitdem für heilsame Schlamm- und Moorbäder bekannt.

Von Blankenburg nach Ballenstedt   27 km

Steil geht's den **Schieferberg** hinauf, dann gegenüber der Pension Benz links den asphaltierten **Herzogsweg** hoch 〰 am Parkplatz an einer alten Fabrik rechts ab auf Pflaster weiter, links kommen Sie zum Schloss.

Hinter der Fabrik geradeaus auf den Schotterweg 〰 am Rastplatz wenig später links herum 〰 im Bogen am einladenden Berghotel Vogelherd vorbei 〰 dahinter geradeaus auf dem Schlossweg nach Cattenstedt 〰 links in den **Bohlweg**.

Cattenstedt

9 Geradeaus über die B 81 auf den holprigen Steinweg 〰 oben dann rechts hinunter 〰 an der vorfahrtberechtigten **Mühlenstraße** rechts ab, dann links in einen glatt geschotterten Weg 〰 linksherum erreichen Sie Wienrode 〰 geradeaus an der Feuerwehr vorbei bis zur Vorfahrtstraße.

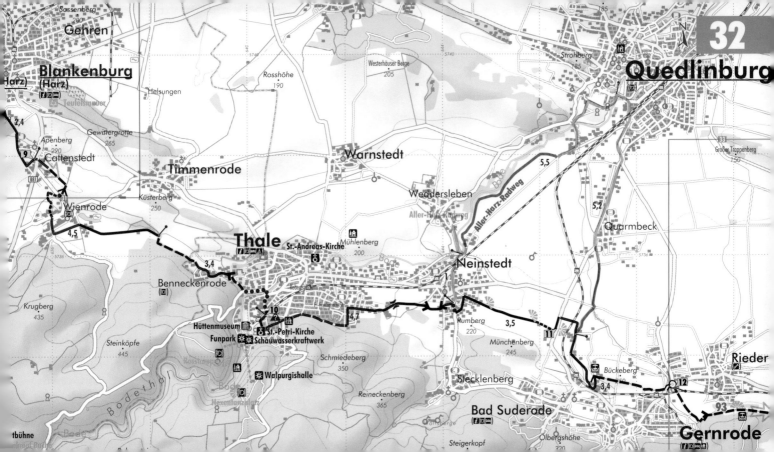

Wienrode

Nach Querung des Baches rechtsherum und auf dieser kleinen Straße, der **L 93** Richtung Treseburg ~ kurz vorm Ortsende links in den befestigten ländlichen Weg und diesem folgen bis zum rechts abbiegenden Forstweg ~ dieser führt Sie direkt zur Forststraße ☒ach Benneckenrode.

Benneckenrode

Am Ortsende links hinunter über den Bach ~ hinter dem Gasthof verläuft straßenparallel ein Radweg bergab ~ dann rechts ab auf ein kleines Anliegersträßchen durch die Gärten ~ am Ende nach links auf die kleine **K 2365** nach Thale hinein.

Entlang der Bode geht es schließlich mit der **Wolfsburgstraße** nach rechts auf die Friedensbrücke ~ im kleinen Kreisverkehr halbrechts Richtung **Hexentanzplatz** ~ **10** hinter den Gleisen rechtsherum ~ auf der **Bahnhofstraße** zum Hauptbahnhof.

Thale

PLZ: 06502; Vorwahl: 03947

🛈 **Thale-Information**, Bahnhofstr. 3, ☎ 2597

🏛 **Hüttenmuseum**, Walter-Rathenau-Str. 1, ☎ 72256, ÖZ: Mai-Okt., Di-Fr 9-17 Uhr, Sa/So 10-18 Uhr, Nov.-April, Di-So 9-17 Uhr. Besucher erhalten anhand von Modellen und Videos Informationen über

Thale am Fuße der Rosstrappe

die Entwicklung der Eisenverhüttung und -verarbeitung. In der Hüttenkapelle gibt es wechselnde Sonderausstellungen.

🏛 **Walpurgishalle**, Hexentanzplatz, ☎ 2597, ÖZ: April-Okt., tägl. 9-17 Uhr. Zu sehen sind Gemälde von Hermann Hendrich, außerdem wechselnde Ausstellungen.

🎭 **Harzer Bergtheater**, Hexentanzplatz, ☎ 2324. Spielsaison: Mai bis Sept., die Naturbühne gehört zu den schönsten Deutschlands.

✳ **Rosstrappe**, die Rosstrappe ist ein berühmter Felsgipfel, der mit einem Sessellift erreichbar ist. Der Sage nach ist hier die Königstochter Brunhilde vor ihrem Verehrer mit einem Pferd geflüchtet, bei diesem Sprung soll sich der Huf in den Felsen eingeprägt haben. Das Pferd des Verehrers Bodo stürzte in den Fluss. Dort soll Bodo heute noch die Krone von Brunhilde bewachen, die sie bei ihrem Sprung verloren haben soll.

Der wahrscheinlich bekannteste Platz Thales ist der Hexentanzplatz, der sich gegenüber der Rosstrappe *befindet. Er war ursprünglich ein Kultort, an dem während der Walpurgisnacht die heidnische Bräuche der Sachsen gepflegt wurden. Nachdem die dort postierten Wachen einmal von verkleideten Gestalten mit schwarzen Gesichtern, Besen und Heugabeln vertrieben worden waren, erzählten sie erschrocken, an diesem Platz treibe der Teufel samt vieler Hexen sein Unwesen. Während der Walpurgisnacht, die in der Nacht zum 1. Mai begangen wird, feiern der Sage nach die Hexen auf diesem Tanzplatz. Sie kommen auf Besen, Schweinen, Böcken oder Kälbern angeflogen, danach wird der Schnee weggetanzt. Anschließend soll die Begrüßung des Teufels stattfinden und nachdem Opfer dargebracht wurden, heiratet der Teufel die schönste Hexe.*

Am Hexentanzplatz wird heute jedes Jahr zur Walpurgisnacht tatsächlich ein Fest gefeiert, bei dem zu Mitternacht der „Teufel" eine Rede hält, danach wird die Maikönigin gekürt. Dieses Spektakel lockt tausend Besucher nach Thale, um dem Ereignis einmal beiwohnen zu können.

Am Bahnhof entlang auf die alte Kirche zu ~ davor nach links auf die **Parkstraße** und wenig später wieder links in die **Hubertusstraße**. Weiter geradeaus und mit der **Stecklenberger Allee** die nächsten Kreuzungen leicht bergauf queren ⇝ am Ende geradeaus in den **Stecklenberger Waldrand** an der Kleingartenanlage entlang ⇝ an der zweiten kleinen Kreuzung links ab in die Siedlung die **Kirschallee** hinunter ⇝ am Ende vor den Garagen rechts ⇝ aus Thale hinaus und an einer Engstelle den Bach queren ⇝ am Ortsrand von Neinstedt zunächst rechts, dann links steil hinauf ⇝ steil hinunter zur **Steuerstraße** ⇝ direkt rechts auf die **Marienstraße**.

Neinstedt

AUSFLUG Von Neinstedt kommen Sie direkt in die 4 km entfernte Weltkulturerbestadt Quedlinburg. Folgen Sie dem Aller-Harz-Radweg entlang der Bode. Nach rund einem Kilometer Sie entlang des 2. ältesten Naturschutzgebietes Deutschlands: der Teufelsmauer bei Weddersleben.

Kurz rechts in die gepflasterte **Stecklenberger Straße** ⇝ vor dem Bach scharf links in die Straße **Am Rumberg** ⇝ an der nächsten Kreuzung rechts aufs offene Feld hinaus ⇝ anfangs glatt asphaltiert, dann grob geschottert ⇝ **11** an der **L 239** links für ein paar hundert Meter auf den Radweg ⇝ am Radwegende nach rechts über die Straße und die Bahn ⇝ vor der Kläranlage rechts ab ⇝ auf der Straße **Am Bückeberg** geradeaus am Bach entlang ⇝ hinter der Gaststätte Bückemühle geradeaus in den **Baumschulenweg**.

Bad Suderode

PLZ: 06507; Vorwahl: 039485

Kurverwaltung, Felsenkellerpromenade 4, ✆ 510

Heimatstube, Rathausplatz 2, ✆ 9490, ÖZ: Di u. Do 10-12 u. 14-16 Uhr, So 14-16 Uhr

Dorfkirche, Schulstr. 24, ✆ 94912, ÖZ: Di u. Do 14-16 Uhr. Neben Besichtigungen werden in der Kirche auch regelmäßig Ausstellungen, Konzerte und Lesungen geboten.

Blick vom Bückeberg auf Gernrode

Erstmals 1480 findet die Quelle in Bad Suderode Erwähnung als „das gute Wasser". Es dauerte aber noch bis 1914, bis der Ort als Bad staatlich anerkannt wurde. Es wurden stilvolle Gästehäuser mit filigranen Holzbalkonen errichtet. Das ehemalige Sanatorium für Atemwegs- und Kreislauferkrankungen wurde später zu einer Rehabilitationsklinik umstrukturiert. 1996 folgte ein Kur- und Gesundheitszentrum das Gesundheits- und Wellnessurlaubern genauso wie Kurgästen zur Verfügung steht. Der Behringer Brunnen, eine der stärksten Calciumquellen Europas, stärkt Knochen, Rücken, Gelenke, Kreislauf und Atemwege.

Linksherum schließlich den Bückeberg erklimmen, dann am Rastplatz scharf rechts zurück ⇝ auf Schotter entlang der Stromleitung ⇝ am Steinbruch vorbei wieder hinunter bis zur Vorfahrtstraße an der Bahn.

Gernrode

PLZ: 06507; Vorwahl: 039485

Gernrode Information, Suderöder Straße 8, ✆ 354

Uhrenmuseum in der Harzer Uhrenfabrik, Lindenstr. 7, ✆ 5430, ÖZ: tägl. 9-17 Uhr. In der Fabrik kann man die Uhrenproduktion besichtigen, an Führungen teilnehmen oder das Museum mit der großen Kuckucksuhr, dem Riesenwetterhaus und dem größten Thermometer der Welt besuchen.

Stiftskirche St. Cyriakus, Burgstr. 3, ✆ 275, ÖZ: April-Okt., Mo-Sa 9-17 Uhr, So/Fei 12-17 Uhr, Nov.-März 15-16 Uhr, Führungen tägl. 15 Uhr

Alte Elementarschule (1533), St.-Cyriakus-Str. 2, ✆ 265, ÖZ: Mo-Fr 10-12 Uhr und 14-16.30 Uhr. In einer der ältesten protestantischen Schulen Deutschlands sind heute wechselnde Ausstellungen sowie ein Klassenzimmer mit alter Einrichtung zu sehen.

✿ **Harzer Schmalspurbahn-Selketalbahn**, ☎ 558-0. Die Selketalbahn verkehrt in 60 km auf einer unvergesslichen Strecke zur Eisfelder Talmühle. Die Schmalspurbahnstrecke wurde 2006 nach Quedlinburg verlängert.

Berühmt ist Gernrode durch sein Wahrzeichen, die viel besuchte, 1.000 Jahre alte Sifftskirche St. Cyriakus. Sie ist das einzige nahezu unverändert erhalten gebliebene Bauwerk aus ottonischer Zeit. Im Innenraum der gewaltigen dreischiffigen Basilika mit kurzem Querhaus befindet sich das Heilige Grab, die Gero-Tumba und die Orgel.

12 Links ein Stück auf der großen **Bahnhofstraße** bis zum Kreisverkehr.

Rieder
PLZ: 06507; Vorwahl: 039485

🏛 **Heimatstube**, Rathausstr. 23, ☎ 238. ÖZ: n. V. Zu sehen sind landwirtschaftliche Geräte sowie diverser Hausrat.

🏰 **Roseburg**, Auf der Roseburg, ÖZ: 11-17 Uhr. sagenumwobene Burg aus dem 10. Jh.

Rechts auf den geschotterten Weg hinauf bis zum Wald ⤳ ein wenig bergab halbrechts hinein, dann am Rastplatz links steil hinauf ⤳ das grobe Pflaster weicht kurz danach wieder dem Schotter ⤳ nun wieder recht idyllisch am Waldrand entlang ⤳ immer geradeaus im spitzen Winkel eine Straße und einen Kilometer weiter ebenso die B 185 kreuzen ⤳ die schöne alte Allee führt geradewegs in den Park des Schlosses an der Straße der Romanik am Rande von Ballenstedt.

TIPP **Sie durchradeln den Schlosspark Ballenstedt. Ein hervorragender Platz für eine Zwischenrast.**

Ballenstedt
PLZ: 06493; Vorwahl: 039483

ℹ **Tourist-Information**, Anhaltiner Platz 11, ☎ 263

🏛 **Heimatmuseum**, Allee 37, ☎ 8866, ÖZ: Di-Fr 10-16 Uhr, Sa/So 10-12 Uhr und 14-17 Uhr; Thema: Stadtgeschichte, Gedenkraum des Malers und Schriftstellers Wilhelm v. Kügelgen, volkskundliche Abteilung zur Arbeits und Lebensweise der Bevölkerung des Unterharzes und seines Vorlandes, Residenzzeit 1765-1863 als Sitz der Fürsten und Herzöge von Anhalt-Bernburg.

🏰 **Schloss Ballenstedt**, Schlosspl. 3, ☎ 82556, ÖZ: Mai-Okt., Di-So 10-17 Uhr, Nov.-April, Di-So 10-16 Uhr. Neben umfangreichen Informationen über die Geschichte des Schlosses gibt es eine Galerie mit wechselnden Ausstellungen sowie ein Schlosstheater (Gastspieltheater; Spielplan bei der Tourist-Information).

🏰 **Die Burg Anhalt** (11.-14. Jh.) im Selketal ist Namensgeberin des Adelsgeschlechts und somit des Landes Sachsen-Anhalt. Ab dem 14. Jh. war die aus Backstein gebaute größte Burganlage in der Region unbewohnt und verfiel.

✿ **Kulturerlebnisstätte Cinema**, Schlosspl. 3, ☎ 82556, ÖZ: Mai-Okt., Di u. So 10-16 Uhr und n. V. Geboten werden Informationen zur Technik und zu Werken der Filmgeschichte.

Ballenstedt geht auf eine thüringische Siedlungsgründung zurück, 1030 wurde der Ort erstmals urkundlich erwähnt. 1123 wurde das Stift, welches Graf Esico von Ballenstedt gegründet hatte, in

Schloss Ballenstedt

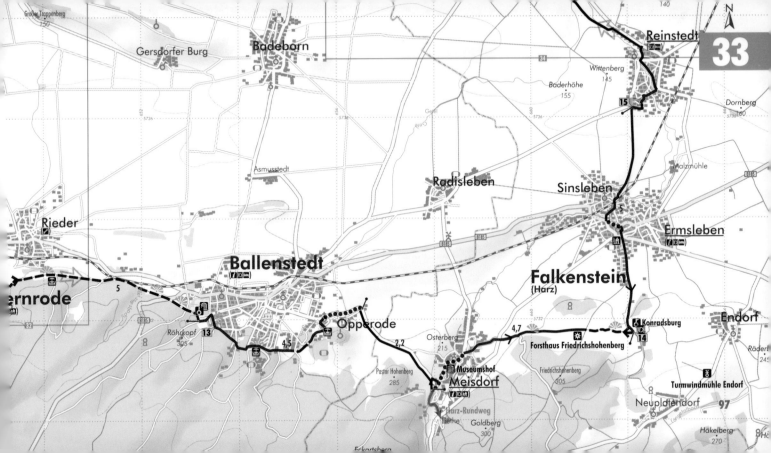

Großer Trappenberg
150

Gersdorfer Burg

Badeborn

Reinstedt

34

Wittenberg
145

Baderhöhe
155

Dornberg
160

15

Malzmühle

Asmusstedt

Radisleben

Sinsleben

Ermsleben

Rieder

Ballenstedt

Falkenstein
(Harz)

B185

ernrode

5

Röhrkopf
305

13

4,5

Opperode

2,2

Osterberg
215

Konradsburg

14

Endorf

Rädert
245

4,7

Forsthaus Friedrichshohenberg

Pastor Hohenberg
285

Museumshof

Meisdorf

Friedrichshohenberg
305

Turmwindmühle Endorf

Neuplatendorf

97

Harz-Rundweg
Selke

Goldberg
300

Häkelberg
270

Eckartsberg

33

N

ein Benediktinerkloster umgewandelt. Dieses wiederum wurde 1525 säkularisiert und fand daraufhin Verwendung als Jagd- und Sommerresidenz für die Fürsten von Anhalt. Schließlich erhielt Ballenstedt 1543 das Stadtrecht. Zu dieser Zeit lebten die Bürger großteils von der Landwirtschaft. Dies änderte sich als die Stadt Anfang des 18. Jahrhunderts zur Residenzstadt und somit zu einem kulturellen Zentrum wurde, nachdem das ehemalige Kloster zur Schlossanlage umfunktioniert worden war. Als die Stadt schließlich an das Bahnnetz angebunden wurde, wurde auch der Tourismus zu einer wichtigen Einnahmequelle. Ab 1936, als sich hier ein Gummiwerk ansiedelte, wurde Ballenstedt aber immer mehr zu einer Industrie- und Schulstadt, da nach und nach weitere Betriebe und Schulen hier ihren Standort wählten.

Reiterhof im Falkensteiner Ortsteil Reinstedt

Von Ballenstedt nach Gatersleben 26,5 km

Geradeaus über den Platz zwischen Museum und Schlosshotel ～ dahinter rechts in die Hol-

steiner Straße ～ **13** mit der Vorfahrt halblinks in die **Lindenallee**, direkt danach halbrechts in die **Heinestraße** ～ am Ende halbrechts hinunter in Richtung Lungenklinik ～ nach der Linkskurve rechts ab von der Vorfahrtstraße in den glatt asphaltierten **Falkenweg** am Waldrand entlang ～ am Ende der Gartenanlage halbrechts und hinter den Bäumen direkt links in einen Schotterweg ～ am Asphaltweg halbrechts die Straße Trift hinunter ～ am Rastplatz links ab und kurvig bis zur Vorfahrtstraße.

Opperode

Rechts ab zunächst gepflastert auf der **L 75**, der Hauptstraße ～ weiter Richtung Meisdorf ～ ab Ortsende führt ein asphaltierter Radweg parallel der Straße ～ **A** steil hinunter zur Querstraße ～ dort links ab.

> **TIPP** Hier teilen sich R 1 und Harz-Rundweg wieder.

Von der Allee kommend rechtsherum auf die Hauptstraße in den Ort hinein.

Meisdorf

PLZ: 06463; Vorwahl: 034743

🏛 **Museumshof**, Hauptstr. 31, ✆ 8200, ÖZ: Mo-Fr 9-18 Uhr, Sa, So 10-16 Uhr. Ausgestellt sind diverser Hausrat, landwirtschaftliche Geräte sowie handwerkliche Arbeitsgeräte.

Nach der sanften Linkskurve zweigt die Hauptstraße rechts von der Vorfahrtstraße ab über die Brücke der Selke ～ auf der **Ermslebener Straße** aus Meisdorf hinaus und über die L 230 ～ im Anstieg vor der Rechtskurve halblinks auf einen schmaleren Asphaltweg ～ mit Blick auf die Konradsburg geradeaus über den Hügel und geschottert dann steil hinunter zu den Häusern von Burggrund ～ **14** hinter den Pollern dann links auf die Straße und dem Lauf des Baches Liethe folgend hinab nach Ermsleben ～ geradeaus über die große Kreuzung in die kleine **Konradsburger Straße** und weiter auf Pflaster in das Gässchen Markt bis zur Vorfahrtstraße.

Ermsleben

PLZ: 06463; Vorwahl: 034743

🛈 **Stadtverwaltung Falkenstein/Harz**, Markt 1, ✆ 960

🛈 **Touristinformation** am Gartenhaus, Ortsteil Pansfelde, ✆ 53565

✱ In der ehemaligen **Konradsburg**, wo Sie heute auch ein Café mit Galerie erwartet, finden regelmäßig Führungen statt.

Links in die **Bahnhofstraße** ～ dann rechts ab auf einem Brückchen die Selke überqueren ～ auf der **Lindenstraße** über eine weitere Brücke und vor der Bahnlinie rechts ab ～ am Ende vom Anger links in den **Reinstedter Weg** ～ dieser führt nun über die Bahn und immer geradeaus nach Reinstedt hinüber, parallel dazu ein geschotterter Radweg.

15 Am Ortsrand noch kurz geradeaus und erst die nächste – weniger holprige – Straße rechts ab ～ an der asphaltierten Straße dann erneut rechts durchs Oberdorf ～ vor dem Gutshof der Reitanlage linksherum hinunter ～ dann scharf rechts zurück über einen Bach in die Straße bzw. den Ortsteil Tie.

Reinstedt

Wieder am Ortsrand direkt nach Querung der Selke links in das glatt gepflasterte Sträßchen Damm ～ am Fluss entlang über die Straßen **Schaperplatz** und **Witteanger** ～ links auf den Radweg an der **K 2369** einbiegen und dort entlang ～ am Ortsausgang links über die Brücke wechseln, dann gut 4 km immer am Fluss entlang.

Hoym

Im Ort geradeaus in den Fuß- und Radweg **Am Mühlgraben** ～ hinterm Schloss rechtsherum auf holprigem Pflaster in die **Karl-Liebknecht-**

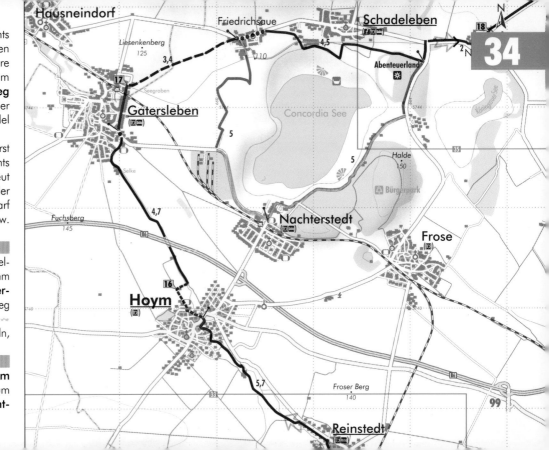

Straße ~ bis zur B 6 und geradeaus in die grob gepflasterte **Grabenstraße** ~ auf dieser halbrechts weiter, dann halbrechts in die **Angerstraße** ~ geschottert am Sportplatz vorbei ortsauswärts.

16 Vor dem Teerweg zur Kläranlage geht es rechts hinunter zur Selke und direkt an ihr entlang gut 3 km bis Gatersleben.

Gatersleben
PLZ: 06466; Vorwahl: 039482

ℹ Gemeindeverwaltung, Schmiedestr. 1, ✆ 7510

Von Gatersleben nach Staßfurt   25 km
Am Ende der Straße **Am Wehr** rechts über die Brücke zwischen den Teichen hindurch zur **K 368** ~ auf dieser links hinunter und geradewegs in den **Oberdamm** und später halbrechts in den **Unterdamm** hinein.

17 Auf diesem über die Bahn, dann über den See- oder Hauptgraben und scharf rechts in den **Friedrichsauer Weg** ~ auf dem glatt geschotterten Radweg bis in den nächsten Ort.

Friedrichsaue

AUSFLUG Wenn Sie in der Ortsmitte nach rechts abbiegen, haben Sie die Möglichkeit, um den sich in Flutung befindenen Concordia-See zu radeln. Der Weg führt Sie wieder zurück

Staßfurt an der Bode

in Richtung Friedrichsaue, wo Sie wieder der Hauptroute folgen können.

Geradeaus auf der **Chausseestraße** hindurch ~ rechts der Landstraße auf dem Radweg weiter nach Schadeleben.

Schadeleben
PLZ: 06469; Vorwahl: 034741

ℹ Seeland GmbH, Seepromenade 1, ✆ 91341

✴ Abenteuerland, ÖZ: 10-20 Uhr, mit 60.000 qm der größte Abenteuerspielplatz Sachsen-Anhalts

✉ Concordia See

Südlich von Schadeleben entsteht derzeit aus einem ehemaligen Tagebau die Erholungs- und Badelandschaft Seeland. Sie können neben dem Bürgerpark, dem Yachthafen mit Badestelle und dem Abenteuerland auch die bis auf 650 ha an-

wachsende Wasserfläche des Concordia-Sees bereits jetzt nutzen, obwohl die Flutung erst 2015 abgeschlossen sein wird.

Am Abzweig geradeaus Richtung Aschersleben auf dem **Friedhofsweg** ~ noch vor den letzten Häusern quert der R 1 in Höhe der Pension die Landstraße und führt links hinter dem Geländer auf eigenem Weg parallel der **L 73** weiter ~ auf der **Langen Straße** nach Neu Königsaue ~ geradeaus bis zur Querstraße.

Neu Königsaue

18 Links in die **Breite Straße** und im Rechtsbogen wieder hinaus ~ gut 3 km auf dem geteerten Radweg ~ über die B 180 ~ geradeaus entlang der Hecke ~ nach etwa 3 km mit Blick auf Hecklingen und Staßfurt schließlich links ab ~ im Rechtsknick nun bergab ~ **19** hinter der Sportanlage über die Vorfahrtstraße und die Bahn ~ am Ende rechts auf einer Kastanienallee in die Gutssiedlung.

Gänsefurth

⬛ Ferienpark Löderburger See, Am Löderburger See 3-4, ✆ 039265/253 u. 52005, ÖZ: Mai-Sept. 10-20 Uhr, Freibad und Wasserskianlage

Noch vor dem Restaurant „Gans&gar" links einen geschotterten Fuß- und Radweg ~ parallel einer Rohrleitung über einen Graben und den Fluss Bode, dahinter rechtsherum ~ entlang des

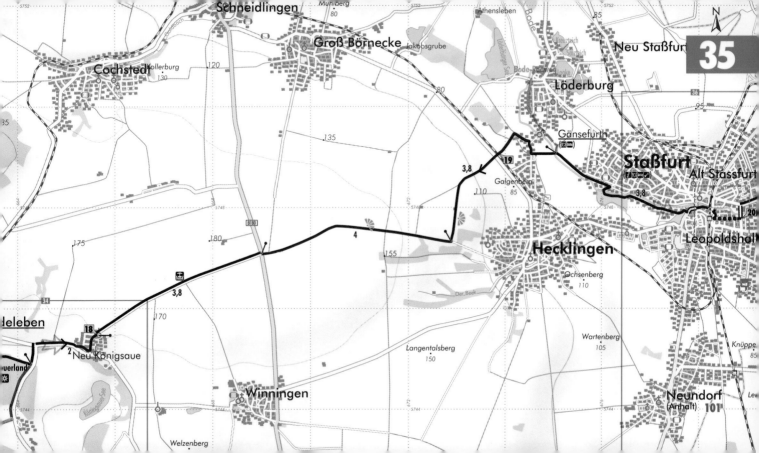

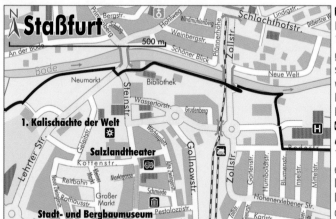

N Staßfurt

500 m

Stadt- und Bergbaumuseum, Pestalozzistr. 6, ☎ 323133, ÖZ: Di, Do 10-12 Uhr u. 13-17 Uhr. Das Museumsgebäude selbst steht unter Denkmalschutz. Es informiert Besucher anhand von Bildern und Gegenständen über die Entwicklung von Staßfurt und die Bergbaugeschichte.

Salzlandtheater, Steinstr. 20, ☎ 981290, ÖZ: Mo-Do 8-17 Uhr, Fr 8-13 Uhr. In diesem im Renaissancestil erbauten Theater finden eben den Vorstellungen im ehemaligen Tanzsaal auch laufend Ausstellungen der bildenden und angewandten Kunst statt.

Strandsolbad, Am Strandbad, ☎ 302604. Das Wasser des Bades ist aufgrund des hohen Salzgehalts gesundheitsfördernd. Entstanden war es im Jahr 1899 durch einen Tagesbruch.

Erlebnisbad Salzlandcenter, Hecklinger Str. 80, ☎ 870010

Bannasch, Wasserstr. 20, ☎ 622027

Winter, Hamsterstr. 14, ☎ 622606

Erstmals urkundlich erwähnt wurde Staßfurt 805, im Jahre 1180 erhielt der Ort das Stadtrecht. Nachdem 1603 erstmals das Staßfurter Salzbergwerk erwähnt wurde, folgte nach einer schweren Zeit erst 1852 die Eröffnung des Staß-

furter Salzbergbaus. Kurz darauf, im Jahr 1857, wurde die Stadt an das Eisenbahnnetz angeschlossen. Vier Jahre später eröffnete die erste chemische Fabrik, nachdem sich Dr. A. Frank die Chlor-Kalium-Herstellung hatte patentieren lassen. 1972 musste der Kalibergbau eingestellt werden – heute erinnert lediglich das Bergbaumuseum und das Strandsolbad daran.

Von Staßfurt nach Bernburg/Saale   22,5 km

Vom Parkplatz aus zunächst rechts, dann links über die Ampeln und praktisch geradeaus in den gepflasterten Weg Richtung Bücherei ∿ am Fluss entlang, unter der Bahn- und Straßenbrücke hindurch, dann geradeaus über die Holzbrücke. Vor dem Krankenhaus-Parkplatz rechts abbiegen und geradeaus bis zur Vorfahrtsstraße ∿ dann links in die **Bodestraße** einbiegen und im Verkehr bis zum Ende ∿ hier links und vor den Garagen auf eine Betonrampe und durch den Radtunnel unter der Bodebrücke ∿ rechts erneut im Bogen zur Brücke hinauf ∿ **20** an der großen Straße **An der Salzrinne** rechts ∿ auf dem Radweg über die Brücke und auch nächste Kreuzung hinweg ∿ auf der anderen Straßenseite rechts ab ∿ auf linksseitigen Radweg entlang des **Löbnitzer Weges** ∿ nach 500 m die Fahrbahn überqueren und weiter auf

Flusses durch die Gartenanlage ∿ an der ersten Möglichkeit scharf rechts und mit einem schmalen Brückchen das Wehr queren ∿ linksherum führt ein asphaltierter Radweg nun – teilweise auf einem Damm – durch den Auenwald bis nach Staßfurt hinein ∿ am großen Parkplatz links direkt am Fluss kurz geschottert weiter.

Staßfurt
PLZ: 39418; Vorwahl: 03925

Bürgerinformations- und Dienstleistungscenter (BIDC), Steinstr. 40, ☎ 989190

Schloss Hohenerxleben

dem Löbnitzer Weg entlang der Bode bis zur Wegekreuzung am Klärwerk ～ rechts den kleinen Berg hinunter ～ über die Bodebrücke ～ direkt hinter der Bode links entlang der Schlossmauer steil hinauf und links zum Schloss.

Hohenerxleben
PLZ: 39418; Vorwahl: 03925

🔊 **Schloss Hohenerxleben**, Friedensallee 27, ℂ 989060. In der Schlossanlage – mit anliegendem Park direkt an der Bode und eigenem Café – finden monatlich etwa sechs Schlossaufführungen des Ensemble Theatrum statt.

Durch das Schlossgelände hindurch und unten wieder am Fluss entlang auf Schotter ～ etwa 3 km am Fluss entlang ～ **21** kurz hinter der A 14 über eine alte Brücke ～ am Kanal der Bode geradeaus in den unter Schutz stehenden Auwald des Schlossparks ～ immer zwischen Bode und Kanal bleibend schließlich wieder zu einer Kanalbrücke hinauf ～ hinter den Umlaufschranken aber linksherum ～ auf der Friedensstraße über die Bode in den Ort hinein.

Neugattersleben
PLZ: 06429; Vorwahl: 034721

ℹ️ **Gemeindeverwaltung**, Bauerberg 3, ℂ 26905

🔊 **Kirche St. Gertrud**, errichtet 1887

🔊 **Mausoleum**, die Grabstätte der Grafen von Alversleben befindet sich am Kirchhof.

🔊 **Das Schloss** wurde 1640 zerstört und daraufhin von Gerhard von Alversleben neu errichtet.

🏛 **Ökostation**, Weinberg 4, ℂ 22549, ÖZ: April-Okt., Mo-Do 7-16 Uhr, Fr 7-12 Uhr. Am Lehrpfad „Heilende Gehölze" und im historischen Kräutergarten kann man 39 Gehölze und etwa 90 weitere Pflanzenarten bewundern. In den Schaugärten und anderen Anlagen erhält man Infos über naturbewusstes Bauen und Gärtnern.

Die erste urkundliche Bezeugung der Burg stammt aus dem Jahr 1164, rundherum entstand das Dorf Neugattersleben. Zur Mitte des 14. Jahrhunderts gingen die Grundrechte an das Magistrat von Magdeburg über, *wurden aber 1573 an Ludolf von Alvensleben verkauft. Im Laufe des Dreißigjährigen Krieges wurde die Burg zerstört und später im Stil der Spätrenaissance neu errichtet. 1846 eröffnete hier eine Zuckerfabrik, kurz darauf kamen ein Steinbruch und ein Kalkwerk hinzu. 1932 entstand durch die Eingliederung Hohendorfs das heutige Neugattersleben. Das Schloss wurde jahrelang als landwirtschaftliches Ausbildungszentrum genutzt, 1997 ging es in den Besitz der THEOPRA Bildungs-GmbH über.*

Hinter der schmalen Brücke geradeaus auf der Vorfahrtstraße, dann rechts in die **Annenstraße** und halblinks auf dem Hohlweg weiter ～ kurz auf die große **Goethestraße**, dann rechts ab in den gepflasterten **Thälmannplatz** ～ praktisch geradeaus weiter in den **Radelsberg** ～ rund 5 km auf Betonspurbahnen bis Nienburg. Dort nach rechts über die Bahngleise und weiter daran entlang ～ der **Bauernweg** mündet am Wasserturm halbrechts auf die Vorfahrtstraße ～ dann geradeaus über die Stopp-Straße und auf der Marktstraße ins Zentrum.

Nienburg/Saale
PLZ: 06429; Vorwahl: 034721

🔊 **Schlosskirche**, ℂ 22348. Der Bau in seiner heutigen Form von 1282 ist eine der ältesten Hallenkirchen Ostdeutschlands und ein

Hauptwerk deutscher Hochgotik. Sehenswert auch der spätromanische Schmuckfußboden.

- ▣ **Firma Loos**, Langestr. 1, ☎ 22462
- ▣ **Zweirad-Hoffmann**, Brückenstr. 10, ☎ 22350

Nienburg an der Mündung der Bode, das ist der Platz, an dem ein Benediktinerkonvent im Jahr 975 ein neues Heim auf felsigem Grund fand. Die Abtei gewann rasch an Einfluss und besaß zweihundert Jahre später bereits an die 1200 Hufen. Sie war damit das reichste Kloster im Bereich der mittleren Elbe. Die Äbte von Nienburg brachten es bis zum Bischof von Prag und Basel.

Vor der Wut der aufständischen Bauern des Jahres 1525 versprach aber selbst so viel Ehre keine Rettung, die Bruderschaft suchte lieber schnell das Weite. Nicht viel später wurde das Kloster von der Säkularisationswelle erfasst; der Plan, dort eine Schule zu gründen, glückte jedoch nicht. Das Klostergebäude, in der Zeit des Barock in ein Schloss umgewandelt, dann als Fabrik

Die Schlosskirche zu Nienburg

genutzt, kann heute leider vom einst rühmlichen Konvent nicht mehr viel erzählen.

Am Rechtsknick der Vorfahrt, dem **Marktplatz** links ab ∿ dann rechts auf die breitere **Poststraße** ∿ an der Kreuzung links in die **Burgstraße**, dann halbrechts die **Schlossstraße** hinunter am Bett&Bike-Hotel vorbei.

Unten rechts versetzt auf der **Brückenstraße** bis zur Vorfahrtstraße ∿ nach rechts die Bode überqueren ∿ auf einem Radweg über die Saale ∿ **22** danach rechts auf dem asphaltierten Saale-Radweg flussaufwärts ∿ auf dem Radweg direkt am Fluss die nächsten 6 km bis Bernburg-Dröbel ∿ am Ausladeplatz links zur **Dessauer Straße** und auf dem Radweg ins Zentrum ∿ **23** noch vor dem Bach Fuhne zweigt der R 1 links ab in den **Teichweg**.

▮ Der Saale-Radweg führt Sie geradeaus in die Stadt. Dieser führt Sie entweder zum Fichtelgebirge oder zur Mündungsstelle bei Barby an der Elbe.

TIPP

Bernburg/Saale
PLZ: 06406; Vorwahl: 03471

- 🛈 **Stadtinformation**, Lindenpl. 9, ☎ 3469311
- ⚓ **Fahrgastschifffahrt** Saalefee, Informationen bei der Stadtinformation Bernburg; Schiffsverbindungen auf den Strecken Bernburg-Calbe und Bernburg-Wettin.
- 🏛 **Museum Schloss Bernburg**, ☎ 625007, ÖZ: April-Okt., Di-So/Fei 10-17 Uhr; Nov.-März, Di-Do, Sa-So/Fei 10-16 Uhr, Fr 10-13 Uhr. Sehenswert sind u. a. die technikgeschichtliche Sammlung „Von Mühlen und Müllern", die Bauplastik-Sammlung vom Mittelalter bis zum Barock, die mittelalterliche Folterwerkzeug-Ausstellung eine Ausstellung zur Mineralogie und zur Ur- und Frühgeschichte des Saaletals.
- 🏛 **Mahn- und Gedenkstätte für Opfer der NS-„Euthanasie"**, Olga-Benario-Str. 16-18, ☎ 319816, ÖZ: Di-Do 9-16 Uhr und Fr 9-12 Uhr. Zehntausende wurden im Rahmen des „Euthanasie"-Programmes 1940-1943 in der Landesheil- und Pflegeanstalt unter dem Vorwand des Gnadentodes vergast, unter ihnen Olga Benario-Prestes.
- 🗝 **Schlosskirche St. Ägidien** (1752). In der einschiffigen Barockkirche mit romanischen Teilen befindet sich die dreigeschossige Fürstengruft mit ihren Prunksärgen.
- 🗝 **Dorfkirche St. Stephani** (1180), Stadtteil Waldau. Mit ihrer charakteristischen Höhenstaffelung der einzelnen Bauteile repräsentiert die romanische Kirche einen Bautyp, der besonders im Elbe-Saale-Raum und im ehemaligen Kolonisationsgebiet östlich der Elbe häufig anzutreffen ist.

6 **Schloss**, Schlossstr. Das Wahrzeichen der Stadt erhielt seine heutige Gestalt um 1538-70 im Stil der Renaissance. Reichverziertes Barockportal, aber auch romanische und gotische Teile wie der Bergfried „Eulenspiegel" und Blauer Turm. Auf dem Eulenspiegelturm „erzählt" eine lebensgroße Figur des Til Eulenspiegels seine närrische Geschichte.

✱ **Stadtbefestigung**. Fast die gesamte mittelalterliche Mauer um die Alt- und Neustadt ist erhalten geblieben, von den Türmen nur der Nienburger Torturm mit Renaissancegiebel und der Hasenturm (beide 15. Jh.).

✱ **Neustädter Brücke** (15.-18. Jh.). Im Volksmund als Flutbrücke bezeichnet, technisches Denkmal mit mehreren Bögen und Strompfeilern.

✱ **Märchengarten Paradies**, ✆ 367777, ÖZ: Mai-Sept., Di-Fr 10-19 Uhr, Sa-So 10-20 Uhr

🚲 **Fahrradverleih Tiergarten**, ✆ 352816

🚲 **Askania-Hotel**, Breitestr. 2-3, ✆ 3540

🔧 **Fahrradcenter Roland Grohmann**, Karlsstr. 29, ✆ 628111

🔧 **Firma Ohlsen**, Karlstr. 16, ✆ 623585

Bernburg gelangte vom 15. bis zum 18. Jahrhundert durch die hier residierenden Fürsten und Herzöge von Anhalt-Bernburg zu einer ersten Blüte. Im Industriezeitalter bestimmten dann die vier weißen Pulver das Leben der Stadt: Zucker, Salz, Soda und Zement. Entscheidend für diese Entwicklung waren die Schiffbarmachung der Saale für größere Kähne und der Ausbau der Eisenbahnlinie.

Panorama - Bernburg

Der Zucker strömt seitdem von den umliegenden fruchtbaren Hochflächen, Stein- und Kalisalz aus den bis zu 500 Meter tiefen Schächten.
Die Stadt versuchte ihr Glück auch als Solbad und Kurort, wovon das Jugendstil-Kurhaus noch erzählt, doch die Industrie war stärker. So brachte es Bernburg zu DDR-Zeiten zu einem der bedeutendsten Kalisalzhersteller. Die belgischen Solvay-Werke, während der sozialistischen Jahrzehnte nicht enteignet, sondern treuhänderisch verwaltet, erhielten nun ihr Eigentum zurück und sind heute in der Stadt wieder stark präsent. In diesem Sinne wird es in Bernburg auch weitergehen, denn das neue Zementwerk gehört zu den größten Europas.

Noch etwas zur örtlichen Rad-Geschichte: An der Saale wurde 1876 der zweitälteste Radfahrerverein Deutschlands, der „Askania", gegründet.

Von Bernburg nach Dessau   59 km

Auf dem **Teichweg** über ein Nebenbahngleis ∿ dann vor der Brücke auf Schotter weiter entlang der Fuhne ∿ auf dem roten Sandweg unten am Fluss bleiben ∿ an der **L 146** am Rand des Bernburger Stadtteils Roschwitz nach rechts über die kleine Brücke und unmittelbar dahinter wieder links auf den glatt gesandeten Fuß- und Radweg ∿ hierauf immer am Wasser entlang bis Baalberge.
An der Kolonie links auf die gepflasterte Straße, dann vor dem Fluss rechts in die Straße **Am Sportlerheim**.

Baalberge

24 An der **K 2104** rechts und über die Bahn nach Klein Wirschleben ∿ im Rechtsknick der Kreisstraße links ab hinein ∿ holprig durch den Ort, unter einem alten Bahndamm hindurch geradeaus und auf der Kastanienallee nach Leau. An der Vorfahrtstraße links ∿ auf der **L 149** nach Preußlitz ∿ auf der Hauptstraße durch den Ort.

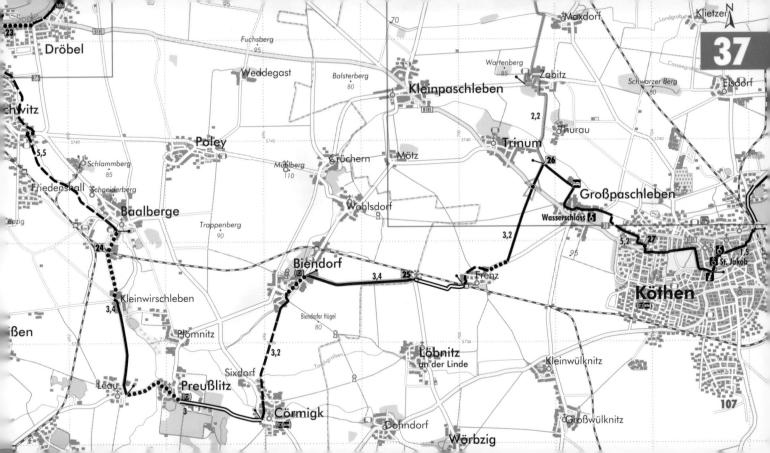

Klietzer

Maxdorf

Landgraben

Cosseegraben

Schwarzer Berg

Elsdorf

Wartenberg 85

Zabitz

2,2

Thurau

Kleinpaschleben

Mötz

Trinum

26

Großpaschleben

Wohlsdorf

Wasserschloss

3,2

5,2

27

Köthen

St. Jakob

1,5

Frenz

3,4

25

Löbnitz
an der Linde

Kleinwülknitz

Dröbel

Fuchsberg

Weddegast

Balsterberg
80

Poley

Schlammberg
85

Crüchern

Mühlberg
110

5740

Schneiderberg

Friedenshall

Baalberge

Trappenberg
90

Biendorf

24

Kleinwirschleben

3,4

Plömnitz

Biendorfer Hügel
80

Sixdorf

3,2

Preußlitz

Leau

3

Cörmigk

Großwülknitz

Dohndorf

Wörbzig

23

5,5

B185

70

95

107

Preußlitz

Am Ortsende auf der **Cörmigker Straße** geradeaus Richtung Cörmigk und Köthen.

Cörmigk

Vor den Teichen im spitzen Winkel links ab auf
die kleine Vorfahrtstraße ⁓ vor der Feuerwehr
rechts ab in die **Lange Straße** ⁓ direkt wieder
links in die Querstraße und auf der holprige
Schotterstraße nach Biendorf.

Biendorf

Geradeaus im Rücken der Häuser bis zur Kirche und erst dort halbrechts auf die **K 2087**
⁓ am Ortsende rechts in die **Frenzer Straße**
⁓ **25** ab dem Abzweig nach Löbnitz an der
Linde nach etwa 2,5 km beginnt ein geteerter
Radweg parallel der Pflasterstraße ⁓ über die
Bahn hinweg nach Frenz hinein.

Frenz

Direkt scharf links ab auf den betonierten Lindenweg ⁓ im Rechtsbogen führt am Ende ein
Radweg ums Dorf herum bis zur Hauptstraße.
Hier wieder links ⁓ nach wenigen hundert Metern erneut links ab Richtung Zabitz ⁓ **26** die
B 185 überqueren und bis zur Gabelung
radeln.

VARIANTE Sie können jetzt entweder der Hauptroute
über Köthen folgen oder die etwas längere
offizielle Alternativroute des R 1 über Wulfen wählen. Beide Routen treffen wieder kurz
hinter Reppichau aufeinander.

Alternativroute über Wulfen   22 km

An der Gabelung links halten ⁓ an der
nächsten Gabelung halbrechts und an Thurau
knapp vorbei ⁓ in einer S-Kurve nach **Zabitz** ⁓ an der T-Kreuzung nur wenige Meter
rechts, dann vor der Wasserpumpe links ⁓ im
Linksbogen auf die Ernst-Thälmann-Straße,
gleich wieder rechts ⁓ rechts zum Sportplatz
und aus dem Ort ⁓ an der T-Kreuzung links
ab Richtung Drosa ⁓ auf der **Maxdorfer**

Straße nach Drosa hinein ⁓ geradeaus auf
der **Schulstraße** zur Vorfahrtstraße.

Drosa

✺ Großsteingrab, gut 1,5 km nördlich, direkt am R 1. Der gesamte
Grabhügel des einst sogenannten „Teufelskellers" maß fast 20 m.
Er wurde in der Jungsteinzeit um 2700-2300 v. Chr. angelegt.

Nach links auf die **Wulfener Straße** und auf
dieser im Rechtsbogen Richtung Dornbock
ortsauswärts ⁓ nach Querung eines Bäch-
leins am Ortsende rechts ab auf den **Dieb-
ziger Weg** auf das Hünengrab zu.

AUSFLUG Der kurze Abstecher geradeaus zum Hünengrab hinter der Gartenanlage lohnt sich. Ein
gepflegter Rastplatz mit Rundumsicht über
die Bördelandschaft lädt zur Pause ein.

An der Kreuzung rechts auf den Betonweg
unter der Bahn hindurch ⁓ im Bogen rechts
nach Wulfen ⁓ links auf die Bahnhofstraße
und dieser kurvig durch den Ort folgen.

Wulfen

🏛 Heimatstube, Schulstr. 4, ÖZ: Mo-Do 9-14 Uhr
✺ Großsteingrab

Weiter auf der Vorfahrtstraße rechtsherum
hinaus Richtung Aken und Trebbichau ⁓
links auf den Radweg entlang des Feldwegs
⁓ an der Kreuzung nach etwa 3 km links
auf die Vorfahrtstraße ⁓ am Rande des

Bobbe

Großsteingtab

Bruchberg
0,8
1,8
3,8

Wulfen

Großsteingtab

Drosa

Weinberg
90

5,2

Maxdorf

Klietzen

Landgraben

Schwarzer Berg
80

Cassegraben

Wartenberg
85

Zabitz

26

leinpaschleben

2,2

Thurau

Trinum

26

Großpaschleben

Wasserschloss 5

Biosphärenreservat Mittelelbe

Heidelhof
5,2

Neolithin

Lobitzsee

Großer Parkteich

Trebbichau

Schulteich

Michel

65

75

Elsdorf

Porst

4,5

Zehringen

B185

Sibbesdorf

Würflau

5,2

3,2

Kleinzerbst

29

Reppichau

Chörau

Oranier-Route

2,8

Osternienburg

3,6

Pißdorf

28

Elsnigk

Rosefeld

Würflau

Libbesdo

Scheuder

Lausigk

Naundorf

109

38

N

Naturschutzgebietes Neolithteiche entlang, dann rechts Richtung Campingplatz und über die Bahn.

▌VARIANTE Der R 1 knickt bereits an der ersten Möglichkeit nach links in den unbefestigten Wiesenweg ab, etwas besser befahrbar ist der nächste Abzweig.

Rechts und über die **B 187a** ⤳ auf dem asphaltierter Radstreifen parallel des Sandweges im Links-Rechts-Knick am Rastplatz vorbei ⤳ weiter am Waldrand entlang ⤳ rechts auf die **K 2080** ins schöne Angerdorf.

Kleinzerbst

Am Ortsbeginn von der **Akener Straße** links in die schmale Spielstraße Waldweg ⤳ geradeaus am Waldrand bis zur Querstraße am Sportplatz, die rechts nach Reppichau führt, hier treffen Sie wieder auf die Hauptroute.

▌TIPP Reppichau, der liebevoll restaurierte Geburtsort von Eike von Repgow, ist auf jeden Fall einen Abstecher wert!

Auf der Hauptroute biegen Sie rechts ab in Richtung Großpaschleben.

Großpaschleben

🏰 Die **Wasserburg** (1717) derer von Wuthenau mit denkmalgeschütztem Park ist heute ein Seniorenheim.

Links in die Ludwig-Wald-Straße ⤳ am **Wasserschloss** vorbei und im Linksknick geradeaus in Richtung Köthen ⤳ an der Thurlauer Straße rechts ⤳ **27** die Hauptstraße queren und weiter auf der gegenüberliegenden Straße ⤳ gleich wieder links in die **Fasanerieallee** ⤳ am Ende der Straße rechts ⤳ am Ende wieder links in die **Bärteichpromenade** ⤳ der Ausschilderung durch die Innenstadt folgen.

Köthen

PLZ: 06366; Vorwahl: 03496

🛈 **Tourist-Information**, Hallesche Str. 10 (am Markt), ☎ 216217

🏛 **Schloss Köthen**, Schlossplatz 4, ☎ 212546, ÖZ Museen: Di-Fr 13-17 Uhr, Sa-So/Fei 10-13 u. 14-17 Uhr. Das Schloss beherbergt die folgenden Museen: **Naumann Museum**, ☎ 212074. Dem Begründer der Ornithologie (Vogelkunde) in Mitteleuropa ist die Ausstellung mit über 1.200 Stopfpräparaten gewidmet; Das **Historische Museum für Mittelanhalt und die Bachgedenkstätte**, sowie die **Hahnemann Ausstellung** (Begründer der Homöopathie) befinden sich im Ludwigsbau.

Reppichau: der „Mann mit Gabel", Darstellung eines Schuldners aus dem Sachsenspiegel

⛪ **St. Jakob**, die spätgotische doppeltürmige Kathedralkirche am Markt beherbergt eine Fürstengruft.

⛪ **St. Agnus**, sehenswert sind die Gemälde von Cranach und Pesne in der im holländische Barockstil erbauten Kirche.

🏊 **Köthener Badewelt**, Ratswall 9, ☎ 508880

🚲 **Fahrradabstellplätze** am Marktplatz

Sie verlassen das Zentrum auf der **Friedrichstraße** ⤳ links in die **Kastanienallee** ⤳ rechts und unter der Bahn hindurch ⤳ auf dem Radweg bis nach **Porst** ⤳ links in Richtung **Pissdorf** ⤳ **28** kurz vor dem Ort rechts nach Osternienburg radeln.

Osternienburg

Der Hauptstraße im Rechtsbogen durch den Ort folgen ⤳ links in die **Elsnigker Straße** und in den gleichnamigen Ort ⤳ an der T-Kreuzung links ⤳ an der Wegegabelung rechts in Richtung Reppichau radeln.

Reppichau

PLZ: 06366; Vorwahl: 034909

🛈 **Informationsbüro**, Akener Str. 3a, ☎ 70700

🏛 **Museum der Stadt** in der Motorenmühle, ☎ 70700, ÖZ: April-Okt., Mo-So 10-12 und 13-17 Uhr

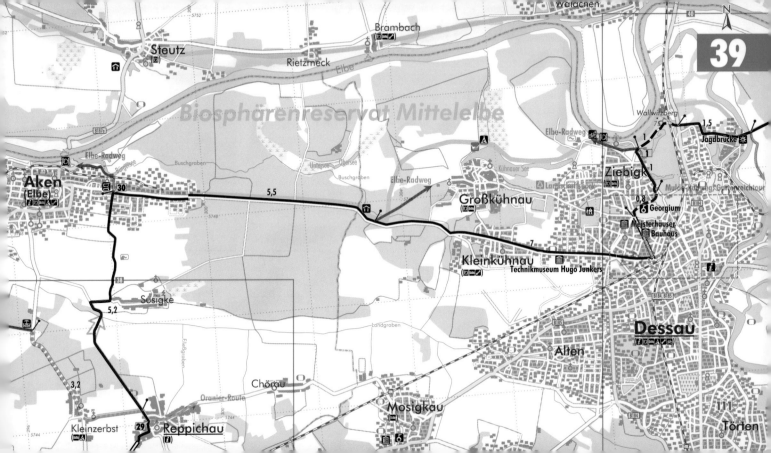

Steutz

Brambach

Rietzmeck

Elbe

Biosphärenreservat Mittelelbe

Wallwitzberg

Elbe-Radweg

1,5

Jagdbrücke

1

Elbe-Radweg

Aken
(Elbe)

30

Elbe-Radweg

Kühnauer See

1

1

Ziebigk

5,5

Großkühnau

0,8

Georgium

Buschgraben

Buschgraben

Untersee

Obersee

Lampsdorf

Meisterhäuser

Bauhaus

7

Kleinkühnau

Technikmuseum Hugo Junkers

38

Susigke

5,2

Landgraben

B185

Dessau

Alten

Fließgraben

3,2

Chörau

Oranier-Route

Mosigkau

B184

Kleinzerbst

29

Reppichau

Törten

111

✪ In der **Dorfkirche** finden Sie eine **Schriftenausstellung** über den Sachsenspiegel sowie 21 großformatige Handsiebdrucke daraus.

Reppichau ehrt auf eine besondere Weise seinen berühmten Sohn, den Ritter Eike von Repgow. Dieser gilt als Verfasser des ersten deutschen Rechtsbuches, des Sachsenspiegels (entstanden etwa 1220-1235). Den gesamten Ortsbereich umfaßt das einzige Freilichtmuseum für Deutsche und Europäische Rechtsgeschichte in Deutschland. Überlebensgroße Figuren, die Szenen aus der Rechtsprechung des Sachsenspiegels darstellen, zieren den Ort.

Auf dieser kleinen Straße gen Nordwesten ~ über die Taube nach Susigke ~ **29** am Ortsrand links Richtung Aken ~ **30** an der Kläranlage vorbei bis zur **L 63**.

Aken
PLZ: 06385; Vorwahl: 034909

🄻 **Stadtverwaltung**, Markt 11, ☎ 80430

🏛 **Heimatmuseum**, ÖZ: Sa 14-17 Uhr, So 10-12 Uhr. Das Museum informiert über die Geschichte der Schifffahrt und die Stadtgeschichte.

🄱 Die **Nikolaikirche** zählt zu den ältesten Bauten der Stadt. Sehenswert ist der gotische, achteckige Taufstein sowie zwei Figurengrabsteine. In der Kirche werden regelmäßig Musikveranstaltungen abgehalten.

✪ **Tortürme**. Zu sehen sind der Dessauer Torturm, der Köthener Torturm und der Burgtorturm.

🚲 **Fahrradabstellplätze**

Die ersten Gebäude der von Albrecht dem Bären gegründeten Stadt Aken fielen 1121 einem Feuer zum Opfer. Nach dem Wiederaufbau entwickelte sich die Stadt zu einem wichtigen Handels- und Schifffahrtsort. 1485 brannte die Stadt wieder nieder – es blieben nur wenige Häuser erhalten. Die Einwohner verdienten damals ihren Lebensunterhalt mit Ackerbau und Viehzucht sowie dem Korn- und Holzhandel. Aber auch die Schifffahrt war immer noch wichtig für Aken. 1890 wurde Aken an die Bahn angeschlossen. Einige Fabriken wie z. B. das Magnesitwerk und das Glaswerk sind heute noch in Betrieb. Auch die Schifffahrt mit dem Schiffsbau und dem Hafen als Umschlagsplatz ist ein heute noch wichtiges Gewerbe. Außerdem liegt die Stadt am Rande des Biosphärenreservats „Mittelelbe" und bietet viele Möglichkeiten für ausgedehnte Wanderungen und Radtouren in der Natur.

Rechts auf dem Radweg entlang der **L 63** bis nach Dessau (12 km).

> **TIPP**
> Sie befinden sich hier nun zusätzlich auf dem Elbe-Radweg. Dieser führt auf einer anderen Route nach Dessau als der R 1 und ist in der Karte orange dargestellt.

Schloss Georgium in Dessau, Sitz der Anhaltischen Gemäldegalerie

Auf dem Radweg der **Kühnauer Straße** nach Dessau hinein ~ im Linksbogen der Hauptstraße in die **Gropiusallee** folgen, die Sie direkt zum Bauhaus bringt.

Dessau
PLZ: 06844; Vorwahl: 0340

🄻 **Tourist-Information Dessau**, Zerbster Str. 2c, ☎ 2041442 und 19433

🏛 **Bauhaus Dessau** (UNESCO-Weltkulturerbe), Gropiusallee 38, ☎ 6508251, ÖZ: 10-18 Uhr. Das Bauhaus wurde 1925/26 nach Entwürfen von Walter Gropius errichtet. Bauten der Bauhaus-Meister und ihrer Schüler finden sich im gesamten Stadtgebiet. Eine eigene Radtour von etwa 20 km führt zu den Bauhausbauten im Stadtgebiet (Info & Faltblatt s. Tourist-Information).

🏛 **Meisterhäuser** (UNESCO-Weltkulturerbe): Haus Feininger: Kurt-Weill-Zentrum, Ebertallee 63, ☎ 619595, Haus Kandinsky/Klee,

Ebertallee 69/71, ☎ 6610934; Haus Muche/Schlemmer, Ebertallee 65 u.
67, ☎ 8822138, ÖZ: 16. Feb.-31. Okt., Di-So 10-18 Uhr, ansonsten nur
bis 17 Uhr. Nach Entwürfen von Walter Gropius erbaut, ursprünglich ein
Einzelhaus und drei Doppelhäuser mit Ateliers für die Meister am Bauhaus.

🏛 **Museum für Naturkunde und Vorgeschichte**, Askanische Str. 32, ☎
214824, ÖZ: Di-Fr 9-17 Uhr, Sa/So/Fei 10-17 Uhr

🏛 **Museum für Stadtgeschichte**, Schlossplatz 3a, ☎ 2209612, ÖZ: Di-So
10-17 Uhr

🏛 **Technikmuseum Hugo Junkers**, Kühnauer Str. 161a, ☎ 6611982, ÖZ:
tägl. 10-17 Uhr. Das Museum zeigt Exponate zur Technikgeschichte und
Luftfahrt, darunter die JU 52. Außerdem kann man sich über den Motorenbau,
Junkers Wärme- und Gerätetechnik und Strömungstechnik informieren.

🕎 **Johanniskirche**, Johannisstr., ☎ 214975, ÖZ: Mai-Okt. 11-12 Uhr und
15-17 Uhr. Die Ende des 17. Jhs. erbaute Kirche wurde 1945 bis auf die
Außenmauern zerstört und bis 1955 wieder aufgebaut. Bedeutend im Inneren
sind drei Tafelgemälde der beiden Cranachs.

❋ **Moses-Mendelssohn-Zentrum** im denkmalgerecht sanierten Haus in der
Gropius-Siedlung, Mittelring 38, ☎ 8501199, ÖZ: März-Okt. 10-17 Uhr,
Nov.-Feb., Mo-Fr 10-16 Uhr, Sa, So 13-16 Uhr. Ausstellung über Leben
und Werk des deutsch-jüdischen Philosophen und der Dessauer Juden.

⛺ **Biosphärenreservat Mittelelbe** (UNESCO-Schutzgebiet), Informationszen-
trum Auenhaus, Oranienbaumer Chaussee, ☎ 034904/4060, ÖZ: Mai-Okt.,
Mo-Fr 10-17 Uhr, Sa, Sa/Fei 11-17 Uhr; Nov.-April, Mo-Fr 10-16 Uhr, Sa,
So/Fei 13-16 Uhr; Dez.-März, Mo-Fr 10-16 Uhr. Das 43.000ha große
Gebiet wurde von der UNESCO unter Schutz gestellt.

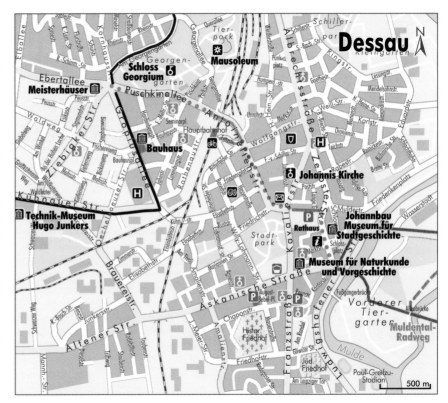

- ⬣ **Lehrpark für Tier- und Pflanzenkunde**, Querallee 8, ☎ 614426, ÖZ: 9-18 Uhr, im Winter bis Einbruch der Dämmerung
- ✉ **Strandbad Adria**, Mildensee, ☎ 2304810
- ✉ **Waldbad Dessau**, Am Schenkenbusch 1a, ☎ 8581074
- ⬣ **Mobilitätszentrale** am Hauptbahnhof, ☎ 213366
- ⬣ **Flusskultur Radreisen**, Waldweg. 54, Dessau-Ziebigk, ☎ 2214881
- ⬣ **Beckers Radhaus**, W.-feuerherd-Str. 12, Dessau-Waldersee, ☎ 2160113 u. Kavalierstr. 82, ☎ 2168989
- ⬣ **Kynast** u. Kühne, Kornhausstr. 31, Dessau-Ziebigk, ☎ 613336
- ⬣ **Radprofi**, Zerbster Str. 38, ☎ 2214996
- ⬣ **Zweirad Meißner**, Heidestr. 3, ☎ 8504322

UNESCO-Weltkulturerbe Gartenreich Dessau-Wörlitz:

- ⬣ **Schloss und Park Mosigkau**, Knobelsdorffallee 3, ☎ 521139, ÖZ: April u. Okt., Di-So 10-17 Uhr, Mai-Sept., Di-So 10-18 Uhr. In der spätbarocken Schlossanlage sind original ausgestattete Kabinette, ein bemerkenswerter Galeriesaal, u. a. mit Gemälden von Rubens und Van Dyck, Porzellane und Fayencen zu sehen.
- ⬣ **Park und Schloss Georgium/ Anhaltische Gemäldegalerie**, Puschkinallee 100, ☎ 66126000, ÖZ: Di-So 10-17 Uhr. Die Galerie zeigt Malerei des 16.-20. Jhs., eine graphische Sammlung und Sonderausstellungen.
- ⬣ **Schloss und Park Luisium**, im Ortsteil Waldersee. ÖZ: April u. Okt., Di-So 10-17 Uhr, Mai-Sept., Di-So 10-18 Uhr. Das klassizistische Schloss wurde 1778 erbaut und liegt inmitten einer stimmungsvollen Parkanlage.

Im Bauhaus Dessau

- ⬣ **Landschaftspark Großkühnau.** Im Weinberghaus, auf einem Hügel, befindet sich eine Naturschutzstation, ☎ 619512 u. 2041583, ÖZ: 15. April-15. Okt., So 13-18 Uhr

Dessau ist nicht nur wegen des Gartenreichs Dessau-Wörlitz mit seinen Schloss- und Parkanlagen, welches von der UNESCO in die Weltkulturerbeliste aufgenommen wurde, ein reizvolles Reiseziel. In der Stadt wurde auch Technikgeschichte geschrieben und bedeutende Persönlichkeiten wirkten hier. Dazu gehören unter anderem der Dichter Wilhelm Müller, dessen Gedicht „Am Brunnen vor dem Tore ..." von Franz Schubert vertont wurde, und der Komponist Kurt Weill. Desweiteren Friedrich Wilhelm von Erdmannsdorff, der Baumeister des Frühklassizismus und Junkers, der hier sein erstes Ganzmetallflugzeug erbaute. Mit der

Ansiedlung des Bauhauses im Jahr 1925 erlangte die Stadt Bedeutung in der Welt. Das Bauhaus wurde nach Entwürfen von Walter Gropius erbaut und 1926 unter seiner Leitung als Hochschule für Gestaltung eröffnet. Das Ensemble aus Glas, Stahl und Beton entspricht der Idee seines Begründers, wonach sich die Form der Funktion unterzuordnen hat. Die Entwürfe des Bauhauses vereinten Kunst und Technik und wirkten für die moderne Industriekultur bahnbrechend.

Walter Gropius zählt neben Mies van der Rohe und Le Corbusier zu den am häufigsten zitierten Architekten der Moderne. Zu seinen besonderen Leistungen gehört sein Bemühen um eine neue Architektur und sein Beitrag zur Herausbildung einer reformierten Architektur- und Kunstschule. Bedeutende Bauhaus-Künstler waren Paul Klee, Wassily Kandinsky oder Lyonel Feininger.

1932 erzwangen die Nationalsozialisten die Schließung des Bauhauses. Im Krieg wurde das Gebäude beschädigt und anschließend nur notdürftig nutzbar gemacht. Das Architekturdenkmal ist heute originalgetreu restauriert, und Sitz der Stiftung Bauhaus Dessau. Das Gebäude ist mehr als eine Schule oder ein Museum, nämlich ein Ort der Gestaltung, Forschung und Lehre. Das Bauhaus und die Meisterhäuser wurden 1996 von der UNESCO in die Liste des Weltkulturerbes aufgenommen.

Von Dessau nach Berlin

188,5 km

Genießen Sie den sanften Übergang zwischen gezähmter und wilder Natur im Gartenreich Dessau-Wörlitz und im umgebenden Biosphärenreservat Mittlere Elbe. Einsame Wälder durchqueren Sie am Rande der Dübener Heide und im Fläming mit seinen trutzigen Burgen. Dazwischen erleben Sie kulturelle Höhepunkte im barocken Oranienbaum und in der Lutherstadt Wittenberg. Gänzlich andere Eindrücke verspricht „Ferropolis" bei Gräfenhainichen. Hinunter von den sanften Hügeln des Hohen Flämings finden Sie sich bald an den Havelseen wieder, und Potsdam und Berlin als krönender Abschluss dieser Etappe sind nicht mehr weit.

Starker Verkehr ist unterwegs nicht zu erwarten, obwohl es zeitweise über Landstraßen geht. Holperstrecken werden zwar immer seltener, da sich Brandenburg intensiv um den Ausbau der Radfernwege kümmert, sind aber noch nicht gänzlich zu vermeiden.

Von Dessau nach Oranienbaum   20 km

Von der **Gropiusallee** geradeaus in die **Kornhausstraße**, dann direkt rechts **Am Georgengarten** entlang ～ links weiter auf der **Georgenallee** am Beckerbruch entlang bis zum Leopoldshafen.

1 Gemeinsam mit dem Elbe-Radweg rechts durch den **Beckerbruchpark** ～ unter der Bahn und der B 184 hindurch ～ im Rechtsbogen am Deich entlang, dann links in die Schrebergartensiedlung ～ auf der hölzernen Jagdbrücke geht es über die **Mulde** ～ der Radweg neben der unbefestigten Straße führt in den Wald, über die Großmutterbrücke und vorbei am Forsthaus.

Auf dem **Kupenwall** zum Walltor am Sieglitzer Berg in Elbnähe ～ weiter auf dem Damm ～ **2** schon mit Blick auf die Autobahn nach etwa einem Kilometer rechts abzweigen. Die Hauptroute führt auf einer schnurgeraden Kastanienalle vom Damm weg, dann windet sie sich durch den Auwald ～ erneut zwischen Pollern hindurch aufs offene Feld, am Querweg dahinter links ab und an der Schranke vorbei. Sie fahren unter der A 9 hindurch.

AUSFLUG Um direkt auf dem Elbe-Radweg weiter nach Wörlitz mit seinem berühmten Landschaftspark zu radeln, müssen Sie sich nach der Autobahnunterführung links halten. Von Wörlitz kommen Sie auch auf der nur mäßig befahrenen B 107 nach Oranienbaum und können sich die sehr beschwerliche Strecke nach dem Kapenschlösschen ersparen.

Wörlitz
PLZ: 06786; Vorwahl: 034905

ℹ Wörlitz-Information, Försterg. 26 , ✆ 20216

⌂ Die neugotische **Kirche St. Petri**, die in den Jahren 1804-1809 entstand, zieht vor allem durch ihren hohen Turm mit Aussichtsplattform die Aufmerksamkeit auf sich. In diesem „Bibelturm" befindet sich auf 3 Ebenen die Ausstellung „Zwischen Himmel und Erde". ÖZ: Palmarum-Mitte Okt., Di-Sa 11-17 Uhr, So 12-17 Uhr

⌂ Schloss Wörlitz, ÖZ: April u. Okt., Di-So/Fei 10-17 Uhr, Mai-Sept., Di-So 10-18 Uhr. Für den „Gründungsbau des Klassizismus in Deutschland" wurde 1769 der Grundstein gelegt. Im Stil englischer Landsitze entstand in den folgenden vier Jahren nach Entwürfen von Erdmannsdorff ein zweigeschossiger Backsteinputzbau, der ursprünglich nur als „Landhaus" bezeichnet wurde.

✿ Das **Gotische Haus** liegt vis-à-vis vom Schloss auf der anderen Seite des Sees. Das Hauptgebäude entstand in den siebziger Jahren des 18. Jhs. Später entstanden die beiden Pavillons und der Neue Turm sowie zusätzliche Erweiterungen. Es beherbergt auch heute noch zu besichtigende Kunstsammlungen, wie eine Sammlung Schweizer Glasmalerei aus dem 15. bis 17. Jh.

⌂ Gartenreich Dessau-Wörlitz (UNESCO-Welterbe): Die **Wörlitzer Anlagen** entstanden während der Regierungszeit des Fürsten Leopold III. in den Elbauen zwischen Wörlitz und Dessau.

🚲 🔧 Fahrradfachgeschäft Graul, Grabeng. 49a, ✆ 22117 od. 20564

Am lang gezogenen Wörlitzer See, einem ehemaligen Altarm der Elbe, erstrecken sich auf über 100 Hektar die Wörlitzer Anlagen mit vielen Kanälen, Inseln, einzelnen Gärten, Gebäuden und Wirtschaftsflächen. Im Süden wird der Park von der Stadt Wörlitz begrenzt, im Norden trennt ihn ein Deich von der Flussaue. Eine Besonderheit der Anlage besteht darin, dass sie sich nicht von der umgebenden Landschaft abgrenzt, sondern wirtschaftliche

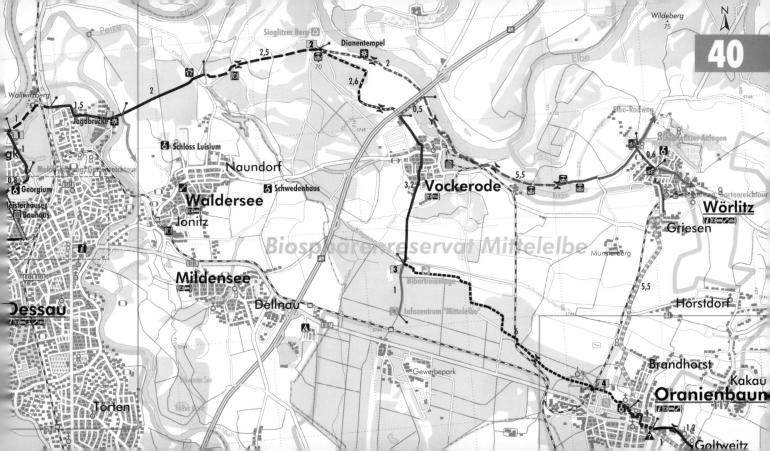

40

Elemente wie Feldflächen, Obst- und andere Nutzhölzer und sogar Viehwirtschaft einbezieht. Auch waren die Gärten und das Schloss immer öffentlich zugänglich, die Kunstschätze konnten besichtigt werden.

Ständig wechselnde Gartenbilder durch die genial geplanten Sichtachsen, wunderschöne klassizistische und neugotische Bauwerke, geheimnisvolle Grotten und unterirdische Gänge, verschiedenartigste Brücken sowie eine Vielzahl dendrologischer Besonderheiten prägen den Charakter dieses Englischen Gartens.

Besonders deutlich geht der Bezug zu England aus den neogotischen Architekturen hervor. Bei den übrigen Gebäuden, Tempeln oder Plastiken, wie Floratempel, Venustempel, Nymphaeum oder Pantheon standen vielfach italienische Vorbilder Pate.

Wer die Wörlitzer Anlagen besuchen möchte, sollte viel Zeit und bequemes Schuhwerk mitbringen. Möglich ist auch eine Gondelpartie auf einem der Kanäle oder eine Gartenführung. Eines sollten Sie beachten: Das Fahrrad muss vor den Toren des Parks abgestellt werden.

Nach der A 9-Untrquerung geht es geradewegs auf Vockerode zu ～ an den ersten Wohnhäusern rechts und bis zur Vorfahrtstraße.

Elbauen vor Vockerode

Vockerode

PLZ: 06786; Vorwahl: 034905

🅰 **Biosphärenreservat Mittelelbe** (UNESCO-Schutzgebiet). Das 43.000ha große gebiet wurde von der UNESCO unter Schutz gestellt. Informationszentrum Auenhaus, Oranienbaumer Chaussee, etwa 4 km südlich von Vockerode, ☎ 034904/4060, ÖZ: Mai-Okt., Mo-Fr 10-17 Uhr, Sa, So/Fei 11-17 Uhr, Nov.-April, Mo-Fr 10-16 Uhr, Sa, So/Fei 13-16 Uhr

🐾 **Biberfreianlage**, 2,5 km südlich des Ortes, direkt am R 1, ÖZ: Mai-Okt., Mo-Fr Gruppen n. V., So/Fei 11-17 Uhr

Geradeaus hinüber auf den **Kapenweg** und trotz abknickender Vorfahrt weiter an der Schule vorbei ～ immer geradeaus in den Wald und bis zum Kapenschlösschen ～ über den **Kapengraben** ～ ❸ an der Kreuzung links Richtung Informationszentrum Waldpfad und zur Biberfreianlage.

■ Geradeaus kommen Sie zum Infozentrum des Biosphärenreservates.

An der T-Kreuzung hinter dem Bibergehege rechts ～ am nächsten Abzweig links ～ an der Kreuzung nach dem Rastplatz rechts ～ dann wieder links ～ gleich nach dem Bahnübergang dem Verlauf des Weges in einem Rechts-Links-bogen folgen ～ nach 300 m schräg rechts in den Waldweg, der mit zwei rot-weiß-roten Holzpfählen abgesperrt ist ～ schnurgerade weiter bis zum Sportplatz in Oranienbaum.

❹ Über die Bahn ～ rechts in die unbefestigte Straße **Am Waldhaus** ～ gleich links in die befestigte Straße ～ an der Sportstätte Friedrich-Ludwig-Jahn vorbei ～ vor dem Fußballplatz rechts auf den Rad- und Fußweg ～ am Sportgelände und dem Lustgarten entlang und an der Kleinen Kirche vorbei ～ der Weg endet an der **Schlossstraße** ～ hier rechts.

Die Straße an der Fußgängerampel queren ～ dann ein Stück entgegengesetzt der Fahrtrichtung und gleich links in die **Schulstraße** ～ direkt rechts kommen Sie zum wunderschönen

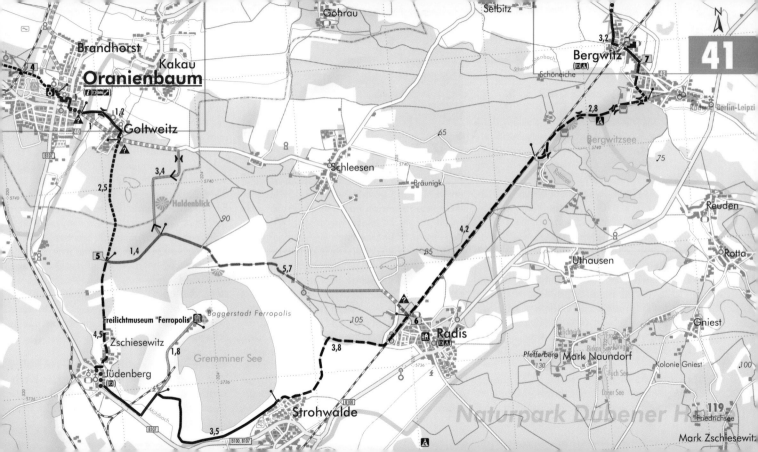

Marktplatz mit dem Wahrzeichen der Stadt, einem schmiedeeisernen Orangenbaum.

Oranienbaum

PLZ: 06785; Vorwahl: 034904

- 🛈 **Tourismusagentur**, Schlossstr. 17, ✆ 22520
- 🏛 **Museum Schloss Oranienbaum**, ✆ 20259, ÖZ: März, Mi-So 10-16 Uhr, April, Di-So 10-16.30 Uhr, Mai-Sept., Di-So 10-17.30 Uhr, Okt.-3.Nov., Di-So 10-16.30 Uhr. Dauerausstellung „Geschichte von Stadt, Schloss und Park Oranienbaum". Das barocke Stadt-, Schloss- und Parkensemble wurde ab 1673 für die Landesfürstin Henriette Catharina, eine Prinzessin von Nassau-Oranien, errichtet.
- ⛪ **Evangelische Stadtkirche**, Brauer-/Kirchstraße, ÖZ: April-Okt., Fr 15-18 Uhr, Sa, So 10-13 Uhr und 14.30-18 Uhr, Gruppen über Pfarramt, ✆ 20512, Führungen über Stadtinformation, ✆ 22520
- ⛪ **Katholische Christkönigkirche**, Försterstraße, ÖZ: während der Gottesdienste u. So 9.30-11.15 Uhr. Besichtigung bitte im Pfarramt anmelden, ✆ 20408
- ✳ Der denkmalgeschützte, barocke **Stadtkern** bildet zusammen mit **Schloss** (1683) und **Park** ein einzigartiges Gesamtensemble. Im Park beeindrucken der englisch-chinesische Garten mit großer Pagode und Teehaus und im Sommer die Palmen und Orangenbäume, die dann aus der Orangerie in den Park versetzt werden.
- ✳ **historischer Fliesenkeller**, Schloss, ✆ 20259, Besichtigung n. V.
- ✒ **Fahrradladen am Markt**, Am Markt 3, ✆ 20238

Stadtgründerin von Oranienbaum ist Henriette Catharina, anhaltinische Landesfürstin und

Schloss Oranienbaum

Prinzessin von Oranien-Nassau. 1659 heiratet die reiche Prinzessin nach Anhalt-Dessau und erhält das im Mittelalter verlassene Wendendorf Nischwitz als Geschenk. Sie beauftragt den niederländischen Architekten Cornelis Ryckwaerth mit dem Entwurf eines barocken Ensembles aus Schloss, Parkanlage und Stadt. Bis 1698 sind die Pläne der idealtypischen Anlage in ihren Grundzügen verwirklicht. Fürstin Henriette Catharina gibt dem Ort in Anlehnung an ihre Herkunft den Namen Oranienbaum. Das Wahrzeichen der Stadt, der eiserne Orangenbaum auf dem Marktplatz, trägt neun Früchte: für jedes ihrer Kinder eine. Die größte Orange ist für ihren einzigen Sohn Leopold I., den man später den „Alten Dessauer" nannte.

Oranienbaum lebte hauptsächlich von der Tabak- und Tuchindustrie und von der Landwirtschaft. Neben Tabak und Tuchen hatte die Herstellung von Orangenbitterlikör eine lange Tradition in Oranienbaum. Diese ganz besondere Spezialität aus den Blüten und Früchten der Orangen kam aus der Likörfabrik Friedrich und wurde nach ganz Europa exportiert. Wiederbelebt wurde diese Tradition anlässlich des Orangenfestes im Jahre 2000. Nach der Originalrezeptur wird der „Oranienbaumer Orange-Bitter-Likör" nun wieder vertrieben.

Ein ähnlicher Stadtname findet sich übrigens in der Mark Brandenburg – Oranienburg. Stadtgründerin dieser Stadt ist die Brandenburgische Kurfürstin Louise Henriette, eine Schwester von Henriette Catharina. Sie erhielt das Dorf Bötzow nördlich von Berlin als Geschenk und ließ anstelle des damaligen Jagdschlosses eines in holländischem Stil errichten. Oranienbaum und Oranienburg sind also im wahrsten Sinne Schwester-Städte.

Von Oranienbaum nach Wittenberg   **37 km**
Vom **Marktplatz** gen Süden auf der **Kirchstraße** auf die Kirche zu ⌁ davor links auf die etwas stärker befahrene **Brauerstraße** stadt-

auswärts Richtung Goltewitz ~ am Ortsende halblinks auf eine holprige Schotterstraße.

TIPP ⚠ Einfacher zu finden und wesentlich bequemer zu befahren ist trotz Verkehr die L 132 bis ans Ortsende von Goltewitz. Nach der Schlaglochpiste führt der R 1 hinter dem Bach am Rand von Goltewitz kurz rechts auf einen schmalen Radweg, dann linksherum nach Goltewitz hinein ~ geradewegs hindurch und erst am Ende rechts.

Goltewitz

VARIANTE ⚠ Weniger holprig als die offizielle Streckenführung können Sie noch ein Stück auf der L 132 radeln, dann rechts ab und auf geteerten Wegen über die aufgeforstete Halde.

Baggerstadt „Ferropolis" bei Gräfenhainichen

Am Ortsende kreuzt der R 1 die Landstraße gen Süden auf die Schotterstraße ⤳ an der weiten Gabelung dann halbrechts ⤳ Sie holpern nun durch das Aufforstungsgebiet unterhalb der flachen Abraumhalde ⤳ **5** nach 2,5 km zweigt ein Weg ab ⤳ Sie fahren weiter geradeaus und kommen über Zschiesewitz direkt nach Jüdenburg.

AUSFLUG Auf der Hälfte des Weges zweigt unübersehbar ein Asphaltweg links ab. Auf kurzem Wege gelangen Sie hier gleich nach Radis.

Gräfenhainichen-Jüdenberg

✳ Ferropolis, Führungen Sa, So 11, 13 und 15 Uhr. Auf der Halbinsel des ehemaligen Geländes des Braunkohletagebaus Golpa/Nord ist ein einmaliges begehbares Industriemuseum mit Großgeräten und Baggern entstanden.

Auf der Hauptstraße fahren Sie weiter Richtung Ortsausgang ⤳ ab hier geht es auf einem straßenbegleitenden Radweg weiter ⤳ über die Bahnschienen die nächste Straße links.

Bald bietet sich auf offener Wiese eine grandiose Aussicht über den ehemaligen Tagebau, den heutigen Gremminer See, „Ferropolis" und die Stadt Gräfenhainichen.

Nach der Überquerung des Mühlbaches biegen Sie rechts in den Radweg ein und folgen dessen

Verlauf bis Sie nach Strohwalde kommen ⤳ von hier führt ein gut befestigter Weg direkt bis nach Radis **6**.

TIPP Nach Radis gelangen Sie durch die Fahrradunterführung.

Radis

Knapp 4 km immer links entlang der Bahn ⤳ durch die Unterführung nach rechts hinüberwechseln ⤳ dann in den linken der beiden Schotterwege leicht bergab.

TIPP Rechts von diesem Hohlweg liegt eine einsame Badestelle an der Bucht Silbersee.

Ein Stück weiter am Bootssteg und weiteren Badeständen des Bergwitzsees vorbei ⤳ nach mehreren Schranken scharf links ab auf die Straße **Am See** ⤳ halblinks auf die **Wörlitzer Straße**, dann gleich rechts auf die **Waldstraße** und bis zur Vorfahrtstraße.

Bergwitz

PLZ: 06773; Vorwahl: 034921

☎ Kirche, ✆ 28273. Die spätromanische Feldsteinkirche wurde Ende des 13. Jhs. errichtet.

Schlosskirche zu Wittenberg

7 Links auf die **Bahnhofstraße** ⤳ durch die Unterführung und an der Kreuzung rechts ⤳ an der Einmündung der Umgehungsstraße geradeaus weiter nach Klitzschena.

Hinter dem Ort in der Linkskurve der **K 2041** rechts auf den Asphaltweg und durch ein Wäldchen ⤳ vor der Bahnlinie links und gut einen Kilometer daran entlang ⤳ kurz nach der Straßenbrücke, eine Engstelle, entfernt sich der Weg von der Bahn und schlägt einen weiten Bogen nach Kienberge ⤳ **8** unweit der Häuser hinter dem Kiefernhügel, aber noch vor der Straße ohne Wegweiser rechts ab ⤳ am Parkplatz links in den Ort hinein ⤳ rechts in die **Ludwig-Jahn-Straße** ganz am Ende links zur Vorfahrtstraße ⤳ rechts bis zum Kreisverkehr.

Kienberge

Der R 1 schwingt sich nun im Kreisverkehr zur B 2 hoch und begleitet diese – komfortabler Weise außerhalb des Lärmschutzwalles – bis nach Wittenberg.

Lutherstadt Wittenberg

PLZ: 06886; Vorwahl: 03491

- Wittenberg-Information, Schlosspl. 2, ☏ 498610
- Lutherhaus, Collegienstr. 54, ☏ 42030, ÖZ: April-Okt., Mo-So 9-18 Uhr, Nov.-März, Di-So 10-17 Uhr. In dem Haus, in dem Luther bis zu seinem Tod 1546 mit seiner Familie lebte, befindet sich die umfangreichste Sammlung zur Geschichte der Reformation.
- Melanchthonhaus, Collegienstr. 60, ☏ 403279, ÖZ: April-Okt., Mo-So 9-18 Uhr, Nov.-März, Di-So 10-17 Uhr. Das Wohnhaus Melanchthons, Luthers Mitstreiter, wurde in ein Museum umgewandelt.
- Natur- und Völkerkundemuseum „Julius Riemer", Schloss, ☏ 433490, ÖZ: Di-So 9-17 Uhr.
- Schlosskirche Allerheiligen, Schlossplatz, ☏ 402585, ÖZ: Mai-Okt., Mo-Sa 10-17 Uhr, So 11.30-17 Uhr, Nov.-April, Mo-Sa 10-16 Uhr, So 11.30-16 Uhr. An die Tür des Nordportals schlug Luther seine weltberühmten Thesen. Der 88 m hohe Turm der Kirche mit der reichverzierten neogotischen Haube prägt das Stadtbild.
- Stadtkirche St. Marien, Jüdenstr. 35, ☏ 403201, ÖZ: Mai-Okt., Mo-Sa 10-17 Uhr, So 11.30-17 Uhr, Nov.-April, Mo-Sa 10-16 Uhr, So 11.30-16 Uhr. Die Predigtkirche Luthers entstand nach und nach anstelle einer romanischen Kapelle, deren Kern noch im heutigen Bau enthalten ist.
- Die Luthereiche wurde an der Stelle gepflanzt, wo Luther 1520 die päpstliche Bannandrohungsbulle verbrannte.
- Cranachhäuser, Markt 4 u. Schlossstr. 1, ☏ 4201917, ÖZ: Di, Mi, Fr 10-17 Uhr, Do 10-18 Uhr, Sa, So 13-17 Uhr. Hier richtete Lucas Cranach d. Ä. seine Malakademie für annähernd 30 Maler ein.

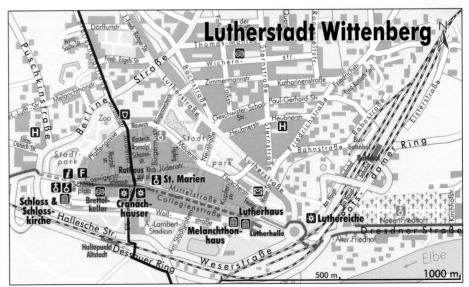

- Luther Gymnasium, Straße der Völkerfreundschaft 130. Nach Entwürfen von Friedensreich Hundertwasser umgebaut.
- Luther- und Melanchthondenkmal, Markt. Das Lutherdenkmal wurde 1821 von Johann Gottfried Schadow geschaffen, jenes Melanchthons 1865 von Friedrich Drake.

Wie auch aus der Liste der Sehenswürdigkeiten bereits erkennbar, ist die Stadt Wittenberg untrennbar mit dem Namen Martin Luther verbunden. Geboren wurde er 1483 in Eisleben, 1505 nahm er ein Studium der Rechte auf, ging jedoch noch im gleichen Jahr ins Kloster nach Erfurt und wurde 1507 im dortigen Dom zum Priester geweiht. Nach einem Aufenthalt in Rom kam er 1511 nach Wittenberg, wo er 1512 zum

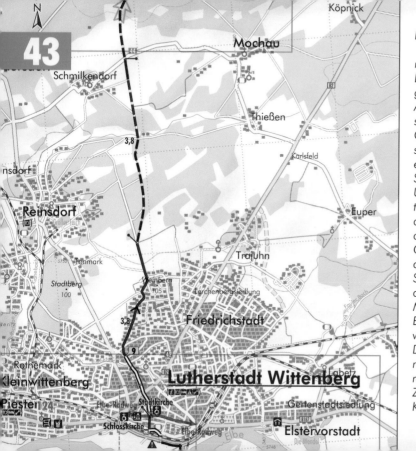

43

Köpnick

Mochau

Schmilkendorf

Thießen

Karlsfeld

nsdorf

Reinsdorf

Euper

Tonmark

Trajuhn

Weinberg

Stadtberg

Lerchenbergsiedlung

Friedrichstadt

Rothemark

Kleinwittenberg

Lutherstadt Wittenberg

Habetz

Piester

Stadtkirche

Gartenstadtsiedlung

Schlosskirche

Elstervorstadt

Die Wendel

Doktor der Theologie promovierte. 1525 heiratete er die frühere Nonne Katharina von Bora.

Luther wandte sich insbesondere gegen die mit dem damaligen Ablasshandel verbundenen Missstände in der katholischen Kirche. Gegen diese richteten sich auch seine weltberühmten Thesen, die er am 31. Oktober 1517 an die Schlosskirche zu Wittenberg schlug. Unmittelbarer Anlass waren die Aktivitäten des dominikanischen Predigers Tetzel, der den Auftrag hatte, durch Ablasshandel die Gebühren aufzutreiben, die vom römischen Stuhl für die Bestätigung der kirchlichen Ämter Markgraf Albrechts von Brandenburg gefordert wurden.

Das Streben Luthers nach Besserung der religiösen und sittlichen Zustände erfuhr im Kurkreis von Anfang an große Anteilnahme. Sein Ziel war ursprünglich nicht die Bildung einer neuen, sondern die Reformierung der bestehenden Kirche. Die Stadt Jesse trat zwischen 1519 und 1521 auf Befehl Friedrichs des Weisen als erste zur neuen Lehre über. Nach und nach fasste die Reformation in vielen größeren Städten Fuß, zum Teil auch unter weiterhin katholischen Herrschern. 1529 wurde Braunschweig, 1534 Anhalt und 1540 Brandenburg und Sachsen protestantisch.

Am Bergwitzsee

1555 kam es zum Augsburger Religionsfrieden, durch den die existierenden konfessionellen Verhältnisse gewährt wurden. Dies bedeutete jedoch keineswegs das Ende der religiösen Auseinandersetzungen, da seit 1549 starke gegenreformatorische Bewegungen entstanden waren.

Von Wittenberg
nach Klein Marzehns   19,5 km

Vom Rathaus in die **Juristenstraße** über die **Berliner Straße** geradeaus ⤳ weiter auf der **Breitscheidstraße** ⤳ **9** in der links abknickenden Vorfahrt geradeaus in die **Weinbergstraße**.
Sie überqueren die **Feldstraße** ⤳ schnurgerade bis Teuchel im Ort von der abknickenden Vorfahrtstraße, der **Teucheler Straße** geradeaus ab ⤳ weiter auf der Betonplattenstraße ⤳ vor dem Wald schräg nach rechts in den unbefestigten Weg ⤳ immer auf diesem Weg bis zur Kreuzung bei Schmilkendorf.
Über die **K 2011** in den unbefestigten Weg, der als Sackgasse gekennzeichnet ist ⤳ Sie gelangen nach Grabo.

Grabo
An der Kirche rechts in die **Dorfstraße** ⤳ **10** an der Kreuzung links ⤳ nach dem Rechtsbogen an dem Abzweig links halten ⤳ auf dem unbefestigten Weg nach Berkau.

Berkau
An der Landstraße nach rechts und nach dem Dorfweiher links in den unbefestigten Weg ⤳ immer geradeaus bis zum Hochstand ⤳ am folgenden Waldstück links ⤳ **11** an der etwas größeren Kreuzung nach der Lichtung rechts.
Weiter auf dem befestigten Radweg parallel zu dem forstwirtschaftlichen Weg ⤳ an der querenden asphaltierten Straße links ⤳ geradeaus bis Klein Marzehns.

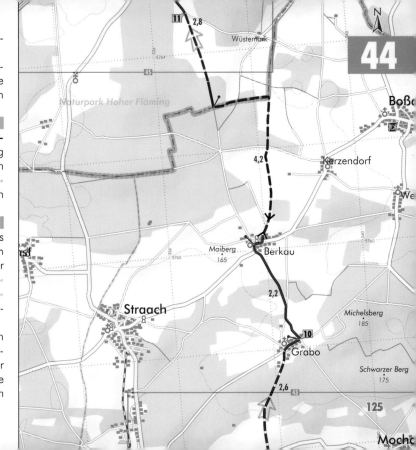

Klein Marzehns

Von Klein Marzehns nach Belzig — 19 km

An der T-Kreuzung links ∿ am gegenüberliegenden Gasthof auf den Rad- und Fußweg ∿ vor der Kirche rechts ∿ an der Kreuzung gleich wieder rechts.

In der Linkskurve kurz vor dem Ortsausgang rechts in den **Rabener Weg** einem befestigten Radweg ∿ nach der Autobahnunterführung an der T-Kreuzung rechts und weiter auf dem Radweg bis nach Raben.

AUSFLUG Am nächsten Abzweig geht es rechts steil bergauf zur Burg Rabenstein, zu der Sie auf jeden Fall einen Abstecher machen sollten.

Raben

PLZ: 14823; Vorwahl: 033848

🛈 **Touristinformation „Niemegker Land"**, Burg Rabenstein, Zur Burg 49, ☎ 60029

⛪ **romanische Dorfkirche** (um 1300) mit sehenswerten Wandmalereien

🏰 **Burg Rabenstein** (12. Jh.), ☎ 60221, Torhaus, Bergfried (Aussichtsturm), Kapelle, Ritterfeste zu Ostern. Burg Rabenstein zählt zu den imposantesten Burgen des Fläming. Hoch oben auf dem 153 m hohen „Steilen Hagen" steht das mittelalterliche Gemäuer, das als Burgward von den Belziger Grafen errichtet worden war.

In der **Alten Brennerei** (um 1700) wurde bis 1863 destilliert, dann wurde das Gebäude als Pumpstation umgebaut. Heute ist es Sitz des Naturparkzentrums.

Naturpark Hoher Fläming, Infos im Naturparkzentrum (s. u.) oder beim Tourismusverband Fläming e.V., Küstergasse 4, 14547 Beelitz, ☎ 033204/62870

Burg Rabenstein im Hohen Fläming

Naturparkzentrum „Alte Brennerei" – Naturparkverein Fläming e. V., Alte Brennereiweg 45, ☎ 60004, ÖZ: Mo-So 9-17 Uhr. Führungen, Veranstaltungen, Umweltbildung, Informationen, Naturparkausstellung

Plane-Quellgebiet

Fahrradverleih, im Naturparkzentrum „Alte Brennerei"

Die besterhaltene Burg in Brandenburg, die Burg Rabenstein, wurde wahrscheinlich im 12. Jahrhundert an dieser strategisch günstigen Stelle erbaut. Es galt die in unmittelbarer Nähe vorbeiführende Heer- und Handelsstraße zwischen Belzig und Wittenberg zu schützen. Vom Bergfried, der 28 Meter in die Höhe ragt, kann man einen wundervollen Blick über den Hohen Fläming genießen.

12 An der Kreuzung links ⚬ an der Gabelung geradeaus ⚬ weiter auf dem Radweg ⚬ an der nächsten Gabelung rechts halten ⚬ weiter auf dem asphaltierten Radweg bis Grubo.

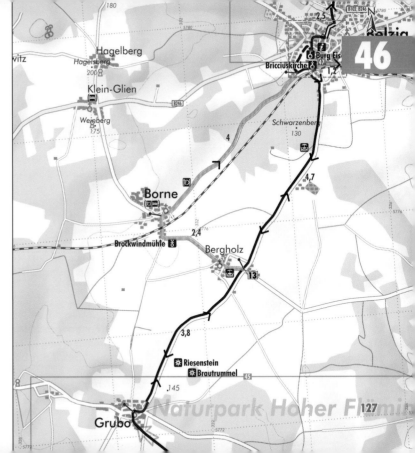

Feldsteinkirche Grubo

Grubo

- ✳ **Riesenstein**, riesiger Findling aus der Saale-Eiszeit
- ✳ **Brautrummel**, steilwandiges Trockental

Auf einem Betonplattenweg in den Ort hinein ∿ an der Kirche rechts in die **Hauptstraße** ∿ an dem nächsten Abzweig links ∿ bis Bergholz fahren Sie nun auf dem Radweg.

Bergholz

Der R 1 verläuft nun geradeaus weiter auf dem straßenbegleitenden Radweg nach Belzig **13**.

VARIANTE Eine nicht beschilderte Alternative führt Sie über Borne nach Belzig.

Variante über Borne

In Bergholz links ab und die knapp 2 km hinüber ins Nachbardorf Borne ∿ dort an der Windmühle vorbei rechtsherum auf der **Gruboer Straße** über die Bahn.

Borne

PLZ: 14806; Vorwahl: 033841

- ⚑ spätromanische **Feldsteinkirche** mit neubarockem Dachturm
- ✳ **Bockwindmühle** (1803), Besichtigung n. V., Kontakt: Hr. Sternberg, Wiesenburger Str. 21, ☎ 32228. Die einstige Getreidemühle auf dem Mühlenberg (156 m) ist im Originalzustand erhalten.

An der Kreuzung rechts ab auf die **Belziger Straße**, 4 km später auf der **Wittenberger Straße** nach Belzig hinein .

Am Ortsrand von Belzig hinter dem Sender links halten und bergab über die Bahn.

TIPP Rechts gelangen Sie zur Postmeilensäule und zum Bahnhof von Belzig.

Unten links auf die **Borner Straße** ∿ rechts in die **Papendorfer Straße** ∿ gleich rechts in den **Kämmererweg** ∿ an der T-Kreuzung links in die **Lübnitzer Straße** und über die Brücke.

Belzig

PLZ: 14801; Vorwahl: 033841

- 🛈 **Tourist-Information**, Marktplatz 1, ☎ 3879910

- 🏛 **Museum Burg Eisenhardt**, Wittenberger Str. 14, ☎ 42461, ÖZ: Mi-Fr 13-17 Uhr, Sa, So/Fei 10-17 Uhr. Geschichte und Entstehung der Burg. Der heutige Bau stammt im Wesentlichen aus dem 15. Jh. Lediglich der Bergfried (33 m – auch „Butterturm" genannt), von dem man einen schönen Ausblick auf die Stadt hat, ist von der ursprünglichen Burg erhalten. 1849 wurden Reparaturarbeiten durchgeführt, die der Burg ihr heutiges Aussehen verliehen.
- ⚑ **Pfarrkirche St. Marien** (um 1230/50), Altaraufsatz (1660), Barockkanzel, Taufstein (1600), Barockgemälde. Seit 1979 erklingt wieder die spätbarocke Papenius-Orgel.
- ⚑ Die **Bricciuskirche** ist nach dem flandrischen Märtyrer Briccius von Esche benannt, der von den um Belzig angesiedelten Flamen verehrt wurde.
- ✳ **Springbachmühle** (1749), Kontakt: R. Muschert, Mühlenweg 2, ☎ 6210. Die Mühle diente als Öl-, Papier-, Mahl- und Schneidemühle. Heute beherbergt Sie ein Restaurant und Hotel.
- ✳ denkmalgeschützter **historischer Stadtkern** am Fuß des Burgberges mit Bürgerhäusern und Fachwerkbauten. Besonderer Anziehungspunkt ist der Marktplatz mit dem Rathaus, das seit 1991 wieder in voller Pracht erstrahlt.
- ✳ Die **Sitznischenportale** im Stil sächsischer Renaissance findet man an einigen alten Wohnhäusern aus dem 17.Jh.: Brandenburger Str. 58, Wisenburger Str. 7, Str. der Einheit 14 u. v. m.
- ⛰ **Naturpark „Hoher Fläming"**, Infos im Naturparkzentrum „Alte Brennerei" in Raben 033848/60004.
- ✉ **Freizeit- und Erlebnisbad**, Weitzgrunderweg 41, ☎ 31011
- ♨ **Steintherme**, Thermalbad, ☎ 3880-0

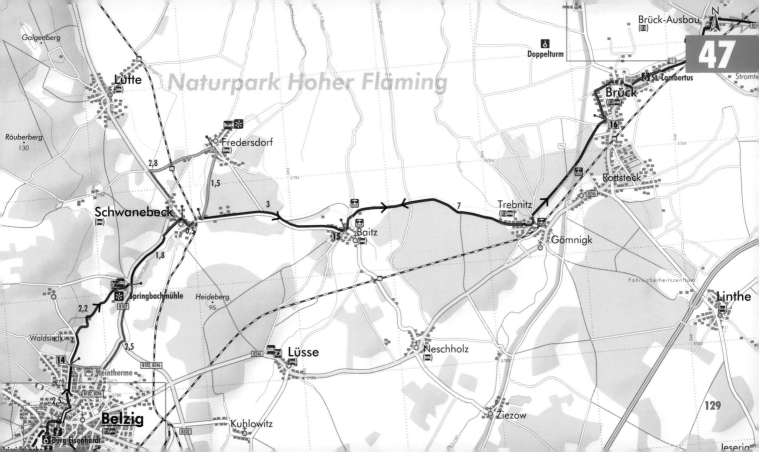

Galgenberg

Naturpark Hoher Fläming

Räuberberg
130

Lütte

Brück-Ausbau

Doppelturm

47

St. Lambertus

Brück

Stromt

16

Fredersdorf

2,8

1,5

Rottstock

3

Schwanebeck

0,5

15 Baitz

7

Trebnitz

B246

Gömnigk

1,8

Springbachmühle

Heideberg
95

Fahrsicherheitszentrum

Linthe

2,2

B102

Waldsiedlung

2,5

Lüsse

B246

Neschholz

14

Steintherme

B102, B246

2,5

B102, B246

Belzig

Kuhlowitz

Ziezow

129

B102

Burg Eisenhardt

Ieseria

Belgiz N

250 m

Puschkinstraße
Steinstraße
Puschkinstraße
Ernst-Thälmann
Scheunenweg
Weitzgrunder Straße
Busbahnhof
Brandenburger Straße

Gertrauden-Kirche

Mühlentalchen

Hemullenstraße

St.-
Marien-Kirche
Lübnitzer Straße
Steinstraße
Straße der Einheit
Brunnenstraße

Reißigerhaus
Kirchplatz
Reißigerstraße
Töpferstraße
Niemeaker Straße
Freigraben
Kathol. Kirche

Rathaus
Magdeburger Straße
Wiesenburger Straße
Hirtengasse
Mauerstraße
Berliner Straße

Wallstraße
Niedere Straße
Am Schützen
Berliner Straße
Karl-Liebknecht-Straße

Burg Eisenhardt
Kornmagazinweg
Am Schloßpark
Schloßstraße
Kleingärten
Bahnhofstraße
Im Winkel

Friedrich-Engels-Straße

Briccius-kirche
Sächsische Straße
Sächs.Postmeilen-Säule
Bahnhofsgasse
Am Bahnhof
Karl-Marx-Straße
Bahnhof

130

☑ 🚲 **Fahrradhaus Ahlert**, Berliner Str. 21,
📞 38690

Am Fuße der ältesten Höhenburg Brandenburgs, der Burg Eisenhardt, liegt die Kreisstadt Belzig. Ihr historischer Stadtkern, der auf die Zeit nach dem Dreißigjährigen Krieg zurückgeht, kann sich mit seinen Bürgerhäuser, Fachwerken und Resten der Stadtmauer mit Stadtgraben durchaus sehen lassen.

Unumstrittenes Juwel ist jedoch die Burg Eisenhardt mit dem ältesten erhalten gebliebenen Bau, dem Bergfried, auch Butterturm genannt. Um 1200 errichtet, weist er heute eine Höhe von 33 m und einen Durchmesser von 12 m auf. Die untere Mauerstärke beträgt 3,75 m. Von hier aus genießen Sie einen herrlichen Blick auf die zu ihren Füßen liegende Stadt Belzig und den Hohen Fläming.

Von Belzig nach Baitz   **10 km**

Von der Lübnitzer Straße rechts in die **Niemöllerstraße** ↝ rechts

---

in die **Ernst-Thälmann-Straße** ↝ links in die **Straße der Einheit** ↝ rechts in die **Brandenburger Straße** ↝ am Busbahnhof links in die **Weitzgrunder Straße** ↝ über die Martin-Luther-Straße in die **Rosa-Luxemburg-Straße**.

VARIANTE Um den Radweg an der Bundesstraße ein Stück zu umgehen, können Sie auch die Alternative zur Springbachmühle nuzten.

14 Rechts in die Straße **Am Kurpark** ↝ an der **Steintherme Belzig** vorbei und die B 102 überqueren ↝ links auf dem Radweg nach Schwanebeck.

Schwanebeck

An der **Hauptstraße** rechts ↝ gleich darauf links und über den Radweg an der Hauptstraße nach Baitz.

VARIANTE Interessierte können einen Bogen über Fredersdorf mit seiner Wassermühle schlagen.

Fredersdorf

PLZ: 14806; Vorwahl. 033846

✿ **Wassermühle** (1932), Besichtigung n. V., Kontakt: W. Siebert, Baitzer Str. 22, ✆ 41163. In der vollständig erhaltenen Roggenmühle ist heute eine Pension untergebracht.

Baitz
▥ **Staatliche Vogelschutzwarte für Trappen**, Außenstelle Baitz, Im Winkel 13, ✆ 033841/30220 und Naturwachtstützpunkt ✆ 033841/43734

Von Baitz nach Borkheide   17 km
15 An der Querstraße links ab 〜 nach dem Ortsausgang rechts über den Bach und auf Asphalt den Fuchsberg hinauf 〜 immer am Waldrand entlang 〜 an der Kreuzung kurz nach links verschwenkt und hinein nach Trebitz.
Hinter der Kirche, aber noch vor der Bahn links ab und über ein Brückchen in den Wald 〜 halbrechts nun immer an der Kleinen Plane entlang auf dem Waldweg bis nach Brück.

Brück
PLZ: 14822; Vorwahl: 033844
▯ **Fremdenverkehrsverein Brück e.V.**, Ernst-Thälmann-Str. 59, ✆ 620, www.fvv-brueck.de
▯ **Stadtkirche St. Lambertus** (1776), Auf dem Anger. Die Kirche ist aus dem Umbau einer spätgotischen Anlage entstanden.

132 ✿ Kursächsische Postmeilensäule

✿ **Doppelturm auf dem Antennenmessplatz**, nördlich des Zentrums. Die beiden 54 m hohen Türme von 1963 wurden aus Holz angefertigt und dienen zur Ausmessung von Antennen.
▤ **Naturbad Brück**, An der Plane 2, ✆ 75303
Am Sportplatz vorbei auf der Straße **An der Plane** 〜 **16** noch vor der B 246 links in die **Gartenstraße** 〜 am Ende rechts in die **Feldstraße** und wieder halbrechts in die **Brandenburger Straße** 〜 an der B 246 links ab auf dem Radweg bis Brück-Neubau 〜 vor den Plattenbauten führt der Radweg von der Straße weg 〜 an den ersten Plattenbauten vorbei, dann wieder nach links zur B 246, hier rechtsherum auf dem Radweg nach **Neuendorf.**
Im Ort kurz vor dem Gasthof nach links auf die Fahrradstraße und um den Ort herum 〜 am Ortsausgang dem Linksbogen der Fahrradstraße von der B 246 weg folgen 〜 **17** radeln Sie in 4 km zum Bahnhof Borkheide am **Hans-Grade-Platz.**
▮ Ab hier können Sie weiter auf der über
▮ 1.000 km langen Tour Brandenburg das
₸ Bundesland erkunden.

Borkheide
▤ **Das Hans-Grade-Museum**, untergebracht in einer Iljuschin IL 18, ist dem deutschen Ingenieur und Luftpionier gewidmet. Er baute und flog 1908 das erste deutsche Motorflugzeug und gründete eine Flugschule.

▢ **Waldbad**, Kirchanger 14. Das künstlich angelegte Naturbad wird nicht mit Chemikalien, sondern mit Teichpflanzen und natürlichen Filterkiesen gereinigt.

Von Borkheide nach Petzow   20 km
Hier am Bahnhof beginnt ein befestigter Weg immer entlang der Bahngleise bis nach Beelitz Heilstätten, 6 km 〜 am Ende über den Wendehammer in die Sackgasse **An der Heilstättenbahn** und bis zur L 88.

Beelitz Heilstätten
PLZ: 14547; Vorwahl: 033204
✿ **Flächendenkmal Beelitz Heilstätten**: Heilstättengebäude und technisches Denkmal Heizkraftwerk, ✆ 34703 od. ✆ 03328/478860, ÖZ: n. V.

Rechts ab und gut 800 m auf der **L 88** 〜
18 dann noch vor den Kasernen links in den Radweg.
▮ Entlang der L 88 kommen Sie nach Beelitz,
₳ dessen historische Altstadt einen Besuch
▮ lohnt.

Beelitz
PLZ: 14547; Vorwahl: 033204
▯ **Stadtinformation**, Berliner Str. 202, ✆ 39150
▤ **Heimatmuseum** in der Alten Posthalterei (1789), Poststr. 16, ✆ 39194, ÖZ: Di-Do 10-16 Uhr, So 14-16.30 Uhr. Geschichte der Stadt und der Post-Relais-Station.

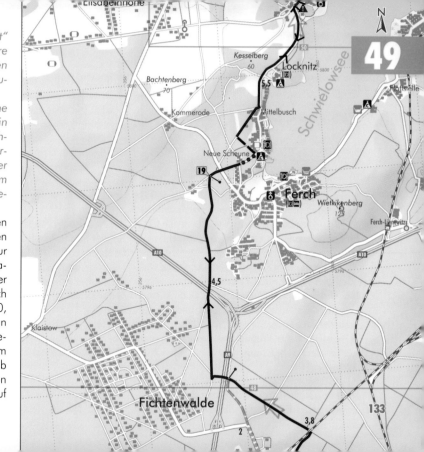

Spargel Museum Beelitz, Kietz 36, Ortsteil Schlunkendorf, ☎ 42112, ÖZ: April-Aug., Mi-So 10-16 Uhr, Sept.-März n. V. Wissenswertes über das hochherrschaftliche Gemüse, Kunst- und Kulturgeschichte und Geschichte des Beelitzer Spargelanbaus; Preziosen, Porzellan, Gemälde.

Stadtkirche St. Marien und **St. Nikolai** (13. Jh.) mit Wunderblutkapelle (1370), sehenswert ist die Petruskanzel (1656).

* denkmalgeschützte **Altstadt**
* **Schützenhaus**
* technisches Denkmal **Elektrizitätswerk**
* **Wasserturm**
* Naturpark **Nuthe-Nieplitz**
* **Freibad**, Steinhorst, ☎ 42417

Der Name der Stadt ist zu einem Synonym für den Spargelanbau geworden. Seit vielen Generationen wird auf dem sandigen Boden rund um Beelitz dieses Gemüse gezogen, erstmalig 1861. Der Spargel war lange Zeit ein streng gehütetes Privileg der hohen Herrschaften, weshalb er oft auch den Beinamen „Königsgemüse" trug. Aber auch so prosaische Ausdrücke wie „essbares Elfenbein" und „Frühlingsduft" sagen viel über seine besondere Stellung unter den Gemüsesorten und als Gegenstand der Gaumenfreude aus.

Spargel ist aber nicht nur eine Delikatesse, sondern auch ein Heilmittel. So regt Spargel, richtig zubereitet, den Fluss der Körpersäfte an und hilft den Körper zu entschlacken. Auch wird ihm nachgesagt das Streben nach Liebesgenuss steigern zu können.

Der R 1 führt von Beelitz Heilstätten aus von der Straße weg in weiten Kurven durch den Wald bis zur Bahn ∼ links hinüber und geradeaus bis über die A 9 ∼ dahinter zweimal rechts halten ∼ nach 1,5 km geradeaus über die A 10, den Berliner Ring hinweg ∼ nun an allen weiteren Abzweigungen geradeaus ∼ **19** nach gut 2,5 km durch den Wald schräg rechts ab und an den ersten Häusern von **Ferch-Neue Scheune** rechts auf die Fahrradstraße Hohe Eichen.

Schloss Petzow

Geradeaus auf den Glindower Weg, dann links ab und unweit des Schwielowsees durch den Ort, an Fontanepark und Campingplatz vorbei.

Mittelbusch

Am Ortsende dem Radweg durch **Löcknitz** und über den Hügel nach Petzow folgen ～ hier macht der R 1 vom Parkplatz aus einen kurzen Bogen hinauf zum Aussichtspunkt und wieder hinunter zur Straße.

⚠ Vorsicht, dieser Weg ist steil und schmal und nur schlecht zu befahren.

Petzow

PLZ: 14542; Vorwahl: 03327

⛪ **Kirche**, 1842 nach Entwürfen Schinkels vollendet. Mit regelmäßigen Kunstausstellungen, Konzerten, Theatervorführungen.

⛪ Das **Schloss Petzow** (um 1825), nach den Plänen von Schinkel erbaut, ist ein langgestreckter Putzbau im Stil der Tudorgotik.

🏛 **Heimatmuseum**, im Waschhaus vom Schlosspark, ✆ 668379, ÖZ: 01.04.-15.10., So 13-17 Uhr u. n. V.

🏞 Der 4 ha große **Schlosspark** wurde von Lenné bis 1838 gestaltet. Mittels Aufschüttung zum Schwielowsee entstand ein Park mit Terrassencharakter, der dem Besucher immer wieder einen weiten Blick über den Schielowsee ermöglicht.

🔭 **Belvedereturm** bei der Kirche, ✆ 91442, ÖZ: März-Okt., Sa, So 11-18 Uhr und Nov.-Febr., 13-17 Uhr. Von dem Turm kann ein phantastischer Rundblick über den Glindower See und Schwielowsee genossen werden.

Von Petzow nach Potsdam   12,5 km

Auf der Straße **Am Schwielowsee** geht es aus Petzow hinaus ～ **20** an der Weggabelung weiter geradeaus bis zur Baumgartenbrücke.

TIPP Linksherum gelangen Sie nach Werder an der Havel.

Werder (Havel)

PLZ: 14542; Vorwahl: 03327

ℹ **Tourismusbüro Werder**, Kirchstr. 6-7, ✆ 783374

🏛 **Zweirad- und Technikmuseum**, Mielestr. 2, ✆ 40974 od. 40167, ÖZ: April-Okt., Mi, Do, Sa, So 10-17 Uhr und Nov.-März, So 10-16 Uhr. Es sind über 50 historische Fahrräder aus den Jahren 1860-1940 und ebenso viele Motorräder der Baujahre

1920-1960 sowie liebevoll zusammengetragenes Zubehör gezeigt.

🏛 **Obstbaummuseum und Bockwindmühle**, Kirchstr. 6-7, ✆ 783374, ÖZ: 01.04.-03.10, Mi 11-16 Uhr und Sa/So 13-17 Uhr und für Gruppen n. V.

🏛 **Mühlenmuseum**, Kirchstr. 6-7, ✆ 783374, ÖZ: 01.04.-03.10, Mi 11-16 Uhr und Sa, So 13-17 Uhr

⛪ **Heilig-Geist-Kirche**, 1734 auf den Grundmauern der im 12. Jh. erbauten Kirche neu errichtet und 1956-1958 erweitert und umgebaut. ÖZ: So 10-18 Uhr und Apr.-Okt., Mo-Sa 10-18 Uhr

✻ **Rathaus**, Eisenbahnstr. 13-14

✻ **Plantagenplatz**, anlässlich der Bundesgartenschau 2001 wurde dieser Platz der Neustadt als attraktiver Eingangsbereich Werders umgestaltet. Ursprünglich befand sich hier eine von Friedrich Wilhelm II. angelegte Maulbeerplantage.

Schwielowsee

- Das **Scharfrichterhaus** (17. Jh.) auf dem Plantagenplatz ist das älteste Gebäude der Stadt auf dem Festland. Der Schafrichter hängte Verbrecher auf dem nahe gelegenen Galgenberg.
- **Marktplatz** auf der Insel, mit Friedenseiche und mächtiger Luisenlinde
- **altes Rathaus** auf der Insel (1778), als Fachwerkbau entstanden
- Die **Bockwindmühle** auf der Insel stammt aus der Nähe von Cottbus. Die ursprünglich an dieser Stelle errichtete Bockwindmühle war 1973 abgebrannt.
- über 200 Jahre alter Birnbaum, Fischerstr. 29
- **Fahrradverleih** Franke, ✆ 44370

Werder bedeutet „Vom Wasser umflossenes Land". Auf der Havelinsel begann die Entwicklung der Stadt, hier gab es Schutz vor Angreifern und Plünderern. Die erste urkundliche Erwähnung des Städtleins stammt aus dem Jahre 1317, als Werder für 244 Mark Brandenburgischen Silbers an das Kloster Lehnin verkauft wurde. Für lange Zeit waren Fischerei und der Weinbau die wichtigsten Erwerbsquellen.

Mit der Entwicklung der Ziegelherstellung und des Obstanbaus vollzog sich ein rascher wirtschaftlicher Aufschwung. Der Bau der Eisenbahnlinie Potsdam-Magdeburg in der Mitte des 19. Jahrhunderts brachte zusätzlich den Tourismus als neuen Wirtschaftszweig in die Region. Damals wie heute

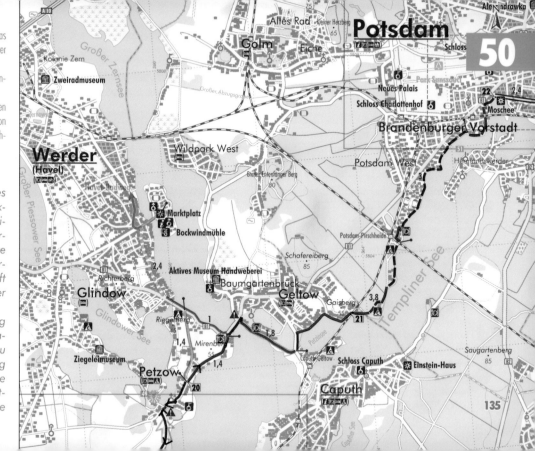

begeistern die einzigartige Lage der Stadt im und am Wasser sowie ganz besonders im Frühjahr die Schönheit der blühenden Obstgärten jedes Jahr zahlreiche Besucher. Die Havelländische Obstbautradition reicht über 1.000 Jahre zurück. Schon die Mönche vom Zisterzienser-Kloster Lehnin bauten Wein an. Aufgrund der kalten Winter setzte sich später jedoch der Obstanbau durch. Seit dem 19. Jahrhundert gilt das Gebiet um Werder als der Obstgarten Berlins, in dem u. a. Erdbeeren, Kirschen, Johannisbeeren, Pflaumen und Äpfel gedeihen. Als jährlicher Höhepunkt wird in der ganzen Region in der letzten Woche im April die Baumblüte gefeiert. Die Tradition dieses Festes reicht bis 1879 zurück. Bekannt und beliebt sind die Obstweine aus Werder, die anlässlich des Baumblütenfestes in großen Mengen ausgeschenkt werden.

Der R 1 führt rechts auf dem Radweg der Baumgartenbrücke ans andere Ufer ~ auf einen Plattenweg rechts hinunter und direkt am See entlang auf den Weg **An der Baumgartenbrücke** ~ am Ende kurz links auf die Caputher Chaussee.

Geltow
PLZ: 14542; Vorwahl: 04548

🛈 **Fremdenverkehrsverein Schwielowsee e. V.**, Hauffstr. 41, ✆ 568289

🏛 **Aktives Museum Handweberei**, Am Wasser 19, ✆ 55272, ÖZ: Di-So 11-17 Uhr. In der Kunsthandweberei werden auf bis zu 300 Jahren alten Webstühlen feine Stoffe hergestellt. Verkauf von Handweberei-Produkten.

🛈 **Backsteinkirche**

✳ **Villen und Turm** auf dem Franzenberg

Nach wenigen hundert Metern rechts in die Straße **Am Petzinsee** ~ **21** nach gut einem Kilometer über die Bahn, dahinter links auf einen unbefestigten Weg ~ am Ende erneut links auf den Asphaltweg ~ schon nach 300 m rechts wieder unbefestigt weiter ~ am Tagungshotel vorbei und am Havelufer entlang ~ am Waldrand der Pirschheide schließlich am Yachthafen vorbei und unter der Bahn hindurch ~ nach der Linkskurve der Straße **An der Pirschheide** wieder rechts ab, weiter am Ufer entlang.

Hinter dem Luftschiffhafen linker Hand scharf links ab ~ an der Querstraße wieder rechts ~ in Folge ein Stück parallel der Zeppelinstraße, dann wieder auf dem Radweg zum Ufer ~ an der Kastanienallee links ab, erneut an der großen **Zeppelinstraße** rechts auf den Radweg.

Am **Schillerplatz** rechts ab ~ vor dem Ufer der Havel im Linksbogen auf die Straße **Auf dem**

Kiewitt ~ nach Unterquerung der Bahnlinie rechts ab und auf dem Uferweg zum Pumpwerk „Moschee" ~ **22** hier rechts auf den Radweg entlang der **Breiten Straße** ~ am Ende knickt die Hauptstraße nach rechts über die Lange Brücke zum Hauptbahnhof Potsdam Stadt hinauf, der R 1 geht aber geradeaus am Havelufer weiter.

Potsdam
PLZ: 14467; Vorwahl: 0331

🛈 **PT Potsdam Tourismus GmbH**, Am Neuen Markt 1, ✆ 27558-20 od. 01805/353800

⛴ **Thematische Rundfahrten und Nostalgiefahrten**: Havel-Dampfschifffahrt, ✆ 2706229

⛴ **Weiße Flotte Potsdam**, ✆ 2759210; Sa, So/Fei ist die Fahrradmitnahme möglich auf der „Königslinie" vorbei an den schönsten Sehenswürdigkeiten längs der Havelseen.

🏛 **Bildergalerie** in den Neuen Kammern

🏛 **Filmmuseum im alten Marstall**, gezeigt wird eine Ausstellung zur Geschichte der Babelsberger Filmproduktion. Sonderveranstaltungen und Filmvorführungen.

🛈 **Sacrow**: Schloss und Park Sacrow, Heilandskirche

✳ **historische Innenstadt**: Nikolaikirche, historisches Rathaus (18. Jh.), Holländisches Viertel (18. Jh.), Brandenburger Tor, Nauener Tor, Jägertor, Kirche St. Peter und Paul.

✳ **„Moschee"** (1842). Das Gebäude ist das Dampfmaschinenhaus für die Wasserspiele im Park Sanssouci.

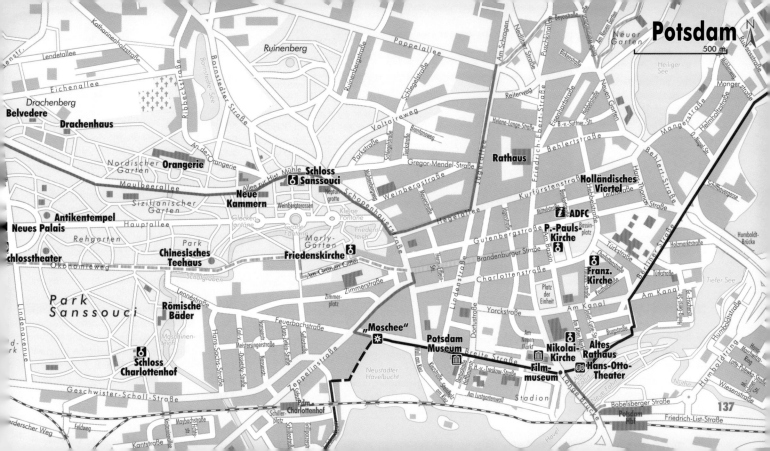

Potsdam

500 m

Belvedere
Drachenhaus
Drachenberg
Orangerie
Neue Kammern
Schloss Sanssouci
Rathaus
Holländisches Viertel
Antikentempel
Neues Palais
ADFC
P.-Pauls Kirche
Chinesisches Teehaus
Schlosstheater
Friedenskirche
Franz. Kirche
Park Sanssouci
Römische Bäder
„Moschee"
Potsdam Museum
Nikolai-Kirche
Altes Rathaus
Hans-Otto-Theater
Film-museum
Schloss Charlottenhof
Pdm. Charlottenhof
Potsdam Hbf

137

- ✳ **Russische Kolonie Alexandrowka** und **Alexander-Newski-Kapelle**. Die Kolonie entstand 1826/27 für die russischen Chorsänger des Garderegiments.
- ✳ **Kulturlandschaft Potsdam**, Inf. über Stiftung Preußische Schlösser und Gärten, Postfach 60 14 62, 14414 Potsdam, ✆ 9694200
- ✳ **Stadtführungen** mit Dörthe Kuhlmey, ✆ 5507052
- ▣ **Park Sanssouci: Schloss Sanssouci** (1747), von Georg Wenzeslaus von Knobelsdorff für den König Friedrich II. auf dem Plateau eines terrassierten Weinberges erbaut, es diente dem König als Sommerresidenz, Neue Kammern, Bildergalerie, Schloss Charlottenhof (19. Jh.), Römische Bäder, Neues Palais, Orangerie, Weinbergterrassen, Chinesisches Teehaus, Friedenskirche.
- ▣ **Neuer Garten**: Schloss Cecilienhof (1917), Marmorpalais, Gotische Bibliothek, Pyramide.
- ▣ **Park Babelsberg**: Schloss Babelsberg, Flatowturm, Gerichtslaube, Maschinenhaus
- 🚲 **Räderei am kanal**, Am Kanal 7, ✆ 2702298
- 🚲 **Helmuts Fahrrad-Center**, Dortustr. 46, ✆ 39245
- 🚲 **Colibri**, Gutenbergstr. 52/53, ✆ 2803816
- 138 🚲 **Fahrrad-Naumann**, Charlottenstr. 96, ✆ 293169

Holländisches Viertel – Potsdam

🚲 **Potsdam per Pedales**, Verleihstationen an den Bahnhöfen Wannsee, Gribnitzsee und Potsdam Hbf, ✆ 74800

Die ersten Spuren von Besiedlung gehen in die Altsteinzeit zurück. Im 12./13. Jahrhundert entwickelte sich Potsdam zu einer Wehrsiedlung, die aber im Laufe der Zeit immer mehr an Bedeutung verlor. Etwa 1300 wurde der Ort in drei Teile gegliedert, die bis ins 17. Jahrhundert bestehen blieben: Städtchen, Kiez und Burgfischergemeinde. Zu dieser Zeit lebte ein großer Teil der Einwohner vom Fischfang.

Der Große Kurfürst Friedrich Wilhelm wählte Potsdam als Residenz. Als Friedrich Wilhelm I. 1713 die Regierung übernahm, zog das Bataillon der „Roten Grenadiere" nach Potsdam. Das hieß für die Bewohner, dass sie in ihren Häusern Soldaten unterzubringen hatten. Es folgte 1722 die Errichtung der ersten Gewehrmanufaktur Preußens, gleichzeitig kam es auch zu Erweiterungen der Stadt. Nach d em Siebenjährigen

Krieg wurden viele Häuser abgerissen und neu errichtet, außerdem holte Friedrich der Große Infanterieeinheiten, Kavallerie und Artillerie nach Potsdam, womit sich die Stadt zu einer Garnisonstadt entwickelte. 1933 wurde in Potsdam in der Garnisonkirche der Reichstag eröffnet. Während des 2. Weltkrieges wurden große Teile der Stadt zerstört, mit deren Wiederaufbau 1948 begonnen wurde. Im Sommer 1945 wurde in der Stadt noch das Potsdamer Abkommen zwischen Winston Churchill (England), Harry S. Truman (USA) und Josef Stalin (Sowjetunion) geschlossen. Heute ist Potsdam ein beliebter Schul- und Tourismusort aufgrund seiner Schlösser und Gärten sowie diverser Einrichtungen wie z. B. das Filmmuseum, die Universität, die Filmhochschule, die Fachhochschule, Forschungsinstitute und das Militärgeschichtliche Forschungsamt.

Von Potsdam nach Berlin   33,5 km

Ein paar hundert Meter noch am Ufer entlang, dann im Rechts-Linksbogen um das Hochhaus herum 〰 links mit der **Burgstraße** bis zur Vorfahrtstraße 〰 erneut auf die **B 1**, hier **Berliner Straße**, rechts auf den Radweg 〰 nach knapp 3 km geht es über die berühmte **Glienicker Brücke** ins Land Berlin.

Calais ... R1 ... 1178
Zwilbrock ... F1 ... 753
Wittenberg ... R1 ... 100
Belzig ... F1 ... 47

... ein Blick zurück ...

Direkt nach der Brücke links ab und am Havelufer weiter ∾ nach gut 3 kurvigen Kilometern – hinter der Kirche St. Peter und Paul – liegt links vor Ihnen die Pfaueninsel, die per Fähre erreichbar ist.

Geradeaus auf der **Pfaueninselchaussee** in weiten Bögen nach Wannsee ∾ **23** an der B 1 links auf den Radweg der **Königstraße** ∾ hinter der Brücke linksherum in den **Kronprinzessinnenweg** ∾ am Bahnhof Wannsee vorbei.

Im Linksknick und Rechtsbogen nähert sich der Kronprinzessinnenweg der **Avus** ∾ **24** wenig später knickt die Route nach links auf die **Havelchaussee** zum Wannsee ab.

VARIANTE Sie können auch geradeaus auf dem Radweg an der Avus entlang radeln und sich das schöne, aber hügelige Stück durch den Grunewald ersparen.

Die nächsten Kilometer bleiben Sie immer an dieser Straße ∾ zunächst am Ufer, in der zweiten Hälfte hügelig über den Karlsberg am Grunewaldturm vorbei und den Dachsberg hinauf ∾ oben weiter der Straße folgen ∾ **25** rechts in die Straße **Am Postfenn** und bergauf ∾ am Ende rechts auf die Seitenfahrbahn der **Heerstraße** ∾ immer schnurgeradeaus entlang der breiten Heerstraße bereits auf die Siegessäule und das Brandenburger Tor zu ∾ über den **Theodor-Heuss-Platz** auf den **Kaiserdamm** ∾ dieser breite Boulevard führt bis zum großen Kreisverkehr am **Ernst-Reuter-Platz**.

Geradeaus weiter bis zum nächsten großen Kreisverkehr (**Großer Stern**) an der Siegessäule ∾ dort in Richtung Brandenburger Tor auf die **Straße des 17. Juni** abbiegen und weiter geradeaus bis zum **Brandenburger Tor** radeln.

VARIANTE Links von Ihnen liegt der Hauptbahnhof, die Alternativstrecke führt dorthin.

Berlin

Hier wird nur eine kleine Auswahl von Sehenswürdigkeiten aufgelistet, vor allem jene, die Sie auf den folgenden Karten finden. Vorwahl: 030

ℹ Berlin Tourismus Marketing GmbH, Service Center – Hotel, Tickets, Info unter ✆ 250025, Internet: www.visitberlin.de
Berlin infostores:
Hauptbahnhof, Europa Platz 1, ÖZ: tägl. 8-22 Uhr
Neues Kranzler Eck, Kurfürstendamm 21, ÖZ: tägl. 10-20 Uhr
Brandenburger Tor, Südflügel, Pariser Platz, ÖZ: tägl. 10-18 Uhr
Pavillon am Reichstag, tägl. 10-18 Uhr

ℹ JugendKulturService, Obertrautstr. 55, Kreuzberg (10963), ✆ 2355620

ℹ Allgemeiner Deutscher Fahrradclub, LV Berlin, Brunnenstr. 28, ✆ 4484724, ÖZ: Mo-Fr 12-20 Uhr, Sa 10-16 Uhr. Informationen rund um's Rad, Reisebuchhandlung, Fahrradzubehör, Fahrrad-Selbsthilfewerkstatt, geführte Radtouren.

🏛 Märkisches Museum, Am Köllnischen Park 5, ✆ 308660, ÖZ: Di-So 10-18 Uhr. Stadt- und Landesgeschichte von der Frühgeschichte bis zum 19. Jh.

🏛 Anne Frank Zentrum, Rosenthaler Str. 39, ✆ 288865600, ÖZ: Mai-Sept., Di-So 10-20 Uhr, Okt.-April, Di-So 10-18 Uhr. Die Ausstellung erzählt die Lebensgeschichte von Anne Frank und verbindet sie mit der Welt, in der sie gelebt hat.

☧ Die St. Hedwigskathedrale (1747-1773) ist die älteste katholische Kirche der Stadt.

- 🛇 Die **Friedrichwerdersche Kirche** wurde nach Plänen von Schinkel gebaut und beherbergt heute ein Schinkel-Museum.
- 🛇 **Sophienkirche**, der 70 m hohe Turm ist der einzige erhaltene Barockturm Berlins.
- 🛇 Die **Nikolaikirche** gilt als ältestes Gebäude Berlins. Ihre Grundmauern sind aus dem 12. Jh.
- 🛇 **Schloss Bellevue** (18.Jh.), Spreeweg 1, Tiergarten, ☎ 390840. Amtssitz des Bundespräsidenten.
- 🛇 **Schloss Charlottenburg**, Luisenplatz, ☎ 320911, ÖZ: Alter Flügel: Di-Fr 9-17 Uhr, Sa, So 10-17 Uhr, nur mit Führung, ÖZ neuer Flügel: Di-Fr 10-18 Uhr, Sa, So 11-18 Uhr.
- 🛇 **Kaiser-Wilhelm-Gedächtniskirche**, Breitscheidplatz, Charlottenburg.
- ❂ **Brandenburger Tor** (1788/1781), erbaut von Carl Gotthard Langhans nach dem Vorbild der Propyläen in Athen. Es ist das berühmteste Bauwerk Berlins und das Wahrzeichen der Stadt.
- ❂ **Siegessäule**, Großer Stern, Tiergarten, ☎ 3912961. Erinnert an die Kriege von 1864, 1866 und 1870/71.
- ❂ **Reichstag**, Platz der Republik, Tiergarten. Sitz des Bundestages. Kostenlose Kuppelbesichtigungen, ÖZ: täglich 8-24 Uhr, letzter Einlass 22 Uhr.

Glienicker Brücke

- ❂ Der **Gendarmenmarkt** mit dem **Französischen** und dem **Deutschen Dom** und dem **Konzerthaus** gilt mit seiner friderizianischen und klassizistischen Prägung als einer der schönsten Plätze Europas.
- ❂ **Neue Synagoge**, Oranienburger Str. 30. In der Pogromnacht wurde die Synagoge verwüstet und im Zweiten Weltkrieg zerstört. 1995 wurde das Haus nach Sanierungsarbeiten als Zentrum der Stiftung Zentrum Judaicum zum zweiten Mal eingeweiht.
- ❂ **Kunsthaus Tacheles**, Oranienburger Str. 54-56, ☎ 2826165. Ein Kulturzentrum in den Ruinen eines ehemaligen Kaufhauses.
- ❂ 🚲 **Berlin on Bike**, Kulturbrauerei, Knaackstr. 97, Prenzlauer Berg, ☎ 44048300. Geführte Fahrradtouren durch Berlin mit diversen thematischen Schwerpunkten wie z. B. Mauer-Tour, Berlin im Überblick, Osten ungeschminkt etc.
- 🐾 **Zoologischer Garten**, Hardenbergpl. 8 und Budapester Str. 34, Tiergarten, ☎ 254010; ÖZ: tägl. 9-17 Uhr; Ende März-Sept. 9-18.30 Uhr. Ältester zoologischer Garten Deutschlands, gilt mit 19000 Tieren in etwa 1550 Arten als wertvollste Tiersammlung der Welt.
- 🚲 **Little John Bikes**, Spandauer Str. 2, ☎ 28096009

- 🚲 **FroschRad**, Wiener Str. 15, Kreuzberg, ☎ 6114368
- 🚲 **Fahrradcenter Friedrichshain**, Warschauer Str. 65, Friedrichshain, ☎ 29107410
- 🚲 **Pedal-Power**, Pfarrstr. 115, Lichtenberg, ☎ 55153271
- 🚲 **Fahrradstation**, Reservierung ☎ 20454500, Infohotline ☎ 0180/5108000 (14 Cent/Min. aus dem Festnetz der Telekom), Verleih von Rädern unter folgenden Adressen möglich: Bahnhof Friedrichstraße, Mitte; Auguststr. 29 a, Mitte; Leipziger Str. 56, Mitte; Bergmannstr. 9, Kreuzberg; Kluckstr. 3, Mitte; Goethestr. 46, Charlottenburg; außerdem auch Angebot an geführten Fahrradtouren.
- 🚲 🚲 **Fahrradservice Kohnke**, Friedrichstr. 133, Mitte, ☎ 4476666
- 🚲 **Prenzlberger ORANGE bikes**, Kollwitzstr. 35, Prenzlauer Berg, ☎ 4428122
- 🚲 **Pedalkraft**, Skalitzer Str. 69, Kreuzberg, ☎ 6187772

Berlins Frühgeschichte begann urkundlich 1244 an einer Spreefurt durch einen Brückenschlag zwischen den Siedlungen Berlin und Cölln. Der Fernhandel nahm von da an diesen Weg von Magdeburg nach Posen und sicherte Wachstum und Zukunft der zukünftigen Metropole.

Jäh unterbrochen wurde der Aufschwung Berlins durch den Dreißigjährigen Krieg (1618-48), der nur noch ein Trümmerfeld übrig ließ. Kurfürst Friedrich Wilhelm (1640-

88) erfand aus Geldmangel die Verbrauchssteuer und finanzierte so den Ausbau zu einer Garnisionsstadt. 1644 erließ der Kurfürst das Toleranzedikt, das die Religionsfreiheit zusicherte. Die in Frankreich als Ketzer verfolgten Hugenotten fanden nun in Berlin ihre Zuflucht. Von da an nahmen sie großen Einfluss auf die weitere kulturelle und wirtschaftliche Entwicklung der Stadt.

Friedrich III. (1688-1713), der Sohn des Großen Kurfürsten, verwandelte als König Friedrich Berlin-Cölln zur königlichen Residenzstadt und fasste sie 1710 mit den drei Stadtteilen Friedrichswerder, Dorotheenstadt und Friedrichstadt zu seiner Hauptstadt zusammen.

Hart und unerbittlich regierte nach ihm der „Soldatenkönig" bis 1740 und vermachte seinem Sohn Friedrich II. schließlich die viertgrößte Armee Europas und ein stattliches Erbe. Während dieser Regentschaft wuchs die Einwohnerzahl Preußens auf über 2 Millionen Menschen heran.

Friedrich der Große regierte von 1740 bis 1786 als aufgeklärter absolutistischer Souverän. Schloss Charlottenburg und Sanssouci zeigen am deutlichsten, welches Stilempfinden der Monarch hatte. Berlin zählte zu

Potsdamer Platz

dieser Zeit etwa 100.000 Einwohner und wurde Zentrum der europäischen Aufklärung. Friedrich der Große sorgte durch die Belebung der Landwirtschaft, des Handels und des Handwerks auch für einen größeren Wohlstand des Volkes. Als Feldherr führte er zahlreiche Kriege, die bis zum Ende seiner Regentschaft eine Verdoppelung der Staatsfläche Preußens einbrachten. Mit ungefähr 5 Millionen Einwohnern war Preußen nun Ende des 18. Jahrhunderts anerkannte Großmacht. Eine gewaltige Entwicklung, weshalb auch die Thronnachfolger nie aus dem Schatten Friedrich des Großen heraustraten.

Nach diesem Aufschwung verfiel der Staat Preußen in Lethargie und es war für Napoleon ein leichtes Spiel, 1806 durch das Brandenburger Tor zu marschieren. Doch die kurze Herrschaft der Franzosen entfachte erneut den Wehrwillen des Volkes. Zahlreiche Siegesdenkmale zeugen heute noch von den Befreiungskriegen. Der vielseitige Künstler des Berliner Klassizismus Karl Friedrich Schinkel verewigte die Heldenfiguren der Freiheitskämpfe in der Neuen Wache und auf der Schlossbrücke.

Berlin verwandelte sich zur bürgerlichen Stadt, jedoch ohne die adelige Führungsschicht zu entthronen. Die einsetzende Industrialisierung war aber der entscheidend entwicklungsbestimmende Faktor Anfang des 19. Jahrhunderts. Erste Maschinenbaufabriken etablierten sich und 1883 wurde die Eisenbahnstrecke von Berlin nach Potsdam eröffnet. Daraus resultierte eine epochale gesellschaftliche Umwälzung und die politischen Forderungen der neu entstandenen Arbeiterklasse gipfelten in der Märzrevolution 1848. Der Romantiker König Friedrich Wilhelm IV. stand den blutigen Ausschreitungen recht hilflos gegenüber. Er versuchte, durch **143** die Liberalisierung der Verfassung und ein frei gewähltes Abgeordnetenhaus, die Bevölkerung zufrieden zu stellen, konnte aber wegen dieser Zugeständnisse den Zusammenhalt von 28 Fürstentümern in einer deutschen Union nicht erreichen. Erst die Proklamation Wilhelm I. zum deutschen Kaiser 1871 brachte die staatliche Einheit, denn nicht die Parteien regierten durch das Parlament, sondern wieder das monarchische System der Kanzlerdiktatur als Regierung über ihnen. Der Industriestandort Berlin zog immer mehr Menschen an. Seit der Reichsgründung veranderthalbfachte sich die Einwohnerzahl auf über 2 Millionen Menschen. Dieses Überangebot an Arbeitskräften führte zu unvorstellbaren sozialen Nöten, die als logische Konsequenz die sozialdemokratische Bewegung hervorbrachte, welche 1912 die stärkste Partei im Deutschen Reichstag stellte.

Der Erste Weltkrieg (1914-18) wütete mit all seinen schreckli-

chen Auswirkungen und ließ auch Berlin nicht verschont. Mit seinem Ende dankte auch der politisch nur wenig begabte Wilhelm II. (regierte 1888-1918) ab. Die neue sozialdemokratische Regierung unter Friedrich Ebert, nach der Nationalversammlung in Weimar die Weimarer Republik genannt, führte einen sehr gemäßigten Kurs ohne einschneidende Reformen, der das Parteienspektrum letztlich nach links und rechts zersplittern ließ.

1933 begann das düsterste Kapitel der Stadt. Hitlers Machtergreifung beendete den Rechtsstaat und die Demokratie. Mit einem Fackelzug durch das Brandenburger Tor marschierend übernahmen die Nazikolonnen gewaltsam erst Berlin und in Folge ganz Europa.

Nach dem Ende des Zweiten Weltkrieges (1939-45) war Berlin zu 30 bis 50 Prozent zerstört. Die Trümmerstadt wurde von den vier Besatzungsmächten in vier Sektoren aufgeteilt und die Verhärtung durch den Kalten Krieg führten

Siegessäule

Bodemuseum Berlin

zur Blockbildung diesseits und jenseits des eisernen Vorhangs in der Stadt. Noch war Berlin eine Einheit aus zwei Städten, aber mit dem Bau der Berliner Mauer 1961 endete das gemeinsame Stadtleben.

Knapp dreißig Jahre später zerbrach die ideologisierte Staatskultur des Ostens. Mit dem Fall der Mauer 1989 endete die erzwungene Trennung der Stadt, Freunde und Verwandte konnten sich wieder in die Arme schließen und Willy Brandt ließ verlauten, dass jetzt das zusammenwachse, was zusammengehöre.

Von Berlin nach Küstrin-Kietz

136,5 km

Von der Kulturhauptstadt Berlin radeln Sie auf der letzten deutschen Etappe des R 1 in Richtung Küstrin-Kietz an der Polnisch-Deutschen Grenze. Entlang des Müggelsees und der Spree geht es nach Köpenick, dem Berliner Stadtteil mit dem berühmten Hauptmann. Die Märkische Schweiz macht sich mit einigen kleinen Hügeln bemerkbar, die Ihnen einen wunderbaren Blick über die immer ruhigere und dünn besiedelte Landschaft bieten. Im Ort Buckow können Sie Kurluft schnuppern, wie einst schon Berthold Brecht. Dann geht es weiter in Richtung Oder. Die entspannte Fahrt auf den Deichen durch das Oderbruch nach Küstrin-Kietz wird Sie faszinieren.

In Berlin können Sie überwiegend auf Radspuren auf der Fahrbahn oder auf Radwegen Ihren Weg fortsetzen. Haben Sie den Stadtverkehr hinter sich gelassen, rollen Sie fast immer auf Radwegen dahin. Nur wenige kurze Strecken müssen Sie im Verkehr bewältigen.

145

Alte Nationalgalerie

Vom Brandenburger Tor nach Köpenick   21 km

1 Durch das Brandenburger Tor geradeaus weiter auf der Bus- und Radspur der Straße **Unter den Linden** an der Museumsinsel und am **Schlossplatz** vorbei.

Museumsinsel

🏛 **Museumsinsel**, Bodestr. 1, ☎ 20905555. Alte Nationalgalerie, Altes Museum, Pergamonmuseum, Bodemuseum, Neues Museum, ÖZ: Di-So 10-18 Uhr. Bereits 1841 wurde mit dem Aufbau der Museumsinsel begonnen, sie ist heute eines der bedeutendsten Ausstellungszentren Europas.

❽ **Berliner Dom**, Am Lustgarten; ÖZ: Domkirche: Mo-Sa 9-17.30 Uhr, So 11.30-17.30 Uhr, Kaiserliches Treppenhaus: Mo-Fr 10-17 Uhr, Sa 10-18 Uhr und So 11.30-18 Uhr, Kuppel: Sa 10-17 Uhr, So 12-17 Uhr, Führungen Mo-Fr 15.30 Uhr. Sehenswert sind das Kaiserliche Treppenhaus, die Trau- und Taufkapelle sowie die Prunksarkophage.

✳ Der **Lustgarten** ist der Bereich vor dem Alten Museum und ist als älteste Gartenanlage Berlins im Zusammenhang mit dem Bau des ehemaligen Stadtschlosses im 15. Jh. entstanden. König Friedrich Wilhelm I., der Soldatenkönig, ließ 1713 den Garten beseitigen und an dieser Stelle einen Parade- und Exerzierplatz errichten. Nach dem Bau des Alten Museums entstand an dieser Stelle wieder ein Garten, für den Schinkel die Entwürfe lieferte. Die Nationalsozialisten entfernten bis auf wenige Bäume alles Grün und nutzten den Platz für Massenveranstaltungen. Seit dem Jahr 2000 hat der Lustgarten wieder ein neues Antlitz. Die Umgestaltung wurde nach dem Vorbild Schinkels vorgenommen.

❽ **Berliner Dom**, Am Lustgarten, Mitte; ÖZ: Domkirche: Mo-Sa 9-17.30 Uhr, So 11.30-17.30 Uhr, Kaiserliches Treppenhaus: Mo-Fr 10-17 Uhr, Sa 10-18 Uhr u. So 11.30-18 Uhr, Kuppel: Sa 10-17 Uhr, So 12-17 Uhr, Führungen Mo-Fr 15.30 Uhr. Sehenswert sind das Kaiserliche Treppenhaus, die Trau- und Taufkapelle sowie Prunksarkophage.

Schlossplatz

✳ Der **Neue Marstall** (1902) war ein ehemaliges Wirtschaftsgebäude des Stadtschlosses.

✳ Der **Palast der Republik** stand auf einem Teil des Schlossgrundstückes. Der ehemalige Sitz der Volkskammer der DDR war zugleich als Haus des Volkes gebaut, das 15 Restaurants

Strausberger Platz

und einen reichen Veranstaltungskalender bot. Derzeit wird das Gebäude abgerissen. Das Gelände soll zwischenzeitlich als Parkanlage gestaltet werden, bis hier zu einem noch nicht abzusehenden Zeitpunkt das Stadtschloss wieder errichtet werden soll.

✳ **Schlossbrücke**, Lustgarten, Mitte. Eine der schönsten Brücken Berlins mit historischem Geländer und acht überlebensgroßen klassizistischen Doppelfiguren aus Marmor.

✳ Das **ehemalige Stadtschloss** wurde in zwei Etappen zwischen 1442 und 1845 erbaut, es war das zentrale Bauwerk Berlins. Nach dem Zweiten Weltkrieg war die Schlossruine stark zerstört, sie wurde 1950 gesprengt und abgetragen. Im Jahre 2003 hat der Deutsche Bundestag sich für den Wiederaufbau des Stadtschlosses entschieden.

✳ Das **ehemalige Staatsratsgebäude der DDR** befindet sich auf der Südseite des Schlossplatzes. Es birgt in seiner Fassade letzte bauliche Reste des Schlosses, z. B. Lustgartenportal von 1713.

Am Berliner Dom über die Spree und weiter geradeaus auf der **Karl-Liebknecht-Straße** ⤳ rechts auf die **Spandauer Straße** ⤳ kurz vor dem Roten Rathaus links in die **Rathausstraße** ⤳ auf der Radspur entlang, unter der Brücke hindurch auf den Alexanderplatz.

Alexanderplatz

🔒 **St. Marien-Kirche** (13. Jh.), Karl-Liebknecht-Str. 8; ÖZ: Mo-Do 10-12 Uhr und 13-17 Uhr, Sa/So 12-17 Uhr, Führungen: Mo 14 Uhr. Die älteste Kirche in Berlin, in der noch Gottesdienste zelebriert werden. Der Turm ist über 100 m hoch. Im Turmsockel befindet sich der Berliner Totentanz, die Darstellung des Todes in mittelalterlichen Fresken.

🔒 **Nikolaikirche**, Nikolaiviertel, zwischen dem Roten Rathaus und der Spree, Mitte; ÖZ Kirche: Di-So 10-18 Uhr. Im 2. Weltkrieg völlig zerstört; wurde das Viertel in den 80er Jahren originalgetreu rekonstruiert.

✳ **Fernsehturm** (1965-69 erbaut), Panoramastr. 1a, Mitte, ✆ 2423333; ÖZ: März-Okt., tägl. 9-24 Uhr, sonst ab 10 Uhr. Von dem 368 m hohen Turm hat man eine Weitsicht von bis zu 40 km.

✳ **Berliner Rathaus**, Judenstr./Rathausstr., ✆ 24010. Das „Rote Rathaus" wurde 1861-69 aus roten Klinkerziegeln errichtet, sehenswertes Terrakottafries von 1879, in Höhe der 1. Etage, rund

um das Haus. Sitz des regierenden Bürgermeisters der Stadt Berlin.

✳ Der **Neptunbrunnen** befand sich einst auf dem Schlossplatz. Gleich rechts in die **Dircksenstraße** ⤳ kurz links, über die Ampel und links am Haus des Lehrers vorbei bis zur übernächsten großen Kreuzung ⤳ rechts auf dem Radstreifen in die Karl-Marx-Allee.

Karl-Marx-Allee

✳ ehemaliges **Haus des Lehrers**, vom Bauhausschüler Herrmann Henselmann entworfen, mit einem restaurierten Wandfries von Walter Womacka.

Die Straße entstand in den 1950-er Jahren und hieß 1949-1961 Stalinallee. Die 5.000 Wohnungen waren für DDR-Verhältnisse luxuriös ausgestattet. Heute ist der 90 Meter breite Boulevard das längste Baudenkmal in Europa.

Auf der Karl-Marx-Allee demonstrierten übrigens schon am 16. Juni 1953 die auf der riesigen Baustelle arbeitenden Bauarbeiter gegen schlechte Arbeitsbedingungen, Normerhöhung und Senkung der Löhne. Am 17. Juni ging von hier aus ein Demonstrationsmarsch ins Zentrum. Auf die Forderung nach freien Wahlen und Rücktritt der Regierung reagierte die sowjetische Militärkommandantur mit dem Einsatz von Panzern und erstickte den Aufstand noch am gleichen Tage.

Am Kreisverkehr mit dem großen Springbrunnen, dem **Strausberger Platz**, weiter geradeaus ⤳ rechts auf die Radspur in die **Andreasstraße** ⤳ unter der Brücke hindurch und links ⤳ am Ostbahnhof vorbei weiter geradeaus auf der **Mühlenstraße** ⤳ am längsten Reststück der Mauer, der **East Side Gallery**, entlang ⤳ **2** am Ende rechts auf der Radspur über die **Oberbaumbrücke** über die Spree und nach Kreuzberg.

Berlin-Kreuzberg

Vorwahl: 030

- 🏛 **Haus am Checkpoint Charlie**, Friedrichstr. 43-45, Kreuzberg, ✆ 253725-0; ÖZ: tägl. 9-22 Uhr. Informations- und Dokumentationszentrum über die deutsch-deutsche Grenze.
- 🏛 **Jüdisches Museum Berlin**, Lindenstraße 9-14, ✆ 25993-300, ÖZ: Mo 10-22 Uhr, Di-So 10-20 Uhr. Das Museum zeigt mit modernen, multimedialen Techniken jüdisches Leben vom frühen Mittelalter bis zur Gegenwart.
- 🏛 **Kreuzberg-Museum**, Adalbertstr. 95a, ✆ 50585233, ÖZ: Mi-So 12-18 Uhr. Das Museum stellt die Entstehungs- und Entwicklungsgeschichte des Stadtteils in wechselnden Ausstel-

Im Treptower Park

lungen dar. Es werden verschiedene thematische Stadtführungen angeboten.

- ✳ **Künstlerhaus Bethanien**, Mariannenplatz 2, ✆ 6169030 ÖZ: Mi-So 14-19 Uhr. Das ehemalige Diakonissen-Krankenhaus am Mariannenplatz sollte Anfang der 1970-er Jahre abgerissen werden und erlangte seinen wohl größten Bekanntheitsgrad durch die spektakuläre Besetzung durch 600 Jugendliche im Jahr 1971.

Kurz hinter der Brücke vor der Kurve rechts auf das kurze Stück Radweg ⤳ die Straße unter der Hochbahn kreuzen und geradeaus in die **Falckensteinstraße** ⤳ links in die **Schlesische Straße** ⤳ den Landwehrkanal kreuzen ⤳ an der Straßengabelung den Radweg kurz verlassen und links in die von Platanen gesäumte

Puschkinallee abbiegen ⤳ bis zur Ampelkreuzung radeln ⤳ auf dem Radweg über die Kreuzung und unter der Brücke geradeaus in den Treptower Park.

▌ Sie können sich hier auch nach links wenden und am Ufer der Spree entlang fahren. Der Weg durch den Treptower Park kann aber im Sommer sehr voll werden.

Treptower Park

- ⚓ **Stern und Kreisschifffahrt GmbH**, ✆ 5363600
- ✳ **Archenhold-Sternwarte**, Alt-Treptow 1, ✆ 5348080, Besichtigung Mi-So 14,16.30 Uhr; die Sternwarte wurde 1896 gegründet und ist die älteste und größte Volkssternwarte Deutschlands.

Der Treptower Park am Ufer der Spree gehört zu den traditionsreichsten Ausflugsgebieten der Berliner. Nach Plänen des ersten Berliner Stadtgartendirektors Gustav Mirekteyer, an den im westlichen Teil des Parks eine Büste von Albert August Manthe (1890) erinnert, wurde der Park ab 1876 als Volkspark angelegt. Charakteristisch ist der Wechsel von großzügigen, offenen Wiesenflächen und dichten Gehölzbeständen sowie ein in weiten Schwüngen geführtes Wegenetz mit abwechslungsreichen Ausblicken. Im Zentrum des Parkes befand sich eine große Spiel- und Sportwiese in Form eines Hippodroms, die von Rasenterrassen umgeben war. Nach dem Zweiten Weltkrieg wurde hier das Sowjetische Ehrenmal als monumentale Gedenkstätte für über 5.000 gefallene Soldaten der Roten Armee errichtet.

Weiter geradeaus dem Radweg entlang der **Puschkinallee** folgen ⮑ diese wird zur **Neuen Krugallee** ⮑ links in den **Dammweg** und dann rechts in die **Kiehnwerder Allee** ⮑ **3** radeln Sie bis zur Fähre an der Baumschulenstraße.

▌**TIPP** Die **Fähre** F 11 verkehrt werktags von 6-19.10 Uhr, So/Fei von 8.30-19.10 Uhr.

Nach der Fähre folgen Sie der Beschilderung und bleiben Sie auf dem Radweg ⮑ Sie queren die Rummelsburger Landstraße, ein wenig später den Hegemeisterweg und folgen dem Wegeverlauf in einer Rechtskurve über die Treskowalle in den **Volkspark Wuhlheide** ⮑ Sie befinden sich auf der **Kastanienallee** ⮑ am Stadion vorbei und dem Weg nach rechts folgen ⮑ links auf den Weg **Eichgestell**, der als Hauptweg durch die Wuhlheide führt ～ an der nächsten Kreuzung hinter dem Waldfriedhof führt Sie die offizielle Beschilderung rechts zur Straße **An der Wuhlheide** ～ ab hier geht es weiter auf einem straßenbegleitenden Radweg.

> **TIPP** Sie können an dieser Stelle auch geradeaus weiter durch den Park fahren, da hier eine Vielzahl an Freizeitmöglichkeiten wie das Finder- und Jugendzentrum angeboten wird. Sie müssen sich aber auf verstärktes Fußgängeraufkommen einstellen.

Wuhlheide

✖ Kinder- und Freizeitzentrum Wuhlheide FEZ, An der Wuhlheide 197, 12459 Berlin, ✆ 53071-0. Ein Erholungspark mit Badesee, Schwimmhallen, Sportplätzen, Parkeisenbahn sowie Einrichtungen für Kultur, Kunst und Technik.

Folgen Sie dem Radweg entlang der Straße **An der Wuhlheide** bis Sie die Bahntrasse queren.

> **TIPP** Die stark befahrene Straße können Sie auch an der Fußgängerampel hinter der Eisenbahnbrücke queren.

Hinter der Eisenbahnunterführung und der Ampelkreuzung nach rechts ～ Sie fahren auf dem linksseitigen Radweg auf die Brücke.

Köpenick, Rathaus

Noch auf der Brücke nach links abzweigen und im großen Bogen hinunter ～ am Ernst-Grube-Park links in den **Angelsteinweg** einbiegen ～ diesen bis zum Ende und dann rechts in den **Eiselenweg** ～ weiter auf dem Uferweg und durch den Menzelpark ～ am Ende des Parks rechts in die gepflasterte **Gutenbergstraße** ～ über die Ampelkreuzung und nach links auf die **Lange Brücke**.

Köpenick
PLZ: 12555; Vorwahl: 030

⬛ Schloss Köpenick (17. Jh.), 12557 Berlin, Schlossinsel, ✆ 65018585 im Sommer finden auf dem Schlosshof Konzerte

statt. Im Wappensaal des Schlosses trat 1730 das Kriegsgericht über den Oberleutnant Fritz, der spätere Friedrich II., und seinen Freund Hans Herrmann von Katte zusammen. Beide wollten ins Ausland flüchten, wobei vor allem Fritz die Flucht vor dem Vater gesucht hat, vor dem Soldatenkönig. Die Pläne wurden bekannt und auf Befehl des Königs wurde Katte enthauptet und Fritz gezwungen, der Hinrichtung zuzusehen.

🏛 **Heimatmuseum Köpenick**, Alter Markt 1, ✆ 61723351; ÖZ: Di, Mi 10-16 Uhr, Do 10-18 Uhr, So 14-18 Uhr

✖ Das **Rathaus** (1901-1904) ist ein typischer Backsteinbau der Jahrhundertwende, ✆ 61720, ÖZ: Mo-So 10-17.30 Uhr, mit einer Sonderausstellung zum Hauptmann von Köpenick

✖ **Gedenkstätte „Köpenicker Blutwoche"**, Puchanstr. 12., ✆ 6571467, Denkmal und Dauerausstellung, ÖZ: Do 10-18 Uhr. Am 1. Mai 1933, kurz nach der Machtergreifung Hitlers, weigerten sich viele Köpenicker Arbeiter, unter nationalsozialistischen Parolen zu demonstrieren. Diesen Auseinandersetzungen folgte in der letzten Juniwoche die Köpenicker Blutwoche. In ganz Köpenick wurden Sozialdemokraten, Kommunisten und andere Nazi-Gegner von SA-Horden verschleppt, misshandelt und ermordet.

✖ Führungen durch die **Altstadt Köpenicks** werden vom Tourismusverein Treptow-Köpenick jeden Sonntag um 10 Uhr angeboten, Inf. unter ✆ 6557550

Köpenick war neben Berlin-Cölln und Spandau die dritte mittelalterliche Stadt auf dem Gebiet

von Groß-Berlin. Auf der Insel zwischen Spree und Dahme ist die mittelalterliche Straßenanlage der Altstadt im Wesentlichen noch vorhanden.

1209 wurde Köpenick das erste Mal urkundlich erwähnt, 1232 erhielt es Stadtrechte.

Das Rathaus von Köpenick ist durch den Gaunerstreich eines falschen Hauptmannes weit über die Landesgrenzen hinaus bekannt geworden. „Der Hauptmann von Köpenick" ist als Film 1956 in die Kinos gekommen und mit dem unvergesslichen Heinz Rühmann in der Hauptrolle wurde er zu einem Welterfolg.

Die Geschichte des Films beruht auf einer wahren Begebenheit, die sich im Oktober 1906 zugetragen hat: In jungen Jahren ist der Schuster Wilhelm Voigt auf die schiefe Bahn geraten und landet hinter Gittern. Nach seiner Entlassung beschließt er, endlich ein ehrliches Leben zu führen. Doch Wilhelm Voigt hat keinen Pass, er hat keine Arbeit, er hat keine Wohnung. Diesen Teufelskreis wollte er durchbrechen. In einem Trödlerladen kauft er eine alte Hauptmanns-Uniform, dann nimmt er eine Gruppe von zwölf Soldaten unter sein Kommando und

besetzt das Rathaus von Köpenick, um sich dort einen Pass zu besorgen. Als ihm dies nicht gelingt, lässt er sich die Stadtkasse mit 4.000 Mark und 37 Pfennigen aushändigen und verschwindet. Der Übeltäter wird gesucht und Wilhelm Voigt stellt sich, worauf er wieder ins Gefängnis kommt.

Alle Welt amüsierte sich über diesen Vorfall. Unbeabsichtigt legte Schuster Wilhelm Voigt mit seinem Streich die wilhelminische Zeit mit ihrem preußischen Gehorsam und ihrem Untertanengeist bloß.

Von Köpenick nach Kagel   30 km

Geradeaus weiter auf dem Radweg an der **Müggelheimer Straße**, die zum **Müggelheimer Damm** wird ～ an der Ampelkreuzung links über die Straße und quer durch den Park ～ **4** links in die **Salvador-Allende-Straße** und gleich wieder rechts in den **StrandSchlossweg** ～ links in die **Erwin-Bock-Straße** ～ am Krankenhaus vorbei und rechts in den **Müggelschlößchenweg** ～ rechts auf den asphaltierten Radweg an der Wendeschleife ～ dem Weg **Am Müggelsee** bis zur Station Rübezahl folgen ～ links

und nach 100 m rechts ～ geradeaus und am **Hotel am Müggelsee** die Straße queren ～ auf dem Waldweg die nächsten 2,5 km bis zur Straßeneinmündung **Müggelhort** ～ **5** rechts in die Straße ～ auf dem asphaltierten Radweg in der Nähe des Kleinen Müggelsees entlang ～ die Straßen kreuzen und immer geradeaus dem Radweg folgen ～ links in die **Schönhorster Straße** ～ an der Schranke rechts in den Waldweg ～ an der Kreuzung schräg nach links zur Fußgängerbrücke über den Alten Spreearm ～ links in die **Triglawstraße** ～ über die Brücke und nach rechts in den **Hasenwinkel** ～ links auf die **Kanalstraße** und rechts auf die **Lindenstraße** ～ nach 400 m links in die **Lutherstraße** ～ **6** rechts auf dem Radweg an der **Fürstenwalder Allee** über die Landesgrenze nach Brandenburg und bis zum Kreisverkehr ～ rechts in die **Friedrichstraße** und nach Erkner hinein radeln.

Erkner

PLZ: 15537; Vorwahl: 03362

🛈 **Tourismusverein Erkner e. V.**, Friedrichstr./Ecke Beuststr.,
☎ 740318

⚓ **Schiffsfahrten auf den Seen** vorbei an den Kranichsbergen über Werlsee und Peetzsee bis nach Kagel.

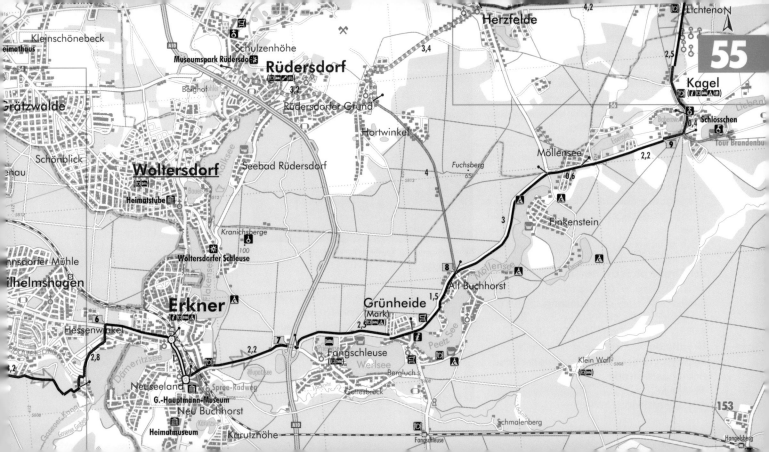

- ⛪ Genezareth-Kirche (1897)
- 🏛 **Heimatmuseum** - Museumshof am Sonnenluch, Heinrich-Heine-Str. 16, Thema: Stadtgeschichte, Wirtschaftsgeschichte.
- 🏛 **Gerhart-Hauptmann-Museum**, Gerhard-Hauptmann-Str. 1/2, ✆ 3663, ÖZ: Di-So 11-17 Uhr. Gezeigt werden die Wohn- und Arbeitsräume des Schriftstellers Gerhart Hauptmann sowie Dokumente zu Leben und Werk des Dichters.
- ✳ **Rathaus mit Rathauspark** bis an die Ufer des Dämeritzsees.
- ✳ **Bechsteinhaus**, ehemalige Sommervilla des Klavier- und Flügelbauers Carl Bechstein.
- 🔲 **Maulbeerbaum** (18.Jh.), letzter Zeuge einer großen Maulbeerplantage, die an dieser Stelle im 18. Jh. unter Friedrich II., der die Seidenraupenzucht in Brandenburg begann, angelegt worden war.

Nach einem knappen Kilometer biegen Sie nach links in die stark befahrene **Fürstenwalder Straße** ab ⌇ auf der linken Seite gibt es einen Radweg ⌇ den Bahnübergang überqueren ⌇ **7** nach der Autobahnauffahrt der A 10 zweigen Sie nach links auf den Radweg entlang der L 231 ab ⌇ am Ortseingang von **Grünheide** wechselt der straßenbegleitende Radweg auf die rechte Straßenseite der **Friedrich-Engels-Straße**.

Grünheide
PLZ: 15537; Vorwahl: 03362

Museumspark Rüdersdorf

- ℹ **Tourismusverein Erkner e. V.**, Friedrichstr./Ecke Beuststr., ✆ 740318
- ⛪ **Kirche Zum Guten Hirten** (1892), freistehender Glockenstuhl mit Glocke aus dem 13. Jh., im Innern der dreischiffigen Backsteinkirche ein venezianisches Tafelbild (16. Jh.).

An der Ampelkreuzung geradeaus auf den Radweg der **Hubertusstraße** ⌇ **8** in Alt Buchhorst geradeaus über die Kreuzung.

AUSFLUG Der an der Kreuzung nach links abzweigende Weg ist als Radweg nach Rüdersdorf ausgewiesen. Diesen Weg empfehlen wir für einen Abstecher zum **Museumspark Rüdersdorf**.

Abstecher zum Museumspark Rüdersdorf 7,5 km

In den unbefestigten Weg in Alt Buchhorst nach links in den Wald ⌇ nach ca. 4 km links auf die Vorfahrtsstraße einbiegen, Sie sind in Altrüdersdorf ⌇ der Hauptstraße folgen ⌇ ca. 750 m nach der Kirche nach rechts in die **Heinitz-Straße**, die zum Museumspark führt.

TIPP Im Museumspark können Sie mit Ihrem Rad auf Erkundungstour gehen.

Rüdersdorf
PLZ: 15502; Vorwahl: 033638

🏛 **Museumspark Rüdersdorf**, Heinitzstr. 41, ✆ 799797, ÖZ: März-Okt. 10-18 Uhr, Nov.-Febr., Di-So 10-16 Uhr. Im Museum wird in einer idyllischen Parklandschaft von 17 ha anschaulich vermittelt, wie in den vergangenen 800 Jahren Abbau und Verarbeitung vom Kalk entwickelt wurden.

Seitdem es in Berlin Steinhäuser gibt, wurden die Baustellen der Stadt mit Kalk aus Rüdersdorf beliefert. Wo einst ein Kalksteinberg in die Höhe ragte, da ist heute ein langgestrecktes tiefes Tal, das bis 50 Meter unter dem Meeresspiegel liegt. Der Kalkabbau ist inzwischen eingestellt und auf dem ehemaligen Industriegelände wurde eines der größten Freilichtmuseen Deutschlands errichtet. Die Besucher können mit Geländewagen durch die wüstenartige Gebirgslandschaft fahren, in der die alten Kalkbrennöfen und andere sehenswerte Bauwerke zu bestaunen sind.

Für den Rückweg nehmen Sie den gleichen Weg wie auf der Hintour und stoßen in Alt Buchhorst wieder auf die Hauptroute. Alternativ können Sie auch die Route über Alt-Rüdersdorf, Herzfelde nehmen und folgen dem straßenbegleitenden Radweg bis nach Lichtenow, wo Sie direkt die Hauptroute kreuzen.

Auf dem Radweg aus dem Ort hinaus 〰 über einen **Campingplatz** 〰 an der nächsten Kreuzung geradeaus auf den Radweg der **Erknerstraße** durch **Möllensee** hindurch bis kurz vor Kagel, wo der Radweg endet **9**.

Kagel
PLZ: 15537; Vorwahl: 03362

🄸 **Tourismusverein Erkner e. V.**, Friedrichstr./ Ecke Beuststr., ✆ 740318

🄶 **Schlösschen**, ehemaliges Wirtschaftsgebäude des ursprünglichen Schlosses von 1902.

Von Kagel nach Buckow   25 km
Auf der **Gerhart-Hauptmann-Straße** durchfahren Sie den Ort 〰 kurz vor der B 1/B 5 beginnt wieder ein Radweg 〰 die B 1/B 5 queren und auf dem linksseitigen Radweg bis **Rehfelde** 〰 **10** nach den Schienen rechts auf dem Radweg.

Rehfelde

🏛 **Teddybären-Museum**, Schillerstr. 2c

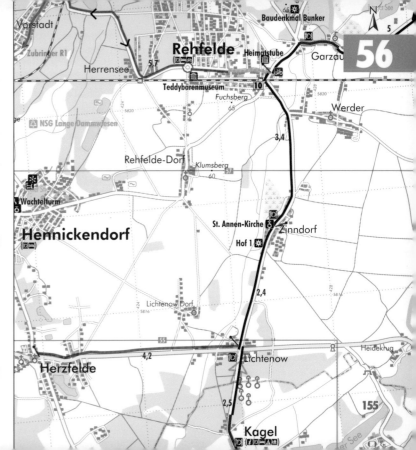

Hier können Sie einen Abstecher nach Strausberg (mit S-Bahn Anschluss nach Berlin) unternehmen. Folgen Sie der Beschilderung für die Tour Brandenburg bzw. dem ZR 1 ins Stadtzentrum.

Strausberg

PLZ: 15344; Vorwahl: 03341

- 🅹 Touristinformation, August-Bebel-Str. 1, ✆ 311066
- ⛴ Die Strausberger Fähre legt die 360 m lange Strecke über den Strausberger See zurück und bezieht den Strom aus einer Oberleitung, das ist einmalig in Europa.
- 🅶 Die Pfarrkirche St. Marien (um 1250) ist das älteste und höchste Bauwerk der Stadt. Vom Turm auf der Westseite hat man einen weiten Blick über die Stadt und ihre seenreiche Umgebung.
- 🏛 Heimatmuseum Strausberg, August-Bebel-Str. 33, ✆ 23655, ÖZ: Di-Do 10-12 Uhr und 13-17 Uhr, im Sommer auch So 14-17 Uhr
- ✳ Reste der mittelalterlichen Stadtbefestigung, ursprünglich war die Stadtmauer 1.700 m lang
- ✳ klassizistisches Rathaus (1819)
- ✳ Landarmen- und Invalidenhaus
- ✉ Die Badeanstalt wurde 1925 als Beispiel moderner Architektur eröffnet. Heute erstrahlt sie frisch restauriert wie ein Relikt aus der alten Zeit. ✆ 23074
- 🚲 Fahrradhaus Richter, Wriezener Str. 18, ✆ 216223

Auf der Hauptroute in der Linkskurve rechts in Richtung Garzin in die **Alte Heerstraße** abbiegen ~ durch Garzau hindurch.

Garzau

- 🅶 Schloss Garzau (1880), mit Park und Pyramide
- ✳ Baudenkmal Bunker, ✆ 030/4263101, Führungen jeden letzten So im Monat u. n. V. Die NVA (Nationale Volksarmee der DDR) errichtete hier Mitte der 1970er Jahre mit 4000 qm eines der größten Schutzbauwerke des Landes. Der Bunker, einst das Notfall Organisations- und Rechenzentrum, wurde auch in der Nachwendezeit nicht beschädigt und kann besichtigt werden.
- ✳ Baudenkmal Pyramide, ✆ 033435/75874. Führungen n. V. Rekonstruierte größte Feldsteinpyramide (1779/80) Deutschlands im ehemaligen Landschaftspark des Grafen von Schmettau.

An der Kirche auf den Radweg ~ dem hügeligen Weg nach **Garzin** folgen ~ auf der Straße durch den Ort ~ am Ortsausgang auf dem schmalen gepflasterten Seitenstreifen neben dem historischen Kopfsteinpflaster nach **Liebenhof** ~ durch den Ort ~ im Linksbogen der Hauptstraße geradeaus durch das Drängelgitter auf den asphaltierten Radweg ~ bergab bis zur **B 165** **11** die Straße überqueren ~ und auf dem Radweg nach Waldsieversdorf radeln ~ am kleinen Kreisverkehr links.

In Waldsieversdorf können Sie weiter auf dem Oderbruchbahn-Radweg nach Fürstenwalde in südlicher und nach Wriezen in nördlicher Richtung radeln. Startpunkt ist direkt im benachbarten Kurort Buckow. Auf der Trasse der ehemaligen Oderbruchbahn fahren Sie direkt durch das ländlich geprägte Oderbruch, durch Felder und Wiesen, entlang der Oder und durch die typischen Oderbruchdörfer und Einzelgehöfte. Detailinformationen erhalten Sie in den Tourist-Informationen der Region.

Waldsieversdorf

PLZ: 15377; Vorwahl: 33433

- 🅹 Tourist-Information, Dahmsdorfer Str. 18, ✆ 157782
- 🏛 Wasserwerk, für Besichtigungen bitte bei der Tourist Information melden
- ✳ Ausstellungszentrum, W.-Pieck-Str. 23, ÖZ: n. V. mit der Tourist Information. In der ehem. Grundschule finden Sie eine Schulausstellung, Werke des dadaistischen Fotokünstlers John Heartfield (1891-1968) und ortsansässiger Künstler.
- 🏛 Wasserturm, ÖZ: täglich, April-Sept. 9-20 Uhr; Okt.-März 9-16 Uhr. Der 22.000 Liter fassende Turm versorgte ursprünglich die umliegenden Villen mit Quellwasser und ist seit 1998 Aussichtsturm.

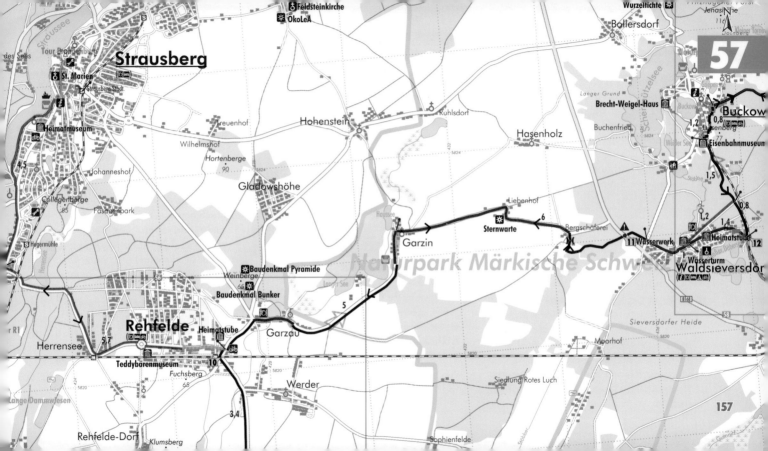

Der **Wilhelm-Pieck-Straße** halblinks folgen und danach über die Brücke am Fischerimbiss vorbei ⤳ an der Straßengabelung rechts halten ⤳ am Wasserturm und an der Badeanstalt Däbersee vorbei bis zum Kleinbahnhof ⤳ **12** kurz vor der Bahn links in die Straße ⤳ auf dem kurvigen hügeligen Radweg nach Buckow radeln ⤳ auf der Hauptstraße in den Ort.

Geradeaus kommen Sie direkt in das sehenswerte Zentrum Buckows.

Buckow

PLZ: 15377, Vorwahl: 033433

ℹ **Kultur- u. Tourismusamt Märkische Schweiz**, Sebastian-Kneipp-Wg 1, 📞 57500, www.maerkischeschweiz.eu

ℹ **Schweizer Haus**, Besucherzentrum des Naturparks Märkische Schweiz, Linderstr. 33, 📞 15841

ℹ **Drei Eichen, Besucherzentrum für Natur und Umwelterziehung**, Königsstr. 62, 📞 201. Das Informationszentrum bietet zu verschiedenen Themenkreisen umfangreiche Programme, um Zusammenhänge in der Natur und zwischen Mensch und Natur sehr anschaulich erfahrbar zu machen. Neben Kräutergarten, Windkraftanlage, Lehmbackofen, Umweltlabor, Pflanzenkläranlage u. a. wird Beherbergung und Verpflegung angeboten.

Brecht-Weigel-Haus

⚓ **Seetours**, Bertolt-Brecht-Str. 11, 📞 232, Rundfahrten auf dem Schermützelsee

🏛 **Museumseisenbahn Buckow**, Im Bahnhof, 📞 57115, ÖZ: Mai-Okt. Sa, So/Fei. Fahrten in historischen Zügen stündlich. Es wird Einblick in die über 100-jährige Geschichte der Bahnstrecke Müncheberg-Buckow gegeben.

🏛 **Brecht-Weigel-Haus**, Bertholt-Brecht-Str. 30, 📞 467, ÖZ: April-Okt, Mi-Fr 13-17 Uhr, Sa, So/Fei 13-18 Uhr; Nov.-März, Mi-Fr 10-12 und 13-16 Uhr, So 11-16 Uhr. Das Haus wurde von Bertolt Brecht und Helene Weigel seit 1952 als Sommerwohnsitz genutzt.

✳ **Galerie „Zum Alten Warmbad"**, Sebastian-Kneipp-Weg 1, 📞 57500

✳ **Keramik-Scheune Buckow**, Wriezener Str. 3a, 📞 57433

✳ **Bootsverleih** im Strandbad Buckow, Wriezener Str. 38, 📞 234

✉ **Strandbad** Buckow, Wriezener Str. 38, 📞 234

Die Märkische Schweiz ist mit einer Fläche von etwas mehr als 200 Quadratkilometern der kleinste Naturpark Brandenburgs. Das Wort „Schweiz" scheint im ersten Augenblick ein wenig übertrieben für die Landschaft aus bewaldeten Höhen und wildromantischen Schluchten, durchzogen von bezaubernden Bächen und Seen. Die Berge übertreffen kaum die 130-Meter-Marke. Gleichzeitig sind diese Höhenunterschiede für brandenburger Verhältnisse recht bemerkenswert und in Verbindung mit der überaus reizvollen Natur stellt die Märkische Schweiz etwas ganz Besonderes dar. Adalbert von Chamisso, Theodor Fontane, Kurt Tucholsky u. a. haben diese Landschaft beschrieben, Bertolt Brecht und Helene Weigel verliebten sich in sie, und auch heute kommen Heerscharen von Besuchern.

Reichenberg

Ringenwalder Heide

Neuhardenberg

Heimathaus

Schloss Neuhardenberg

58

4,5

59

Naturpark Märkische Schweiz

Pritzhagen

Julianenhof

Krugberg

Kreuzberge
78

Eichendorfer Mühle

Pfingstberg
60

4,2

3,8

Herrenhaus
Tornow

Wulkow

Hasenberg
45

Herrenhaus

Humpelberg
48

Hermersdorfer Forst

Hermersdorf

Umweltbildungszentrum Drei Eichen

Buckow

Dreieichen

5

Münchehofe

Finkenberg
59

Krähenberg
60

4,7

Eisenbahnmuseum

0,8

Großer Klobichsee

Hintersee

Alt Rosenthal

Spitzer Be
55

3,2

Gottesberg
60

Schlelberg
65

Köterberge
55

Vordepder Haussee

Obersdorf

Schäferberg
50

0,8

1,4

Heimatstübe

12

13

Trebnitz

eversdorf

Teufelsberg
65

3,8

Schloss Trebnitz

159

Dahmsdorf

Oderbruchbahn-Radweg

Worin
Wassermühle

Kalmückenberge

Kirche Neuhardenberg

〰️〰️〰️

Von Buckow nach Neuhardenberg   20,5 km

Am Kleinbahnhofsvorplatz immer rechts halten 〰️ über Kopfsteinpflaster hinab in die **Bahnhofstraße** 〰️ rechts in die **Neue Promenade** 〰️ an der Wegegabelung rechts bergauf in die **Königstraße** 〰️ auf Asphalt weiter ein kurzes Stück stark bergauf 〰️ bergab und am Umweltbildungszentrum "Drei Eichen", der Waldschule Alte Mühle und der verlandeten Düne vorbei 〰️ hügelig nach Münchehofe radeln.

Münchehofe

Auf dem Radweg durch den Ort und weiter nach **Obersdorf** 〰️ an der Kreuzung rechts in Richtung Müncheberg 〰️ in der Rechtskurve der Hauptstraße links in die **Bahnhofstraße**

abbiegen 〰️ rechts in den **Jahnsfelder Weg**, an der Seite des Kopfsteinpflasters können Sie etwas ruhiger fahren 〰️ links in die Straße **An der Ostbahn** 〰️ an der linken Seite der Kopfsteinpflasterstrecke in Richtung Trebnitz können Sie auf einem ausgebauten Radstreifen fahren 〰️ **13** über die Schienen und auf dem guten Plattenweg nach Trebnitz. Auf einer schlechten Straße fahren Sie in den Ort.

Trebnitz

PLZ: 15374; Vorwahl: 033477

🛏 Schloss Trebnitz

An der Wegegabelung rechts in den **Mühlenweg** 〰️ an der Hauptstraße im spitzen Winkel nach links 〰️ bergab nach Wulkow radeln.

Wulkow

PLZ: 15320; Vorwahl: 033476

🛏 Parkhotel Schloss Wulkow

Im Ort der Hauptstraße nach Neuhardenberg bis zur Linkskurve folgen.

AUSFLUG Wenn Sie sich hier links halten, kommen Sie direkt zum Schinkelschen Schlossensemble nach Neuhardenberg. Der Radweg durchquert leider nicht die Ortsmitte.

In der Linkskurve geradeaus auf den Radweg 〰️ an der Wegegabelung links 〰️ dem Asphalt-

Schloss Neuhardenberg

band durch den Wald bis zum Schlosspark folgen 〰️ auf dem gekiesten Weg hinter dem Schlosspark zur **Karl-Marx-Allee**.

Neuhardenberg

PLZ: 15320; Vorwahl: 033476

🛈 Verein Neuhardenberger Land-Tourismus e. V., Karl-Marx-Allee 23, ✆ 60477

🛏 Kirche (1802-09), im klassizistischen Stil

🛏 Schloss Neuhardenberg, ✆ 6000, ÖZ: Schloss: während der Sommerzeit So 13-18 Uhr, Führungen 13, 14.30 und 16 Uhr; Ausstellung: Di-So 11-19 Uhr

Der Ort heißt erst seit 1815 Neuhardenberg, erstmalig erwähnt wurde die Siedlung 1348 mit dem Namen Quilitz. Der Anfang des 19. Jahrhunderts nach einem Brand von K. F. Schinkel entworfenen Ort ging als Belohnung für die

Verdienste um die Reformen Preußens an Freiherr von Hardenberg. Dieser nannte ihn 1815 in Neu-Hardenberg um. Die wechselvolle Namensgeschichte setzt sich 1949 mit einer Umbenennung in Marxwalde – zu Ehren von Karl Marx – fort. Das Dorf wird in den folgenden Jahren zum sozialistischen Musterdorf ausgebaut. Die letzte Umbenennung erfolgt 1991 in Neuhardenberg.

Das den Ort prägende Schlossensemble wurde 1820-23 von K. F. Schinkel im klassizistischen Stil umgebaut. Der zum Ensemble gehörende Landschaftsgarten wurde von den Großmeistern des Gartenbaus Peter Joseph Lenné und Fürst von Pückler-Muskau angelegt. Nach der Enteignung von Hardenbergs während des 2. Weltkriegs erhielt die Familie Mitte der 1990er Jahre das Schloss zurück, und verkaufte es an den Sparkassenverband, der es in eine

Stiftung umwandelte. Seit der 2002 abgeschlossenen Renovierung findet im Schloss mit angrenzendem Hotel ein ambitioniertes kulturelles Programm mit Künstlern aus dem In- und Ausland statt.

Von Neuhardenberg zur Grenze   40 km

14 Rechts abbiegen ⌁ auf dem Radweg entlang der **Marxwalder Straße** nach **Platkow** fahren ⌁ dem Linksbogen der Hauptstraße folgen ⌁ geradeaus in die **Oderstraße**, eine Kirschbaumallee ⌁ **15** die **Alte Oder** überqueren ⌁ links auf dem Wirtschaftsweg ⌁ die erste rechts ⌁ an der Wegegabelung links ⌁ diesem Weg bis zur ehemaligen LPG (Landwirtschaftliche Produktionsgenossenschaft der DDR) folgen ⌁ vor den Bauten rechts bis zur **L 334** ⌁ **16** links und die Bahnschienen überqueren.

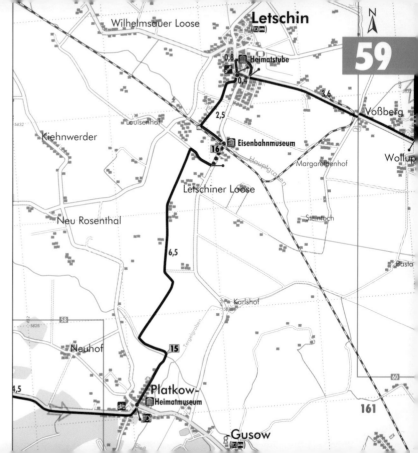

Alte Oder

Bahnhof Letschin

🏛 **Eisenbahnverein Letschin**, www.evl-letschin.de, ÖZ: Sa 9-13 Uhr u. n. V. Große Ausstellungsfläche mit einem restaurierten Waggon, Signalanlagen und diversen Landmaschinen.

Links an der Bahn entlang bis zum Bahnhof ⌇ rechts abbiegen und über die Brücke auf dem Radweg in den Ort Letschin ⌇ die Straße kreuzen ⌇ am Kreisel geradeaus bis zur Sparkasse ⌇ links durch in den **Letschiner Birkenweg** und durch den Fontanepark zum **Schwarzen Weg** ⌇ rechts bis zur **Küstriner Straße**, links auf den Radweg.

Letschin

PLZ: 15324; Vorwahl: 033475

🔆 **Schinkelturm**, das restliche Kirchenschiff sowie große Teile des Dorfes fielen dem 2. Weltkrieg zum Opfer. Der Ort lag an der Hauptfrontlinie zur Eroberung Berlins.

🏛 **Heimatstube Haus Birkenweg**, Letschiner Birkenweg 1, ☎ 50797, ÖZ: Di-Fr 9-12 Uhr; Di und Fr 14-18 Uhr; Sa, So 14-17 Uhr

Auf dem Radweg aus dem Ort radeln ⌇ in **Voßberg** geht es auf der Straße weiter ⌇ auf dem linksseitigen Radweg nach **Wollup** ⌇ **17** links auf die schlecht asphaltierte Straße **An der Eichenallee** ⌇ kurz über Kopfsteinpflaster und dann geradeaus auf die asphaltierte Radwegallee ⌇ an der wenig befahrenen **L 335** rechts in 2 km nach Sophienthal im Oderbruch radeln.

Sophienthal

Das Oderbruch

Das Oderbruch ist etwa 60 Kilometer lang und zwischen 10 und 15 Kilometer breit. Die Niederung hat eine Gesamtfläche von 640 Quadratkilometern und liegt zum Teil deutlich unter dem Oderspiegel.

Das Oderbruch war ehemals Sumpfland, das jährlich von der Oder überflutet wurde. Ansiedlungen gab es nur auf inselartigen Erhebungen.

Mit der Machtübernahme durch die brandenburgischen Margrafen begann eine verstärkte Besiedlung sowie eine stärkere landwirtschaftliche Nutzung. In dieser Zeit sind bereits Deichanlagen zum Schutz vor dem Hochwasser der Oder gebaut worden (15. Jh.).

Die planmäßige Trockenlegung des Gebiets zum Zwecke der Landerweiterung wurde in der Mitte des 18. Jahrhunderts auf Initiative vom Preußenkönig Friedrich II. realisiert. Das Flussbett der Oder und die verzweigten Nebenarme wurden an die östliche Grenze des Oderbruchs gelegt. Umfangreiche Deichanlagen sollten vor Überschwemmungen schützen. Auf dem neu

Schinkelturm Letschin

Oderdeich

gewonnenen Land entstanden 43 neue Dörfer und 1.200 Familien wurden angesiedelt. Die Siedler kamen überwiegend aus Böhmen, Österreich und der französischen Pfalz.

Seit Beginn der Oderbruchtrockenlegung wurden immer wieder Teile durch Hochwasser überflutet. So waren schon 1785 ganze 65 der z. T. neu entstandenen Bruchdörfer überschwemmt.

Bei der letzten Jahrhundertflut im Jahre 1997 sind die Menschen im Oderbruch nur knapp einer Hochwasserkatastrophe mit schlimmsten Folgen entgangen. Im Juli des Jahres waren 14.000 Helfer im Einsatz. Es wurden über acht

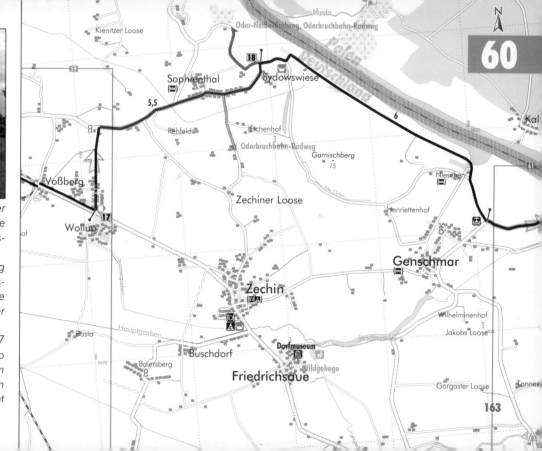

60

Oderbruch

Millionen Sandsäcke zum Schutz der Deiche verbaut, um das Überfluten des Oderbruchs zu verhindern. Die drohende Katastrophe wurde nicht zuletzt auch dadurch abgewehrt, weil am Oberlauf der Oder in Polen 650.000 Hektar Land überschwemmt waren. Neben der Erneuerung und Verstärkung der Deichanlagen wird nun als Schutz vor künftigen Hochwasserkatastrophen über die Rücknahme der Bewirtschaftung und Schaffung von neuen Überflutungsflächen nachgedacht.

Auf der Hauptstraße weiter in Richtung Sydowswiese ⌇ **18** an der Gabelung links und zum Oderdeich.

164

ANSCHLUSS Auf dem abzweigenden Oder-Neiße-Radweg könenn Sie noch Ihre Radtour bis zur Ostsee oder zur Quelle im tschechischen Nova Ves fortsetzen.

Rechts auf den Deich in Richtung Küstrin-Kietz ⌇ auf dem Deich bis nach Nieschen ⌇ weiter parallel zur L 333 auf dem Deich radeln.

VARIANTE Sie können auch rechts um den Ort Bleyen herum auf der Straße weiterfahren.

19 Kurz auf die Straße und dann gleich wieder links auf den Deich ⌇ um den Ort herum und immer dem Deich nach Küstrin-Kietz folgen.

Küstrin-Kietz

Das Gebiet des heutigen Küstrins gehörte bis 1200 zum Herrschaftsbereich von Polen. Die Stadt erhielt um 1300 das Stadtrecht. Mitte des 16. Jahrhunderts wurde die Stadt zur Festung ausgebaut und hatte bis 1945 fast durchgängig eine brandenburgische bzw. preußische bzw. deutsche Garnision. Der spätere Kurfürst Friedrich Wilhelm ließ die Festung am Zusammenfluss von Oder und Warthe während seiner Regierungszeit (1640-1688) zu einer der stärksten Festungen Deutschlands ausbauen.

Grenzübergang Küstrn-Kietz

Das heutige Küstrin-Kietz war nur ein Vorort von Küstrin, die eigentliche Stadt befand sich auf der östlichen Seite der Oder. Nach dem 2. Weltkrieg wurde Küstrin gemäß Potsdamer Abkommen der Volksrepublik Polen zugesprochen und heißt seitdem Kostrzyn. Von der im Krieg stark zerstörten Altstadt mit Marktplatz, Kirche und Schloss innerhalb der Festungsmauern ist nichts mehr erhalten. Nur Reste der Festungsanlage sind erhalten. Kostrzyn wurde im Bereich der Neustadt aufgebaut.

AUSSTIEG Um auf dem kürzesten Weg zum Bahnhof Küstrin-Kietz zu kommen, fahren Sie hier rechts und folgen der Alternativroute.

Ansonsten ist der Bahnsteig nur über eine Treppe zu erreichen. Auf dem Deich bis zum gesperrten Bahnübergang ⤳ rechts auf schlechtem Schotterweg bis zum Bahntunnel ⤳ links bis an die Karl-Marx-straße ⤳ links auf der Straße bis zum Grenzübergang nach Polen.

AUSSTIEG ▎Sie haben jetzt Deutschland von der westlichen zur östlichen Grenze durchradelt. Zum Bahnhof kommen Sie, wenn Sie an der Karl-Marx-Straße rechts abbiegen (Siehe Alternativstrecke Karte 61). Der Zug bringt Sie stündlich zurück nach Berlin.

AUSFLUG ▎Sehenswert ist die ehemalige Festung Küstrin auf der anderen Oderseite. Führungen durch die Altstadt von Küstrin können Sie buchen unter ☎ 0048/95727/8100.

Kostrzyn nad Odrą (Küstrin)
PLZ: PL-66-470; Vorwahl: 0048-

🛈 Deutsch-polnisches Büro zur Förderung des Tourismusverkehrs, ul. Kopernika 1, ☎ 095/7278123

🛈 **Naturschutzmuseum** mit Touristinformation, ul. Dworcowa 7, ☎ 095/7523673, ÖZ: Mai-Aug., tägl. 9-18 Uhr; Sept.-April, tägl. 9-16 Uhr. Die Ausstellung informiert über das Landschaftsschutzgebiet an der Warthemündung.

✴ Die Überreste der **ehem. Festung Küstrin** (1537-68) können besichtigt werden.

✴ **Führungen** durch die Altstadt unter ☎ 095/7278100.

Sie haben nun das Ende Ihrer Radreise erreicht. Wir hoffen, Sie hatten einen erlebnisreichen und interessanten Radurlaub und freuen uns, dass Sie ein *bikeline*-Radtourenbuch als Begleiter gewählt haben.

Das gesamte *bikeline*-Team wünscht Ihnen eine gute Heimreise!

165

Übernachtungsverzeichnis

Dieses Verzeichnis beinhaltet folgende Übernachtungskategorien:

H	Hotel
Hg	Hotel garni
Gh	Gasthof, Gasthaus
P	Pension, Gästehaus
Ho	Hostel
Pz	Privatzimmer
BB	Bed and Breakfast
Fw	Ferienwohnung (Auswahl)
Bh	Bauernhof

Hh	Heuhotel
⌂	Jugendherberge, -gästehaus
⌂	Campingplatz
⌂	Zeltplatz (Naturlagerplatz)

Die Auflistung erhebt keinen Anspruch auf Vollständigkeit und stellt keine Empfehlung der einzelnen Betriebe dar.

Die römische Zahl (I-VII) nach der Telefonnummer gibt die Preisgruppe des betreffenden Betriebes an. Wir möchten Sie jedoch darauf hinweisen, dass die angegebenen Preiskategorien dem Stand des Erhebungs- bzw. Überarbeitungszeitraumes entsprechen und sich von den tatsächlichen Preisen unterscheiden können.

Besonders während Messezeiten, aufgrund von unterschiedlichen Zimmertypen und nicht zuletzt saisonal bedingt sind preisliche Schwankungen möglich.Folgende Unterteilung liegt der Zuordnung zugrunde:

I	unter € 15,–
II	€ 15,– bis € 23,–
III	€ 23,– bis € 30,–
IV	€ 30,– bis € 35,–
V	€ 35,– bis € 50,–
VI	€ 50,– bis € 70,–
VII	über € 70,–

Die Preisgruppen beziehen sich auf den Preis pro Person in einem Doppelzimmer mit Dusche oder Bad inkl. Frühstück. Übernachtungsbetriebe mit Zimmern ohne Bad oder Dusche, aber mit Etagenbad, sind durch das Symbol ⋈ nach der Preisgruppe gekennzeichnet.

Da wir das Verzeichnis stets aktuell halten möchten, sind wir für Mitteilungen bezüglich Änderungen jeder Art dankbar. Der einfache Eintrag erfolgt für die Betriebe natürlich kostenfrei.

Arnhem (Arnheim)
PLZ: NL-6811; Vorwahl: (0031) 026
🅱 VVV Arnhem, Willemsplein 8, ☎ 0900/2024075
🅱 VVV Arnhem Plus, Zijpendaalseweg 51a, ☎ 4426767
H Best Western, Stationsplein 1, ☎ 4427441, VI
H Blanc, Coehoornstraat 4, ☎ 4428072, V
H Parkzicht, Apeldoornsestraat 16, ☎ 4420698, III
H Rembrandt, Patersstraat 1-3, ☎ 4420153, III
BB Fonk, Westerveldsestraat 46, III
BB De Vildtgaard, Koningsweg 23, ☎ 4425718, II-III
BB Shanti, Tollenstraat 14, ☎ 3610527, II
⌂ NJHC Herberg Alteveer, Diepenbrocklaan 27, ☎ 4420114
⌂ De Hooge Veluwe, Koningsweg 14, ☎ 4432272
⌂ Arnhem, Kemperbergerweg 771, ☎ 4431600
⌂ Warnsborn, Bakenbergseweg 257, ☎ 4423469

De Steeg
PLZ: NL-6994; Vorwahl: (0031) 026
H Huize Huizinga, U. v. Raesfeltlaan 37, ☎ 4954737, III

Ellecom
PLZ: NL-6955; Vorwahl: (0031) 0313
H Landgoed Avegoor, Zutphensestraatweg 2, ☎ 430600, VI
BB Villa Vredehoek, Kastanjelaan 1, ☎ 419113, IV

Brummen
PLZ: NL-6971; Vorwahl: (0031) 0575
🅱 VVV Brummen, Stationsweg 1, ☎ 562323

H Landgoed Engelenburg, Eerbeekseweg 6, ☎ 569999, VI
P Buitenplaats Spaensweerd, Bronkhorsterweg 18,
　☎ 561104, V-VI

Baak
PLZ: NL-7223; Vorwahl: (0031) 0575
P De Pastorie, Pastoriestraat 3, ☎ 441877 o. 06/20934456

Wichmond
PLZ: NL-7234; Vorwahl: (0031) 0575
H D'n Olden Kriet, Dorpsstraat 25, ☎ 441600

Warnsveld
PLZ: NL-7231; Vorwahl: (0031) 0575
BB 't Harmelink, Oude Borculoseweg 12, ☎ 431171
BB Hevelink, Oude Borculoseweg 12, ☎ 431356, III
🅐 't Olthof, Dennendijk 12, ☎ 551378

Vorden
PLZ: NL-7251; Vorwahl: (0031) 0575
ℹ Toeristeninformation, Kerkstraat 1b, ☎ 553222
H Bloemendaal, Stationsweg 24, ☎ 551227, V
H Bakker, Dorpsstraat 24, ☎ 551312, V
P De Elzenbos, Wilmerinkweg 7, ☎ 551754, II
P H. J. Berenpas, Strodijk 17, ☎ 551294
P W. de Boer, Nieuwstad 27, ☎ 551050
P De Bijvanck, Lindeseweg 18a, ☎ 556482
P Groot Roesink, Het Hoge 62, ☎ 552809
P D. J. Kapper, Wilmerinkweg 7, ☎ 551754
G. W. Lenselink, Vosheuvelweg 4, ☎ 556609
Marie-Louise, Het Hoge 47, ☎ 551684
E. Mulder-Heuting, Biestereld 21, ☎ 551054
Wesselink, Eikenlaan 23, ☎ 556774

P Wildenborcherhof, Wildenborchseweg 19, ☎ 556651
P Woltering, Burg. Galeestraat 18, ☎ 551746
🅐 De Reehorst, Enzerinckweg 12
🅐 't Meulenbrugge, Mosselseweg 4, ☎ 556418
🅐 Daske, V Lennepweg 6, ☎ 552701

Barchem
PLZ: NL-7244; Vorwahl: (0031) 0573
ℹ Vakman Koeleman, Borculoseweg 3, ☎ 441258
H In de Groene Jager, Ruurloseweg 2, ☎ 441201
🅐 De Heksenlaak, Zwiepseweg 32, ☎ 441306
🅐 Reusterman, Looweg 3, ☎ 441385
🅐 Het Fleerhof, Hardermaat 8, ☎ 441370
🅐 Jolinkhoeve, Winkelsdijk 3, ☎ 441565

Borculo
PLZ: NL-7271; Vorwahl: (0031) 0545
ℹ Toeristeninformation VVV Borculo, Hofstraat 5-6,
　☎ 271966
H Berkel-Palace, Hambroekweg 8, ☎ 274333
Bh 't Hatteler, Lebbenbruggedijk 32, ☎ 271428
🅐 Buitencentrum Kerkemeijer, Ruurloseweg 51, ☎ 271202

Geesteren
PLZ: NL-7274; Vorwahl: (0031) 0545
BB De Lindeboom, Hekweg 10, ☎ 274309
BB 't Rentmeesterke, Nettelhorsterweg 32, ☎ 481540
🅐 De Breuker, Stoffersweg 8, ☎ 481565

Haarlo
PLZ: NL-7273; Vorwahl: (0031) 0545
H Burgers Inn, Eibergseweg 49, ☎ 261227
H Prinsen, Eibergsweg 13, ☎ 261232

Bh D'n Hork, Borculoseweg 48, ☎ 261632
🅐 Huize Cpámponila, Veldweg 15, ☎ 261346
🅐 't Scharvelt, Wolinkweg 43, ☎ 261308

Eibergen
PLZ: NL-7151; Vorwahl: (0031) 0545
ℹ Toeristeninformation, Kerkstraat 3a, ☎ 471911
H De Greune Weide, Lutterweg 1, V
BB Voortman, 't Brendeke 6, II
🅐 Het Eibernest, Kerkdijk 1, ☎ 47126-8 o. -9
🅐 De Bodde, Boksveenweg 1

Beltrum
PLZ: NL-7156; Vorwahl: (0031) 0545
🅐 Erve 't Bijvanck, Bruggertweg 5, ☎ 261552

Winterswijk-Huppel
PLZ: NL-7105; Vorwahl: (0031) 0543
🅐 De Knuver, Vredeneseweg 186, ☎ 562234

Vreden
PLZ: D-48691; Vorwahl: 02564
ℹ Stadtmarketing GmbH, Markt 7, ☎ 4600
H Zum Stadtpark, Up de Bookholt 48-52, ☎ 93160, IV-V
Gh Saalmann, Großemast 43, ☎ 2088, III-V
P Bussmann, Cohausenstr. 2, ☎ 2711, III
BB Tine J. Kibbeling, Mauerstr. 25, ☎ 396428, V🛏

Zwillbrock:
H Zum Kloppendiek, Zwillbrock 8, ☎ 9120, III-V
H dS Hotel&Freizeitcenter, Ottensteiner Str. 59, ☎ 97727, V
　🛏
H Zum Möwenparadies, Zwillbrock 39, ☎ 2509, III-V
Gh Reirink, Zwillbrock 7, ☎ 2038

P Cafe Zur grünen Grenze, Gaxel 32, ☎ 93480, III🛏

Ammeloe
Gh Ammels'ken Kring, Kring 8, ☎ 93080, IV🛏

Stadtlohn
PLZ: D-48703; Vorwahl: 02563
ℹ Verkehrsverein, Dufkampstr. 11, ☎ 97200
H Loen, Pfeifenofen 2, ☎ 9130, V
H Lembeck, Schlichthorststr. 1, ☎ 93210, IV-V
H Tenbusch, Vredener Str. 90, ☎ 7374, III-IV
H Ritter-Büren, Zur Waldesecke, ☎ 8405, IV
P Tenbusch, Droste-Hülshoff-Str. 19, ☎ 6192, III🛏
Pz Gehling, Bonhoefferstr. 28, ☎ 93710, III
Pz Sintic, Erlenweg 10, ☎ 404942, III

Rosendahl
PLZ: D-48720
ℹ Verkehrsverein Rosendahl e.V., Darfeld, Sandweg 5,
　☎ 02545/257

Holtwick
Pz Berkemeyer, Alte Landstr. 1, ☎ 02566/4564, III-IV

Osterwick
Vorwahl: 02547
H Farwick, Fabianus-Kirchpl. 1, ☎ 93030, V-VI
Pz Gerleve, Natz-Thier-Weg 10, ☎ 7455, IV
Pz Holste, Grüner Winkel 1, ☎ 7534, IV

Darfeld
Vorwahl: 02545
H Feldkamp, Darfelder Markt 38, ☎ 93040, VI
P Immenhof, Hennewich 1, ☎ 429, II
Gh Jägerheim, Höpingen 9, ☎ 685, IV

Havixbeck

PLZ: 48329; Vorwahl: 02507

🅸 Verkehrsverein, Schulstr. 10, ☎ 7510

H Beumer, Bestenseepl. 2, ☎ 98540, V 🛏
H Kemper, Altenbergerstr. 14, ☎ 1240, V
Gh Waldfrieden, Lasbeck 43, ☎ 1270, III
Fw Schleiners Hof, Herkentrup 6, ☎ 609, IV 🛏

Münster

Vorwahl: 0251

🅸 Tourist Information, Klemensstr. 9, Buchungs-
☎ 4922726

Roxel

PLZ: 48161; Vorwahl: 02534

H Parkhotel Schloss Hohenfeld, Dingbängerweg 400, VI-VII 🛏

Fw GALA Langkamp, Könemannstr. 11, ☎ 0151/10622183, V 🛏

Nienberge

PLZ: 48161

H Hüerländer, Twerenfeldweg 2, IV-V
H Zur Post, Altenberger Str. 8, III

Gievenbeck

PLZ: 48161

H Bakenhof, Roxeler Str. 376, V

Kinderhaus

PLZ: 48159

H Schloss Wilkinghege, Steinfurter Str. 374, VI

MS-West

PLZ: 48149

H Am Schlosspark, Schmale Str. 2-4, ☎ 8998200, VI
H Haus Niemann, Horstmarer Landweg 126, IV-V
H Mövenpick, Kardinal-v.-Galen-Ring 65, ☎ 89020, VI
Hg Jellentrup, Hüfferstr. 52, ☎ 981050, V

MS-Zentrum

PLZ: 48143

H Conti, Berliner Platz 2a, ☎ 8469280, V
H Design Hotel Mauritzhof, Eisenbahnstr. 15-17, ☎ 41720, VI
H Mercure, Engelstr. 39, ☎ 41710, VI
H Feldmann, An der Clemenskirche 14, ☎ 414490, V-VI
H Kaiserhof, Bahnhofstr. 14-16, ☎ 41780, VI 🛏
H Stadthotel, Aegidiistr. 21, ☎ 48120, V-VI
H Martinihof, Hörsterstr. 25, ☎ 418620, V
H Überwasserhof, Überwasserstr. 3, ☎ 41770, VI 🛏
Hg Busche am Dom, Bogenstr. 10, ☎ 46444, V
Hg Central-Hotel, Aegidiistr. 1, ☎ 510150, V-VI
Hg Horstmann, Windthorststr. 12, ☎ 417040, V
Hg Ibis, Engelstr. 53, ☎ 48130, V
Hg International, Neubrückenstr. 12-14, ☎ 899780, V
Hg Windthorst, Windthorststr. 19, ☎ 484590, VI

MS-Nord

PLZ: 48147

H Wienburg, Kanalstr. 237, ☎ 2012800, V 🛏
Pz von Westphalen, Rudolf-von-Langen-Str. 8, ☎ 293186, IV-V

MS-Südwest

PLZ: 48151

🅷 Jugendgästehaus Aasee, Bismarckallee 31, ☎ 530280, III

🛏

MS-Süd

PLZ: 48153

Hg City, Friedrich-Ebert-Str. 55-57, ☎ 97280, V
Gh Krone, Hammer Str. 67, ☎ 73868, III

MS-Ost

PLZ: 48155

H Europa, Kaiser-Wilhelm-Ring 26, ☎ 37062, V
H Junior's, Schillerstr. 27, ☎ 661166, V
H Marco Polo, Bremer Platz 36, ☎ 96092000, V-VI
H Tryp, Albersloher Weg 28, ☎ 14200, V
Hg Bockhorn, Bremer Str. 24, ☎ 65510, IV-V

St. Mauritz

PLZ: 48145

H Scho, Gerhardstr. 21/23, ☎ 133190, V
Hg Frönd, Warendorfer Str. 58, ☎ 133430, V 🛏
Hg Haus vom Guten Hirten, Mauritz Lindenweg 61, ☎ 37870, V 🛏
Hg Windsor, Warendorfer Str. 177, ☎ 131330, V

PLZ: 48157

H Landgasthaus Pleister Mühle, Pleistermühlenweg 196, St.-Mauritz, V-VI

Handorf

PLZ: 48157

H Deutscher Vater, Petronillaplatz 9, V
H Hof zur Linde, Handorfer Werseufer 1, VI 🛏
H Parkhotel Haus Vennemann, Vennemannstr. 6, V
H Wersetürm'ken, Dorbaumstr. 145, V
🅰 Campingplatz Münster, Laerer Werseufer 7, ☎ 311982

🛏

Gremmendorf

PLZ: 48167; Vorwahl: 0251

🅸 Tourist Information Münster, Klemensstr. 9, ☎ 4922710, Buchungs-☎ 4922726

H Münnich, Heeremansweg 11, ☎ 61870, V 🛏
H Hotel im Park, Münsterstr. 62-68, 02506/309140, V 🛏

Telgte

PLZ: 48291; Vorwahl: 02504

🅸 Stadttouristik Telgte, Kapellenweg 2, ☎ 690100

H Heidehotel Waldhütte, ☎ 9200, VI
H Telgter Hof, Münsterstr. 29, ☎ 3044, IV 🛏
Hg Marienlinde, Münstertor 1, ☎ 5057, V
P Altes Gasthaus, ☎ 4560, II-III
P Große Bockhorn, ☎ 4560, II
Pz Bracht, Steinstr. 30, ☎ 4560, II-III
Pz Meinhardt, Händelstr. 7, ☎ 2611, I-II 🐾
Pz Gerversmann, Bockhorner Heide 48, ☎ 1846, II-III
Pz Kock, Am Knapp 5, ☎ 2253, II, exkl. Frühstück

Everswinkel

PLZ: 48351; Vorwahl: 02582

🅸 Verkehrsverein, Vitusstr. 8, ☎ 669313

H Landhaus Bisping, St.-Agatha-Pl. 8, ☎ 7001, V-VI
Gh Arning, Vitusstr. 10, ☎ 206, III
Gh Diepenbrock, Vitusstr. 5, ☎ 669788, VI
P Rotthege, Mehringen 11, ☎ 218, III
P Schwermann, Mehringen 3, ☎ 243, III
P Winkelkötter, Evener 6, ☎ 9300, V
Pz Buntenkötter, Wester 12a, ☎ 9699, IV

Pz Ekel, Eichendorfstr. 12, ✆ 7547, II
Pz Höcker, Krüzkamp 19, ✆ 1710, V
Pz Kretschmer, Bergkamp 8, ✆ 9513, I-II
Pz Linn, Franz-Wieber-Str. 22, ✆ 65415, III
Pz Huse, Everswinkeler Str. 35, ✆ 65475, II
Pz Puke, Everswinkeler Str. 23, ✆ 1652, III
Pz Watermann, Wibbeltstr. 7, ✆ 7949, III

Müssingen
PLZ: 48231; Vorwahl: 02582
H Haus Birkeneck, Birkenweg 2, ✆ 1020, IV-V 🐾

Sassenberg
PLZ: 48336; Vorwahl: 02583
🅹 Verkehrsamt Rathaus, Schürenstr. 17, ✆ 309-0
H Zum Weißen Vater, Fichtenstr. 24, ✆ 93200, V
H Börding, Von-Galen-Str. 16, ✆ 1039, III

Warendorf
PLZ: 48231; Vorwahl: 02581
🅹 Warendorf Marketing GmbH, Zimmervermittlung, Emsstr. 4, ✆ 787700
H Im Engel, Brünebrede 35-37, ✆ 93020, V-VII
H Mersch, Dreibrückenstr. 66-68, ✆ 63730, VI-VII
H Emshof, Sassenberger Str. 39, ✆ 2300, V
H Aust-das Landhotel, Gröblingen 52, ✆ 9230, VI
Hg Johann, Emsstr. 15, ✆ 63800, V
P Stock, Vom-Stein-Str. 23, ✆ 8775, III 🐾
P Oswald, Adlerstr. 17, ✆ 61845, III
P Brümmer, Dahlienweg 1, ✆ 3267, II-III
P Baune, Süding 50, ✆ 7569, III-IV

Freckenhorst
P Gästehaus Niemerg, Dechaneistr. 14, ✆ 4792, V
P Übernachten im Atelier, Industriestr. 29, ✆ 45127, III

Milte
Gh Biedendiek, Dorfstr. 35, ✆ 130, IV
Gh Zum kühlen Grunde, Vinnenberg, ✆ 1060, IV
P Geva, Telgenstr. 15, ✆ 8116, III 🐾

Müssingen
H Haus Birkeneck, Birkenweg 2, ✆ 1020, IV

Vohren
H Golfhotel Blaue Ente, Vohren 41, ✆ 1792, VII

Greffen
PLZ: 33428; Vorwahl: 02588
H Zur Brücke, Hauptstr. 38, ✆ 890, VI
P Hubertusklause, Warendorfer Landweg 2, ✆ 407, V

Harsewinkel
PLZ: 33428; Vorwahl: 05247
H Bergmann, Gütersloher Str. 31, ✆ 2008, VI
H Amadis, Münsterstr. 2, ✆ 926020, VI
H Poppenborg, Brockhäger Str. 9, ✆ 2241, VI
H Waldhof, Münsterstr. 103, ✆ 2192, VI
Gh Wilhalm, Dr.-Pieke-Str. 2, ✆ 927080, VI

Marienfeld
PLZ: 33428; Vorwahl: 05247
H Klosterpforte, Klosterhof 3, ✆ 7080, VI
H Deutsches Haus, Oester 1, ✆ 985940, V
Gh Altes Bauernhaus, Möllenbrochsweg 20, ✆ 988010, V
Gh Meier-Westmeyer, Bielefelder Str., ✆ 98780, VI 🐾

Gütersloh
PLZ: 33330; Vorwahl: 05241
🅹 Touristinformation, Berliner Str. 63, ✆ 211360
H Alt-Blankenhagen, Brockhäger Str. 200, ✆ 36709, II
H Beckord, Carl-Bertelsmann-Str. 208, ✆ 917020, V
H Am Mohnpark, Jahnstr. 48, ✆ 35167, V
H Appelbaum, Neuenkirchener Str. 59, ✆ 95510, V-VI
H Busch, Carl-Bertelsmann-Str. 127, ✆ 92310, IV-V
H Center Hotel, Kökerstr. 6-8, ✆ 90110, V-VI
H Isselhorster Landhaus, Haller Str. 139, ✆ 96680, V
H Lindenkrug, Carl-Bertelsmann-Str. 267, ✆ 74030, V
H Parkhotel Gütersloh, Kirchstr. 27, ✆ 8770, V-VII
H Stadt Gütersloh, Kökerstr./Ecke Eickhoffstr., ✆ 1050, VII
H Stadt Hamburg, Feuerbornstr. 9, ✆ 4009970, V
H Waldklause, Spexarder Str. 205, ✆ 97630, V
H Holiday Inn, Berliner Str. 106, ✆ 17930, III-VI
H Zum Postillon, Zum Brinkhof 1, ✆ 2205500, V
H Spexarder Krug, Verler Str. 328, ✆ 4349, IV-V
H Flussbett, Wiesenstr. 40, ✆ 211370, V-VI
P Großehagenbrock, Determeyerstr. 124, ✆ 48975, II
P Schmidt, Franz-Grochtmann-Str. 8, ✆ 48961, II
P Dahlke, Dahlkestr. 12, 🐾 0171/2165618, II-III 🐾
P Hellwegklause, Am Hüttenbrink 35, ✆ 40733, III 🐾
P Jakobschänke, Bettentrupsweg 27-29, ✆ 4356, II 🐾

Rheda-Wiedenbrück
PLZ: 33378; Vorwahl: 05242
🅹 Informationsbüro Flora Westfalica, Mittelhegge 11, ✆ 93010

Rheda
H Am Doktorplatz, Berliner Str. 19, ✆ 94250, VI 🐾
H Reuter, Bleichstr. 3, ✆ 94520, VI 🐾
H Landhotel Marburg, Marburg 16, ✆ 94430, VII
H Königshotel am Schlosspark, Berliner Str. 47, ✆ 406080, VII
Gh Rheda, Am Faulbusch 9, ✆ 55070, VI

Wiedenbrück
H Romantik Hotel Wiedenbrück, Lange Str./Markt, ✆ 9210, VI 🐾
H Zur Wartburg, Mönchstr. 4, ✆ 92520, VI 🐾
H Sonne, Hauptstr. 31, ✆ 93710, VI
H Hohenfelder Brauhaus, Lange Str. 10, ✆ 8406, VI
H Jägerheim, Am Jägerheim 1, ✆ 577966, VI
H Sport Hotel, Wasserstr. 40, ✆ 9533, VI
Hg Am Wasserturm, Bielefelder Str. 143, ✆ 8782, VI

Batenhorst
Gh Albermann, Beckumer Str. 22, ✆ 34642, IV-V (südl. von Wiedenbrück) 🐾

Lintel
Gh Pöppelbaum, Postdamm 28, ✆ 7692, IV

Verl
PLZ: 33415; Vorwahl: 05246
🅹 Stadtverwaltung, Paderborner Str. 5, ✆ 961112
H Kampwirth, Hauptstr. 10, ✆ 3508, VI
H Liemke, Fürst-Wenzel-Platz 4, ✆ 2948, VI
H Mutlu, Fürstenstr. 49, ✆ 70008-0, VI
H Sielhorst, Paderborner Str. 53, ✆ 3532, VI
H Kauers, Wiedenbrücker Str. 6, ✆ 83178, VII

H Landhotel Altdeutsche, Sender Str. 23, ☎ 9660, VII 🛏
Hg Papenbreer, Gütersloher Str. 82, ☎ 92040, VII
Hg Deutsches Haus Verl, Hauptstr. 26, ☎ 9354276, V 🛏

Schloss Holte-Stukenbrock
PLZ: 33758; Vorwahl: 05207
ℹ Stadt, ☎ 89050
H Westhoff, Hauptstr. 24, ☎ 9110-0, V-VI
H Holter Schlosskrug, Schlossstr. 100, ☎ 91450, V
H Schniermann, Oerlinghauser Str. 33, ☎ 3344, III 🛏
Hg Senne, Bokelfenner Str. 3, ☎ 9188-0, V
Gh Buschkrug, Kaunitzer Str. 102, ☎ 92690, IV
Gh Kösters, Hauptstr. 4, ☎ 95070, V 🛏
Gh Forellkrug, Senner Str. 22, ☎ 3895, II 🎣
Gh Zum Furlbachtal, Senner Str. 20, ☎ 2326, III
P Dirkscheider, Flugplatzstr. 18, ☎ 95300, III-IV
P Schniedermann, Hövelrieger Str. 4, ☎ 2129, II
P Sennetreff, Lippstädter Weg 25, ☎ 977399, II 🎣
Pz Haus Lüke, Bokefenner Str. 92, ☎ 3049, II
🏕 Am Furlbach, Am Furlbach 33, ☎ 3373
🏕 Jägerkrug, Am Furlbach 59, ☎ 930326
🏕 In den Tannen, Föhrenweg 5, ☎ 88351

Hövelriege
PLZ: 33161; Vorwahl: 05257
H Spieker, Detmolder Str. 86, ☎ 2222, IV-V
H Piärdestall, Gütersloher Str. 245, ☎ 2244, IV-V

Hövelhof
PLZ: 33161; Vorwahl: 05257
ℹ Verkehrsverein, Schloßstr. 14, ☎ 5009215
H Brink, Allee 38, ☎ 2201 o. 3223, V

H Victoria, Bahnhofstr. 35, ☎ 93770, V 🛏
H Piardestall, Gütersloher Str. 245, ☎ 2244, IV-V
H Spieker, Detmolder Str. 86, ☎ 2222, IV-V
H Zum Grünen Baum, Gütersloher Str. 71, ☎ 98420, V
Gh Göke, Am Haustenbach 123, ☎ 930655, III-IV 🛏
Gh Kersting, Sennestr. 95, ☎ 940313, III
fw Siegenbrink, Kösterweg 50, ☎ 4152, II 🛏
🏕 Hövelhof, Paderborner Str. 172, ☎ 2232

Hiddesen
PLZ: 32754; Vorwahl: 05231
H Hiddeser Hof, Friedrich-Ebert-Str. 86, ☎ 9879010, IV

Detmold
PLZ: 32754; Vorwahl: 05231
ℹ Tourist Information, Rathaus am Markt, ☎ 977328
H Brechmann, Bahnhofstr. 9, ☎ 25655, III-IV 🛏
H Detmolder Hof, Lange Str. 19, ☎ 99120, V-VI
H Landhotel Diele, Bielefelder Str. 257-261, ☎ 96400, IV
H Forellenhof, Gebr.-Meyer-Str. 50, ☎ 98500, IV-V
H Lippischer Hof, Willy-Brandt-Platz 1, ☎ 9360, V-VI
H Nadler, Grabbestr. 4, ☎ 92460, IV-V
H Best Western Residenz Hotel, Paulinenstr. 19, ☎ 9370, V-VI
H Stadthotel, Bahnhofstr. 22, ☎ 6161800, V
H Berghof Starck, Leistruper-Wald-Str. 100, ☎ 58301
Hg Elisabeth, Elisabethstr. 5-7, ☎ 948820
P Hermann, Woldemarstr. 17, ☎ 22527, II-IV
Pz Kuks, Habichtstr. 6, ☎ 68903, II
Pz Pillath, Nachtigallenweg 21, ☎ 27509, II
🏠 Jugendherberge, Schirrmannstr. 49, ☎ 24739, II 🛏

Pivitsheide
Fw Brinkmann, Sandstr. 41, ☎ 05232/98510, III-IV 🛏

Heiligenkirchen
PLZ: 32754; Vorwahl: 05231
H Das Idyll, Am Bosenberg 10, ☎ 47419, III-IV 🛏
H Achilles, Paderborner Str. 87, ☎ 94630, III-IV 🛏
Gh Wald-Cafe, Plasskampweg 40, ☎ 47686, III

Berlebeck
PLZ: 32754; Vorwahl: 05231
H Hirschsprung, Paderborner Str. 212, ☎ 4911, V-VI
H Kanne, Paderborner Str. 155, ☎ 94680, IV
P Haus am Wasserfall, Schlehenweg 3a, ☎ 94240, III-IV
P Jäger, Tannenstr. 21, ☎ 47209, II

Horn-Bad Meinberg
PLZ: 32805; Vorwahl: 05234
ℹ Touristik-Büro, Parkstr. 2, ☎ 98903
H Lindenhof, Allee 16, ☎ 98811, IV-V
H Dortmunder Eck, Allee 37, ☎ 202950, IV-V
H Zum Stern, Brunnenstr. 84, ☎ 9050, VI
H Schauinsland, Pyrmonter Str. 51, ☎ 88200, V
H Parkblick, Parkstr. 63, ☎ 9090, VI
P Arminius, Brunnenstr. 28, ☎ 881880, V
P Förster, Brunnenstr. 78, ☎ 89690, III
P Havergoh, Brunnenstr. 67, ☎ 9754, II 🛏
P Hotel-Pension Stibbe, Kleppergarten 5, ☎ 8930, IV 🛏
P Landhaus-Pension Blumengarten, Bangern 17 und 20, ☎ 3186, IV 🛏
P Reuter, Brunnenstr. 96, ☎ 98184, IV
P Sölter, Seestr. 10, ☎ 88440, III 🛏

P Spieker, Gartenstr. 11, ☎ 89590, V
P Sprenger, Marktstr. 2, ☎ 89610, II
P Stegemann, Pyrmonter Str. 2, ☎ 98867, III
P Haus Storck, Brunnenstr. 108, ☎ 8920, IV-V
P Haus am See, Pyrmonter Str. 9, ☎ 99040, II
P Vierjahreszeiten, Fliederweg 13, ☎ 8900, V
P Winter, Marktstr. 16, ☎ 98738, V
P Alte Schule Leopoldstal, Silbergrund 62, ☎ 879091, IV 🛏
🏠 Jugendherberge, Jahnstr. 36, ☎ 2534 🛏

Steinheim
PLZ: 32839; Vorwahl: 05233
ℹ Stadtmarketing, Emmerstr. 7, ☎ 997327
H Hubertus, Rosentalstr. 15, ☎ 5246
H Hotel am Markt, Marktstr. 18, ☎ 5225

Nieheim
PLZ: 33039; Vorwahl: 05274
ℹ Tourismusbüro, Lange Str. 12, ☎ 8304
H Berghof, Piepenborn 17, ☎ 342, V
H Westfälischer Hof, Marktstr. 27, ☎ 98870, V 🛏
H Ambiente, Am Park 6, ☎ 98980, III
P Haus am Park, Am Park 8, ☎ 467, II-III
P Weberhaus, Friedrich-Wilhelm-Weber-Str. 13, ☎ 98930, IV

Marienmünster-Vörden
PLZ: 37696; Vorwahl: 05276
ℹ Tourist-Information Vörden, Schulstr. 1, ☎ 98980
H Restaurant Germanenhof, Heideweg 26, ☎ 224, III 🛏
H Weber, Marktstr. 2, ☎ 98960, III
Gh Am Brunnen, Niedernstr. 5, ☎ 952257, III 🛏

Ovenhausen

PLZ: 37671; Vorwahl: 05278

P Hesse, Hauptstr. 24, ✆ 252, III-IV

Höxter

PLZ: 37671; Vorwahl: 05271

🛈 Tourist-Information, Historisches Rathaus, ✆ 19433

H Corveyer Hof, Westerbachstr. 29, ✆ 97710, III

H Niedersachsen Ringhotel, Grubestr. 3-7, ✆ 6880, VI

H Weser-Aktivhotel-Corvey, Domäne Schloss Corvey, ✆ 6946866, II (mit 🅰 🕿)

H Stadt Höxter, Uferstr. 4, ✆ 69790, V 🕿

P Elberg, Lütmarserstr. 34, ✆ 2155, II

P Gästehaus Boye, Am Bielenberg 27, ✆ 31451, II

P Haus Rosen, Hackelbreite 2, ✆ 32492, II

P Haus Schönherr, Möringstr. 12, ✆ 34190, II

P Reinhardt, Grüne Mühle 20, ✆ 37858, II

P Tovote, Möringstr. 11, ✆ 380714, II

🏠 Jugendherberge, An der Wilhelmshöhe 59, ✆ 2233 🕿

🅰 Camping, Sportzentrum 4, ✆ 2589 🕿

Albaxen

PLZ: 37671; Vorwahl: 05271

H Tonenburg, ✆ 921182, V

Gh Von Heesen, Hansastr. 29, ✆ 7489, III 🕿

Gh Rosenkranz, Hansastr. 25, ✆ 7443, III

P Zur Weser, Wehrstr. 31, ✆ 7479, III 🕿

Holzminden

PLZ: 37603; Vorwahl: 05531

🛈 Stadttourismus Holzminden, Markt 2, ✆ 8138945.

H Buntrock, Karlstr. 23, ✆ 93730, V

H Schleifmühle, Schleifmühle 3, ✆ 5098, V

H Schatte, Am Wildenkiel 15, Holzminden-Neuhaus, ✆ 05536/95140, V

Hg Rosenhof, Sollingstr. 85, ✆ 995900, V

H Interopa, Altendorfer Str. 19, ✆ 93670, IV-V

H Kiekenstein, Heinser Str. 74, ✆ 4008, IV

P Zur Sollingsruh, Mühlenberg 1, ✆ 3541, III

P Weserque, Bleiche 1, ✆ 992781, III

🏠 Jugendherberge, Steinhof 2, ✆ 4411 🕿

🅰 Mobilcamping, Stahler Ufer, ✆ 990965

🅰 Campingplatz, Glashüttenweg, ✆ 664

Stadtoldendorf

PLZ: 37627; Vorwahl: 05532

🛈 Stadtoldendorf, Kirchstr. 4, ✆ 90050

H Weserbergland, Hoopstr. 2, ✆ 5060, V-VI

Fw Gingkohaus, Neue Str. 5, ✆ 994700 🕿

Emmerborn

🅰 Campingplatz Brockenblick, ✆ 1515

Dassel

PLZ: 37586; Vorwahl: 05564 u. 05562

🛈 Fremdenverkehrsverein, Südstr. 1, ✆ 05564/501

H Sollingstern, Weiße Mühle 11, ✆ 05562/94040, IV

Gh Dasseler Gästehaus, Obere Str. 1, ✆ 2260 🕿

P Haus Bohne, Holtenser Str. 2, ✆ 6266

Markholdersdorf

P Haus Banning, Sechwandsweg 4, ✆ 8668

P Haus Tolle, Amelser Str. 27, ✆ 0178/8594862

Lüthorst

P Haus Plaster, lüthardstr. 34, ✆ 1755

Einbeck

PLZ: 37574; Vorwahl: 05561

🛈 Tourist Information, Marktstr. 13, ✆ 3131910

H Panorama, Mozartstr. 2-6, ✆ 93770, V

H Der Schwan, Tiedexer Str. 1, ✆ 4609, V

H Einbecker Hof, Neuer Markt 20, ✆ 93270, V 🕿

H Goldener Löwe, Möncheplatz 8-10, ✆ 74050, V

Hg Haus Johanna, Bürgermeisterwall 8, ✆ 93350, IV

Gh Zur Stadt Einbeck, Benser Str. 27, ✆ 4086, III

P Gästehaus am Mühlenwall, Benser Str. 28, ✆ 74531

Pz Baye, Hägerstr. 49, ✆ 2458, III

🏠 Jugendgästehaus, Tiedexer Tor 6c, ✆ 936216

Hullersen

P Landhaus Birkenhof, Birkenweg 23, ✆ 4400

Gh Huldersun, Dorfstr. 10, ✆ 71815 🕿

Negenborn

H Einbecker Sonnenberg, Am Brockenblick 2, ✆ 7950, VI 🕿

Drüber

Fw G. Althaus, Über dem Salzgraben 21, ✆ 81440 🕿

Salzderhelden

PLZ: 37574; Vorwahl: 05561

Pz Meurer, Im Talmorgen 18, ✆ 81109, III

Pz Rawisch, Waldstr. 22, ✆ 8750, II-III 🐾

Greene

PLZ: 37547; Vorwahl: 05563

H Landhaus Greene, Steinweg 5, ✆ 70010, IV-V

Kreiensen

PLZ: 37547; Vorwahl: 05563

🛈 Gemeinde Kreiensen, Wilhelmstr. 21, ✆ 7020

H Zum Leinetal, Luisenstr. 15, ✆ 5655, III

Fw Sebbes, Tiefer Weg 7, ✆ 05563/6148 🕿

Orxhausen

Gh Grüner Jäger, Orxhausen 20, ✆ 305, IV-V

Bad Gandersheim

PLZ: 37582; Vorwahl: 05382

🛈 Tourist Information, Stiftsfreiheit 12, ✆ 73-700

H Am See, Am Osterbergsee 7, ✆ 95510, IV-V

H Kurpark-Hotel Bartels, Dr.-Heinrich-Jasper-Str. 2, ✆ 750, IV-V

H Waldschlösschen, Dr.-Heinrich-Jasper-Str. 13, ✆ 2649, III-IV

Hg Gerichtsschänke, Burgstr. 10, ✆ 98010, IV-V

Gh Diakonissen Mutterhaus, Hildesheimer Str. 8, ✆ 706291 🕿

P Bartsch, Petristr. 4, ✆ 5898017, III 🕿

P Seehütte, Am Osterbergsee 5, ✆ 1777, II 🕿

Pz Brüning, Am Kantorberge 13a, ✆ 2184, II 🐾

Pz Conrad, Habichtsfang 6, ✆ 2524, II 🐾

Pz Scholz, Finkenweg/Ecke Fasanenweg, ✆ 1527, II

🅰 DCC-Kurcampingplatz, Braunschweiger Str. 12, ✆ 1685

Brunshausen

P Im Klosterhof, Brunshausen 6, ✆ 3141, III

Ackenhausen

Gh Alte Mühle, Am Mühlenteich 1, ✆ 5550 🕿

Altgandersheim

Gh Zur Heberbörde, Rük 18, ✆ 5212

Fw bei Klüger`s, Gremsheimer Str. 11, ✆ 958790

Wolperode

PLZ: 37581; Vorwahl: 05382
Bh Sprengel, Wolperode 21, ✆ 95550, II-III
Bh Ebeling, Wolperode 31, ✆ 5345, II

Langelsheim

PLZ: 38685; Vorwahl: 05326
🆔 Stadtverwaltung, Harzstr. 8, ✆ 5040
🅰 Am Krähenberg, Mauerkamp, ✆ 969281
🅰 Innerstetalsperre, Innerstetalsperre 2, ✆ 2166

Goslar

PLZ: 38640; Vorwahl: 05321
🆔 Goslar Marketing GmbH, Markt 7, ✆ 78060
H Der Achtermann, Rosentorstr. 20, ✆ 70000, VI
H Bären, Krugwiese 11a, ✆ 7820, V-VI
H Niedersächsischer Hof, Klubgartenstr. 1-2, ✆ 3160, VI
H Haus Lydia, Ginsterbusch 1-2, ✆ 34530, V
H Goldene Krone, Breite Str. 46, ✆ 34490, V-VI
H Zur Alten Münze, Münzstr. 10, ✆ 22546, V
H Zur Börse, Bergstr. 53, ✆ 22220, IV-V
H Kaiserpfalz, Hoher Weg 17, ✆ 20434, III-IV
H Das Brusttuch, Hoher Weg 1, ✆ 34600, VI
H Gosequell, An der Gose 23, ✆ 34050, III-IV
H Kaiserworth, Markt 3, ✆ 7090, V-VI
Hg Kirchner, Doktorswiese 7, ✆ 34950, IV-V 🍽
Hg Die Tanne, Bäringerstr. 10, ✆ 34390, IV-V
P Alscher, Klosterstr. 9a-10, ✆ 34090, III
P Schmitz, Kornstr. 1, ✆ 23445, II
P Zellmer, Bäringerstr. 8, ✆ 23496, III
P Zum Georgenberg, Klosterstr. 6, ✆ 18050, III

P Arleta, Am Nordberg 7, ✆ 25323, III-V
P Epping, Bergdorfstr. 14, ✆ 21312, III
P Graul, Bergdorfstr. 2, ✆ 21931, III
P Möller, Schieferweg 6, ✆ 23098, III-IV
P Haus am Steinberg, Zeppelinstr. 1, ✆ 75880, III-V
P Verhoeven, Hoher Weg 12, ✆ 23812, III-V
Pz Engelcke, Doktorswiese 10, ✆ 22298, II
Pz Fricke, Ziegenstr. 7, ✆ 21845, II
Pz Isolde, Kattenberg 10, ✆ 41826, II-III
Pz Kotschken, Peterstr. 11a, ✆ 21749, II
Pz Schmidt, Troppauer Str. 5, ✆ 51300, I-II
🛏 Jugendherberge, Rammelsberger Str. 25, ✆ 22240 🍽

Bad Harzburg

PLZ: 38667; Vorwahl: 05322
🆔 Touristinformation, Nordhäuserstr. 4, ✆ 75330
H Harz Autel, Nordhäuser Str. 3, ✆ 96677, IV
H Braunschweiger Hof, Herzog-Wilhelm-Str. 54, ✆ 7880, VI
H Haus Bismarck, Bismarckstr. 39, ✆ 6227, III-IVI
H Seela, Nordhäuser Str. 5, ✆ 7960, VI
H Tannenhof, Nordhäuser Str. 6, ✆ 96880, IV-V
H Vier Jahreszeiten, Herzog-Julius-Str. 64, ✆ 7870, V-VI
H Wiener Hof, Herzog-Wilhelm-Str. 97, ✆ 7950, V
H Winterberg, Nordhäuser Str. 8, ✆ 928692, III-V
Hg Hanseatic, Fritz-König-Str. 18, ✆ 96640, II-IV
P Haus Breustedt, An der Kirche 16, ✆ 1352, I
P Haus Magdeburg, Hindenburgring 6, ✆ 1573, II-III
P Marxmeier, Am Stadtpark 41, ✆ 911090, IV-V
P Haus Mögebier, Forststr. 6, ✆ 81782, I
P Haus Roswita, Am Vorwerk 7a, ✆ 52656, II

P Trautheim, Am Stadtpark 12, ✆ 4438, III
P Villa Irene, Am Kurpark 1-2, ✆ 96250, III
🅰 Göttingerode, ✆ 81215
🅰 Wolfstein, ✆ 3585

Ilsenburg

PLZ: 38871; Vorwahl: 039452
🆔 Tourismus GmbH, Marktplatz 1, ✆ 19433
H Kurpark-Hotel, Ilsetal 16, ✆ 9560, IV-V
H Berghotel Ilsenburg, Suental 5, ✆ 900
H Landhaus Zu den Rothen Forellen, Marktplatz 2, ✆ 9393, VI
H Stadt Stolberg, Faktoreistr. 5, ✆ 9510 🍽
H Waldhotel am Ilsenstein, Ilsetal 9, ✆ 9520, IV-V
H Zur Erholung, Mühlenstr. 19, ✆ 8143, IV
Gh Vogelmühle, Vogelgesang 1, ✆ 99230, IV-V
P Antica Roma, Marienhöfer Str. 9f, ✆ 88236, IV-V
P Stadt Hamburg, Karl-Marx-Str. 16, ✆ 2211, III-IV
Pz Günther, Kurze Str. 18, ✆ 88346, I-II
Pz Hoppe, Marktpl. 3, ✆ 2633, I-II
Pz Kuschmierz, Wilhelmstr. 2, ✆ 87827, I-II

Drübeck

H Ev. Zentrum Kloster Drübeck, Klostergarten 6, 94330, IV-V

Wernigerode

PLZ: 38855; Vorwahl: 03943
🆔 Wernigerode Tourismus GmbH, Marktpl. 10, ✆ 5537835 o. 19433
H Apparthotel, Breite Str. 48, ✆ 626121, V
H Altstadt-Hotel, Unterengengasse 14, ✆ 557799, III-IV
H Alt-Wernigeröder Hof, Pfarrstr. 50a, ✆ 94890, IV-V

H Am Anger, Breite Str. 92, ✆ 92320, V
H Deter, Amtsfeldstr. 36a, ✆ 604931, III-IV
H Erbprinzenpalais, Lindenallee 27, ✆ 54050, V
H Fischer, Mauergasse 1, ✆ 691350, V-VI
H Harzkrone, Nöschenröder Str. 42-43, 45075, IV
H Mühlental, Mühlental 13, ✆ 25391, II-III
H Rathaus-Hotel, Breite Str. 9, ✆ 630996, V
H Schlossberg-Hotel, Burgberg 9 B, ✆ 54590, IV-V
H Schlosspalais Fischer, Johann-Sebastian-Bach-Str. 11, ✆ 630540, V-VI
H Stadt Wernigerode, Langer Stieg 62, ✆ 63070, II-IV
H Travel Charme, Marktplatz 2, ✆ 6750, V-VI
H Wernigerode (HKK), Pfarrstr. 41, ✆ 9410, VI
H Waldmühle, Mühlental 76d, ✆ 55330, III-V
H Weißer Hirsch, Marktplatz 5, ✆ 602020, VI
H Zur Post, Marktstr. 17, ✆ 69040, V
H Zur Tanne, Breite Str. 57/59, ✆ 632554, III-V
Hg Harmonie, Forckestr. 20, ✆ 604340, V
Hg Johannishof, Pfarrstr. 25, ✆ 94940, IV-V
Hg Median, Benzingeröder Chaussee 8, ✆ 54390, IV-V 🍽
Gh Edgars Bistro GmbH, Albert-Bartels-Str. 25, ✆ 632127, III
P Altstadt-Café, Grüne Str. 48, ✆ 601019, III
P Am Nicolaiplatz, Breite Str. 17, ✆ 632329, III-IV
P Am Zillierbach, Mühlental 22c, ✆ 47097, II-III
P Haus Andrea, Harburgstr. 3, ✆ 47373, III
P Böttcher, Am großen Bleek 9, ✆ 632337, II
P Ginko, Louis-Braille-Str. 17, ✆ 632368, II
P Hasseröder Hof, Amtsfeldstr. 33a, ✆ 632506, III

P Haus Marga, Unterm Ratskopf 23, ☎ 633162, IV
P Jagdhaus Unterm Ratskopf, Unterm Ratskopf 20, ☎ 93980, V
P Monika, Grubestr. 11, ☎ 603209, II
P Oberbeck, Hilleborchstr. 4, ☎ 632662, II-III
P Rosenthal, Burgberg 7, ☎ 46285, II
P Runge, Amtsfeldstr. 20, ☎ 605638, II-III
P Schweizer Hof, Salzbergstr. 13, ☎ 632098, III-IV
P Zur alten Mühle, Mühlental 76, ☎ 501127, II
P Harz-Hostel, Schmatzfelder Str. 50-52, ☎ 501826, IV
P Zur Neuen Quelle, Friedrichstr. 129, ☎ 632725, II-III
🏠 Jugendgästehaus, Friedrichstr. 53, ☎ 632061

Hasserode
Fw Freiraum, Langer Stieg 5, ☎ 262086, II 🏠
🏠 Jugendherberge Wernigerode, Am Eichberg 5, ☎ 606176, II-III 🏠

Blankenburg
PLZ: 38889; Vorwahl: 03944
ℹ Kurverwaltung, Tränkestr. 1, ☎ 2898
H Viktoria Luise, Hasselfelder Str. 8, ☎ 91170, VI
H Fürstenhof, Mauerstr. 9, ☎ 90440, V
H Zum Sportforum, Regensteinsweg 12, ☎ 366688, III
H Stukenbreite, Stukenbreite 1-3, ☎ 2885, III
P Am Kurpark, Albert-Schneider-Str. 4, ☎ 90080, II
P Haus Elisabeth, Mozartstr. 3, ☎ 350589, II-III
P Klaus, Lindestr. 12, ☎ 2423, II

Michaelstein
H Zum Klosterfischer, Michaelstein 14, ☎ 351114, V 🏠

Thale
PLZ: 06502; Vorwahl: 03947
ℹ Thale-Information, Bahnhofstr. 3, ☎ 2597
H Warnstedter Krug, Hauptstr. 118, ☎ 2710, IV-V
H Zur alten Backstube, R.-Breitscheid-Str. 15, ☎ 772490, IV
Hg Hoffmann's, Musestiege 4, ☎ 41040
Hg Haus Sonneneck, Heimburger Str. 1a, ☎ 49610, V
P Kleiner Ritter, Markt 2, ☎ 2570, II
P Kleiner Waldkater, Bodetal, ☎ 2826, III
P Königsruhe, Hirschgrund 1, ☎ 2726, III-V
🏠 Jugendherberge, Waldkater-Bodetal, ☎ 2881 🏠

Bad Suderode
PLZ: 06507; Vorwahl: 039485
ℹ Kurverwaltung, Felsenkellerpromenade 4, ☎ 510
H Am Kurpark, Jägerstr. 7, ☎ 5100, III-IV
H Am Kur Café, Ellernstr. 19, ☎ 5410, IV-V
P Am Kurzentrum, Brinkstr. 11, ☎ 90055, III-IV
P Haus Musica, Schwedderbergstr. 5, ☎ 64205, III
P Kurhausblick, Brinkstr. 26, ☎ 5420, III-IV
P Harzschütz, Jägerstr. 8, ☎ 61819, II
Pz Becker, Grünstr. 16, ☎ 61808, II
Pz Sander, Grünstr. 14, ☎ 61806, I-II
Pz Schlamp, Gartenstr. 32a, ☎ 90066, I-II

Gernrode
PLZ: 06507; Vorwahl: 039485
ℹ Gernrode Information, Suderöder Straße, ☎ 354
Gh Zum Bären, Marktstr. 21, ☎ 5450, III
P Schwarzer Adler, Cl.-Zetkin-Str. 34, ☎ 60713, II-III
P Bückemühle, Am Bückeberg 3, ☎ 419, ab IV

P Sternhaus, ☎ 273, III
Fw Bormann, Bahnhofstr. 36, ☎ 668465, II
🏠 Jugendherberge, Kirchpl. 10, ☎ 60826, II

Ballenstedt
PLZ: 06493; Vorwahl: 039483
ℹ Tourist-Information, Anhaltiner Platz 11, ☎ 263
H Großer Gasthof, Schlossplatz 1, ☎ 510, VI
H Stadt Bernburg, ☎ 97003, III
P Am Markt, Alter Markt 8, ☎ 53538, II
Pz Beyer, Apfelallee 8, ☎ 81323, II

Stadt Falkenstein/Harz
PLZ: 06463; Vorwahl: 034743
ℹ Stadtverwaltung, Markt 1, ☎ 960
ℹ Touristinformation am Gartenhaus, OT Pansfelde, ☎ 53565

Meisdorf
H Schloss Meisdorf, Allee 5, ☎ 980, V-VI
Gh Zum Falken, Falkensteiner Weg 2, ☎ 8247, II-III
🏠 Jugendherberge, Falkensteiner Weg 2b, II-III, ☎ 8257, 🏠

Ermsleben
P Karina, Ludwig-Gleim-Str. 15, ☎ 369, II
P Kluge, Lindenstr. 11a, ☎ 61262, II

Reinstedt
Vorwahl: 034741
H Harz-Ring, Froser-Str. 1 a, ☎ 789607, IV-V
H Metzler, Unterdorf 71, ☎ 411, II

Nachterstedt
PLZ: 06469; Vorwahl: 034741
H Zum Schwan, Lindenstr. 5, ☎ 74470, III

Gatersleben
PLZ: 06469; Vorwahl: 034741
H Schäferberg, Schäferberg 1 a, ☎ 408, III

Schadeleben
PLZ: 06469; Vorwahl: 034741
P Robinienhof, Bauernstr. 11, ☎ 8259, II

Gänsefurth
H Sportcenter, ☎ 03925/280223

Staßfurt
PLZ: 39418; Vorwahl: 03925
ℹ Bürgerinformations- und Dienstleistungscenter (BIDC), Steinstr. 40, ☎ 981191
H Burgas, Hohenerxlebener Str. 100, ☎ 381779, III-IV
H Salzland-Center-Staßfurt, Hecklinger Str. 80, ☎ 870010, V
P Alte Eiche, Friedensallee 14, ☎ 304838
P Härtel, Schulstr. 14, ☎ 301725, II
P Am Anger, Neundorfer Str. 6a, ☎ 302982, I-II
Pz Scholz, Güstener Str. 47, ☎ 303050, II

Hohenerxleben
PLZ: 39418; Vorwahl: 03925
H Schlossherberge, Friedensallee 17, ☎ 989060, II-V
H Alte Eiche, Friedensallee 18-20, ☎ 813517, I-V

Neugattersleben
PLZ: 06429; Vorwahl: 034721
ℹ Gemeindeverwaltung, Bauerberg 3, ☎ 26905
Gh Zum Goldenen Stern, Friedensstr. 23, ☎ 4030, II

Nienburg/Saale
PLZ: 06429; Vorwahl: 034721

H Zum Löwen, Schlossstr. 27, ☎ 41450, IV 🖥

Bernburg/Saale
PLZ: 06406; Vorwahl: 03471
🄸 Tourismusverband Salzlandkreis e.V., Solbadstr. 2, ☎ 301204
🄸 Stadtinformation, Lindenplatz, ☎ 3469311
H Askania, Breite Str. 2-3, ☎ 3540, V 🖥
H City-Hotel, Lindenstr. 1c, ☎ 622170, IV-V
H Kammerhof, Breite Str. 62, ☎ 334960, III-V
H Parkhotel, Aderstedter Str. 1, ☎ 3620, V
H Fürsteneck, ☎ 34670
P Westfälischer Hof, Karlstr. 3, ☎ 622085
P Berlin, Steinstr. 10, ☎ 370303, III-IV
P Günter, Friedensallee 38, ☎ 370147, II
P Lauf's, Zepziger Weg 3, ☎ 310800, II ✗
Pz Dasbach, Karlstr. 30, ☎ 627456, II
Pz Gürtler, Platz der Jugend 4a, ☎ 353660, II
Pz Niggemann, Martinsplatz 1, ☎ 319803, II
Pz Wilhelm, Fritz-Kraft-Str. 17, ☎ 312142, II ✗
🄷 Jugendherberge, Krumbholzallee 2, II-III, ☎ 352027 ✗ 🖥
🛶 MBSV Wasserwandern, Pfaffenbusch 1 ☎ 626404

Cörmigk
PLZ: 06408; Vorwahl: 034722
P Zum Adler, Friedensstr. 4, ☎ 21273, II 🖥

Köthen
PLZ: 06366; Vorwahl: 03496
H Am Hubertus, Fasanerieallee, ☎ 5740, III
H Anhalt, Ludwigstr. 53, ☎ 50010, III

H Stadt Köthen, Fr.-Ebert-Str. 22, ☎ 556106, III
H Zur Schlachteplatte, Lindenstraße 1, ☎ 212498, II
P Akazie, Akazienstraße 5a, ☎ 212249, II
P Brauhaus, Am Lachsfang 1-3, ☎ 3099490, II
P Der Keller, Lange Straße 51, ☎ 214719, II
P Lehmann, Friedhofstraße 23, ☎ 214871, II
P Müns, Sebastian-Bach-Str. 36, ☎ 554812, II
P Zum Rüdesheimer, Fr.-Ebert-Straße 48, ☎ 213026, III-III
P Walter, Parkstraße 11, ☎ 214644, II
Pz Dorsch, Kastanienstraße 3, ☎ 303505

Drosa-Bobbe
P Öko-Domäne Bobbe, Kastanienstraße 9, ☎ 034979/400-0 (auch 🛶)

Aken
PLZ: 06385; Vorwahl: 034909
🄸 Stadtverwaltung, Markt 11, ☎ 80430
P An der alten Post, Bahnhofstr. 8, ☎ 8890, III 🖥
P In der Siedlung, Freiheitsstr. 7, ☎ 39206, II
P Heenemann, Köthener Chaussee 83, ☎ 86233, III 🖥
P An der Nicolaikirche, Meisterstr. 19, ☎ 82665
Fw A. Ebert, Philippsburg 23a, ☎ 84393, II 🖥

Kleinzerbst
PLZ: 06386; Vorwahl: 03496
P Herberge Aken, Waldweg 7, ☎ 03496/212675 (auch 🛶 und Gruppenunterkunft), I-II

Dessau
PLZ: 06844; Vorwahl: 0340
🄸 Tourist-Information, Zerbster Str. 2c, ☎ 2041442
H Fürst Leopold, Friedensplatz, ☎ 25150, VI-VII

H NH Dessau, Zerbster Str. 29, ☎ 25140, V-VI
P Zur Linde, Hauptstr. 6, ☎ 034901/66960, II-III
P Damm, R.-Schirrmacher-Str. 18, ☎ 616295, III-IV
P Mahnel, Kantstr. 6, ☎ 214075, II
P Müller, Straßburger Str. 23, ☎ 611720, II-III
P Schiller, Schillerstr. 11, ☎ 212322, II-III
P Siewert, Wilhelm-Müller-Str. 19, ☎ 212318, III
P Bürgerhaus, Mendelsohnstr. 43, ☎ 2204528, III
P Nord, Kantstr. 2, ☎ 2210827, III-IV
P Landhaus Dessau, Landhaus 1, ☎ 2106461, IV
Pg City-Pension, Ackerstr. 3a, ☎ 8823076, III-IV
Pz Linde, Isarstr. 16, ☎ 617031, II
Pz Haus Berlin, Fischereiweg 41, ☎ 2169160, III
🄷 Jugendherberge, Ebertallee 151, ☎ 619803, I-II 🖥

Waldersee
P Am Luisium, Kreisstr. 18, ☎ 2161321, II -e-
Fw Gestüt am Luisium, Am Luisium 17, ☎ 2203747 -e-
Fw Herzog, Birnbaumweg 23, ☎ 2161208
Fh Berger, Schönitzer Str. 10a, ☎ 2164074, III
Fh Schlangenhaus, Luisium, ☎ 646150
Fh Eyserbeck, Luisium, ☎ 646150

Mildensee
PLZ: 06842; Vorwahl 0340
H ETAP, Sollnitzer Allee 4, ☎ 210690, III
H Parkhotel Dessau, Sonnenallee 4, ☎ 21000, IV
🛶 Campingplatz Adria, ☎ 2160945 (direkt am Badesee)

Kleinkühnau
PLZ: 06846; Vorwahl: 0340
H Thüringer Hof, Hauptstr. 179, ☎ 631505, IV-V

Großkühnau
P Neidigk, Ebenhahnstr. 4, ☎ 616448, II-III 🖥
P Kilometer 267, Burgreinaer Str. 16, ☎ 618156, III, 🖥

Ziebigk
Hg An den 7 Säulen, Ebertallee 66, ☎ 619620, IV-V

Mosigkau
PLZ: 06847; Vorwahl: 0340
H Zum Kleinen Prinzen, E.-Weinert-Str. 16, ☎ 51707, V

Kochstedt
H Heideperle, Pfaffendorfer Str. 16, ☎ 5034160, III-V
Hg Kochstedt, Königendorfer Str. 36, ☎ 512343, II-III

Brambach
PLZ: 06862; Vorwahl: 034901
H Elbterrassen zu Brombach, An der Elbe 2, ☎ 82675, III

Vockerode
PLZ: 06786; Vorwahl: 034905
P Pension an der A 9, Kapenweg 13, ☎ 20792, II

Wörlitz
PLZ: 06786; Vorwahl: 034905
🄸 Wörlitz-Information, Neuer Wall 103, ☎ 20216
H Wörlitzer Elbterrassen, Elbterrasse 1, ☎ 034903/89095, VI-VII 🖥
H Wörlitzer Hof, Markt 96, ☎ 4110, V-VI 🖥
H Parkhotel, Erdmannsdorffstr. 62, ☎ 20322, V-VI 🖥
H Zum Gondoliere, Angergasse 131, ☎ 20329, IV
Gh Drei Linden, Neue Reihe 149a, ☎ 20509, III
P Schulze, Georg-Forster-Str. 166, ☎ 20426, III-IV
P Am Park, Markt 12, ☎ 20282, III-IV 🖥
Pz Allenstein, Amtsgasse 38, ☎ 22241, II

Pz Boese, Bahnhofstr. 14, ✆ 20032 o. 0178/3033850, II
Pz Buchholz, Neuer Wall 102b, ✆ 20129, III
Pz Jähner, Mühlweg 23, ✆ 21158, II
Pz A. Karohl, Förstergasse 28, ✆ 21771, II-III
Pz Krause, Grabengasse 220b, ✆ 20088, II-III
Pz Leszczyk, Angergasse 106b, ✆ 30180, II
Pz Miertsch, Angergasse 108b, ✆ 20461, II
Pz Stieler, Georg-Forster-Str. 159, ✆ 20078, II
Pz Unverricht, Erdmannsdorffstr. 20, ✆ 20328, II
Pz Weiser, Mittelhölzer 2, ✆ 20114, II
Pz Wetzel, Erdmannsdorffstr. 66, ✆ 20214, II

Oranienbaum
PLZ: 06785; Vorwahl: 034904
🛈 Stadtinformation, Schlossstr. 17, ✆ 22520
H Goldener Fasan, Dessauer Str. 41-42, ✆ 3030, VI
P Am Waldhaus, Am Waldhaus 14 a, ✆ 30573
Pz Zimmervermietung Jacob, Bahnhofstr. 2 a, ✆ 0171/6310357
Fw Huth und Reinholz, Kirchstr. 5, ✆ 21018
Fw Wemke, Friedrichstr. 5, ✆ 22017

Jüdenberg
PLZ: 06773; Vorwahl: 034953
P Henkel, Dorfstr. 26a, ✆ 22738, II-III 🚲

Radis
PLZ: 06773; Vorwahl: 034953
H AmFindling, Str. des Friedens 24a, ✆ 24210, III
🛏 Jugendherberge, Bahnhofstr. 18, ✆ 39288, I-II 🚲

Kemberg-Uthausen
PLZ: 06901; Vorwahl: 034921

Fh Heide, Am Glockenturm 7, ✆ 2249, III 🚲

Bergwitz
PLZ: 06773; Vorwahl: 034921
🏊 Bergwitzsee, ✆ 28228

Lutherstadt Wittenberg
PLZ: 06886; Vorwahl: 03491
🛈 Wittenberg Information, Schlossplatz 2, ✆ 498610
H Acron, Am Hauptbahnhof 3, ✆ 43320, IV-V 🚲
H Am Alten Anker, Dessauer Str. 286, ✆ 62000, III
H Best Western, Collegienstr. 56/57, ✆ 4250, V-VI
H Brauhaus Wittenberg, Markt 6, ✆ 433130, IV-V
H Alte Canzley, Schlossplatz 3-5, ✆ 429110, V-VI 🚲
H Goldener Adler, Markt 7, ✆ 404137, III-V
H Grüne Tanne, Am Teich 1, ✆ 629-0, IV
H Hohe Mühle, Wittenberger Str. 10, ✆ 661811, III
H Klabautermann, Dessauer Str. 93, ✆ 662149, III
H Lutherhotel, Neustr. 7-10, ✆ 458-0, V-VI 🚲
H Schwarzer Baer, Schlossstr. 2, ✆ 4204344, IV 🚲
Gh Gloecknerstift, Fleischerstr. 17, ✆ 410707, II 🚲
P Adventhaus, Gustav-Adolf-Str. 10, ✆ 402879, II
P Alabama, Berliner Str. 57b, ✆ 43310, III
P An der Stadthalle, Sternstr. 58, ✆ 404050, II
P Central, Mittelstr. 20, ✆ 411572, III
P Lindemann, Friedrichstr. 73, ✆ 403427, III 🚲
P Sternstädtchen, Rooseveltstr. 10-11, ✆ 42010, II
P Wolter, Reinsdorfer Weg 77, ✆ 412578, II
P Zur Einkehr, Heinrich-Heine-Str. 15, ✆ 662075, III
P Zur Elbe, Elbstr. 4a, ✆ 419024, III
P Rothaar, Hirschsprung 6, ✆ 662497, II

Pz Dreuse, Robert-Koch-Str. 36, ✆ 612942, II
Pz Köhler, Rotes Land 63, ✆ 411603, I-II
Pz Ramdohr, Nußbaumweg 11, ✆ 610938, II
Pz Spiller, Dr.-Behring-Str. 60, ✆ 885086, II
Fw Radlerhütte Marina-Camp Elbe, Brückenkopf 1, ✆ 4540, I-II (mit Frühstück)
🛏 Jugendherberge, Schlossstr. 14-15, ✆ 505205, II-III 🚲
🚲 Sport- und Begegnungsstätte, Dresdener Str. 160, ✆ 403125, I (mit 🏊)
🏊 Marina-Camp Elbe, Brückenkopf 1, ✆ 4540, IV 🚲
🏊 Marine Sportclub, Dresdner Str. 157, ✆ 612293

Raben
PLZ: 14823; Vorwahl: 033848
Gh Hämmerling, Dorfstr. 27, ✆ 60218, III
P Zum Taubenhaus, Hauptstr. 40, ✆ 60292, II
Pz Kunick, Dorfstr. 23, ✆ 90900, II 🚲
Pz Moritz, Zur Burg 9, ✆ 90970, (auch Heuherberge und 🏊), I-II 🚲
🏊 Hoher Fläming, Bergstr. 1, ✆ 60021 (ÖZ: 15. April-15. Okt.)
🛏 Herberge Burg Rabenstein, ✆ 60221, II-III

Rädigke
Gh Moritz, Hauptstr. 40, ✆ 60292, II 🚲

Borne
P Flämingrose, Gruboer Str. 1, ✆ 033841/38606, III

Belzig
PLZ: 14806; Vorwahl: 033841
🛈 Tourist-Information Belzig, Marktpl. 1, ✆ 3879910

H Belizi, Rosa-Luxemburg-Str. 31, ✆ 5740, V
H Alter Brauhof, Straße d. Einheit 16, ✆ 32230
H Burghotel, Wittenberger Str. 14, ✆ 31296
H Burg Eisenhardt, Straße d. Einheit 41, ✆ 6030
H Springbach-Mühle, Mühlenweg 2, ✆ 6210, V 🚲
P Pöllnitz, Lübnitzer Str. 29, ✆ 31168, II-III
Pz Börner, Friedrich-Ebert-Ring 12, ✆ 34420, II

Preußnitz
P Märkisches Gästehaus, Preußnitz 33, ✆ 033841/34267, II

Schwanebeck
PLZ: 14806; Vorwahl: 033841
P Köpp, Belziger Str. 11, ✆ 31781, II
P Schwalbennest, Straße der Einheit 2, ✆ 30189, II

Lütte
Pz Ueberall, Rothebacher Weg 7, ✆ 033846/41216, II

Fredersdorf
PLZ: 14806; Vorwahl: 14806
P Zur Mühle, Baitzer Str. 22, ✆ 41163, III

Lüsse
PLZ: 14806; Vorwahl: 033841
P Pension und Gastwirtschaft Richter, Dorfstr. 7, ✆ 8144, III
H Zum Landhaus Sternberg, Dorfstr. 31, ✆ 8145, II-III

Baitz
PLZ: 14806; Vorwahl: 033841
P Reitstall Peters, Im Winkel 22, ✆ 33874, III 🚲

Neschholz
Pz Kalisch, Dorfstr. 39, ✆ 033841/33837, II

Trebitz
PLZ: 14822; Vorwahl: 033844

H Komforthotel Zur Linde, Am Markt 3, ✆ 452, IV 🚲

Brück
PLZ: 14822; Vorwahl: 033844
H Stadtmitte, Bahnhofstr. 35, ✆ 380, III
Gh Schützenhaus, Ernst-Thälmann-Str. 11, ✆ 337, III
P Am Schlossbusch, Beelitzer Str. 6, ✆ 51364, II
P Brücker Landgasthof, Straße des Friedens 51, ✆ 50286, II
P Seminarhaus Alte Brücker Post, E.-Thälmann Str. 33, ✆ 519038 (auch Gruppenunterkunft, ⛺ auf Anfrage), I-II

Borkheide
PLZ: 14822; Vorwahl: 033845
H Fliegerheim, Fr.-Engels-Straße 9, ✆ 60400, V
Hotel Kieltyka, Fr.-Engels-Straße 45, ✆ 40315, V

Ferch
PLZ: 14548; Vorwahl: 033209
H Bootsklause, Seeweg 5, ✆ 70616, IV
H Am See, Neue Scheune 19, ✆ 70955, IV-V
H Landhaus Ferch, Dorfstr. 41, ✆ 70391, III
⛺ Schwielowsee, Am Strandbad, ✆ 70295
⛺ Neue Scheune, Seeweg 5, ✆ 70957

Petzow
PLZ: 14542; Vorwahl: 03327
🛈 Tourismus-Büro Werder (Havel), Kirchstr. 6-7, ✆ 783374
H Schloss Petzow, Zelterstr. 5, ✆ 46940, IV
H Seaside Garden, Am Schwielowsee 117, ✆ 57230, VI
H Seeblick, Löcknitz 7, ✆ 42349, II-III
P Am Seeufer, Seering. 6a, ✆ 730703, V

Pz Gerstädt, Fercher Str. 168, ✆ 71586, I-II
🏠 Verein Inselparadies Petzow e. V., Grelle 12-15, ✆ 42742, I-II, ✗
⛺ Riegelspitze, Fercher Str. 9, ✆ 42397 🚲

Werder (Havel)
PLZ: 14542; Vorwahl: 03327
🛈 Tourismusbüro, Kirchstr. 6-7, ✆ 783374
H Zur Insel, Am Markt 6, ✆ 66160, V
H Trattoria Italiana, , ✆ 741627, III
P Arielle, Fischerstr. 33, ✆ 45641, IV
Pz Heidemeyer, Am Plessower See, ✆ 45451, II
Pz Körber, Kemnitzer Ch. 113a, ✆ 44730, II

Geltow
PLZ: 14548; Vorwahl: 03327
🛈 Schwielowsee Tourismus, Str. der Einheit 3, Caputh, ✆ 033209/70899
H Landhaus Geliti, Wentorfstr. 2, ✆ 5970, V
Hg Hofer, Obstweg 1a, ✆ 56176, III 🚲
P Eifler, Wildparkstr. 9, ✆ I-II
P Himmelreich, Wentorfinsel 20, ✆ 033209/70488, IV
P Kempe, Ferdinand-von-Schill-Str. 6, ✆ 55958, III
Pz Frenzel, Am Mühlenberg 1, ✆ 56226, I

Caputh
PLZ: 14548; Vorwahl: 033209
🛈 Schwielowsee Tourismus, Str. der Einheit 3, ✆ 70899
H Märkisches Gildehaus, Schwielowseestr. 58, ✆ 7790, V
H Flair-Hotel Müllerhof, Weberstr. 49-50, ✆ 790, V
H Wirtshaus Schwielowsee, Geschwister-Scholl-Str. 3, ✆ 70253, IV

Fw Unterm Walnussbaum, Fr.-Ebert-Str. 41, ✆ 22765, II 🚲
⛺ Himmelreich, Wentorfinsel, ✆ 70475

Potsdam
PLZ: 14467; Vorwahl: 0331
🛈 Potsdam Tourismus, Am Neuen Markt 1, ✆ 2755829
H Art'otel Potsdam, Zeppelinstr. 136, ✆ 9815-0, V-VI
H Kongresshotel, Am Luftschiffhafen 1, ✆ 9070, VI 🚲
H Villa Monte Vino, Gregor-Mendel-Str. 27, ✆ 2013339, VII

H Mercure, Lange Brücke, ✆ 2722, V-VI
H Astron, Friedrich-Ebert-Str. 88, ✆ 23170, VI
H Steigenberger, Allee nach Sanssouci 1, ✆ 90910, VI
H Best Western, Forststr. 80, ✆ 98120, V-VI
H Am Jägertor, Hegelallee 11, ✆ 2011100, VI
H Lili Marleen, Großbeerenstr. 75, ✆ 743200, IV-V
H Cecilienhof, Neuer Garten, ✆ 37050, VI
H Altstadt Potsdam, Dortustr. 9/10, ✆ 284990, V
H Am Luisenplatz 5, ✆ 971900, VI
H Babelsberg, Lessingstr. 25, ✆ 747980
H Vivaldi, Karl-Liebknecht-Str. 24, ✆ 749060
H Am Griebnitzsee, Rudolf-Breitschidstr. 190-192, ✆ 70910
H Kaiser-Friedrich, Kaiser-Friedrich-Str. 115, ✆ 6207823
Hg Am Katharinenholz, Armundsenstr. 24 d, ✆ 50577, II
Hg Schlossgarten, Geschwister-Scholl-Str. 41a, ✆ 971700, V
Hg Kranich, Kirschallee 57, ✆ 5053692, IV-V
Hg Vivaldi, Karl-Liebknecht-Str. 24, ✆ 749060, V
P Potsdam GmbH, Tieckstr. 5, ✆ 2008730, V
P Remise Blumberg, Weinbergstr. 26, ✆ 2803231, V
P Auf dem Kiewitt, Auf dem Kiewitt 8, IV

P An der Havelbucht, Schopenhauer Str. 39, ✆ 6208400
P Zimmer mit Ausblick, Lankestr. 2, ✆ 5810778, III 🚲
Ho Quartier Potsdam, Ribbeckstr. 41, ✆ 2739939, III 🚲
🏠 Jugendherberge Potsdam, Schulstr. 9, ✆ 581300
🏠 Jugendgästehaus Hochland, Gutenbergstr. 78, ✆ 2700835
🏠 Jugendgästehaus Siebenschläfer, Lotte-Plewka-Str. 43, ✆ 741125
⛺ Sanssouci-Gaisberg, An der Pirschheide, ✆ 9510988 🚲

Golm
H Landhotel Potsdam, Reiherbergstr. 33, ✆ 601190, V

Berlin
Vorwahl: 030
In Berlin werden nur die Bett&Bike-Betriebe aufgelistet, um Informationen zu den anderen Unterkünften zu erhalten, wenden Sie sich bitte an die folgenden Touristinformationen.

Buchungsservice:
🛈 Berlin Tourismus Marketing GmbH, Infos unter ✆ 250025, www.visitberlin.de
🛈 Tourismusverein Berlin Köpenick-Treptow e. V., Alt Köpenick 34, 12555 Berlin, ✆ 030/6557550 oder 6557551
🛈 Bed & Breakfast, Ahlbecker Str. 3, 10437, ✆ 44050582
🛈 Bed & Breakfast, Mehringdamm 66, 10967, ✆ 78913971
🛈 Zimmervermittlung Dentler, ✆ 56555111
🛈 Zentralreservierung für Jugendherbergen, ✆ 2623024
H Spree-idyll, Müggelseedamm70, ✆ 6419400, IV 🚲
H Berlin Müggelsee, Müggelheimer Damm 145, ✆ 658820,

V-VI 📞
H Dämeritz-Seehotel, Kanalstr. 38-39, ☎ 6167440, V-VI 📞
H Les Nations, Zinzendorfer Str. 6, ☎ 3922026, V 📞
H Waldrestaurant Müggelhort, Straße zum Müggelhort 1, ☎ 6592590, V 📞
H essentis bio, Weiskopffstr. 16-17, ☎ 530050-0, V-VI 📞
H Holiday-Inn City-West, Rohrdamm 80, ☎ 38389-0, VI 📞
Hg Kastanienhof, Kastanienallee 65, ☎ 443050, V-VI 📞
Hg Juncker's, Grünberger Str. 21, ☎ 293355-0, IV-V 📞
Gh Akademie Berlin-Schmöckwitz, Wernsdorfer Str. 43, ☎ 675030, V-VI 📞
Gh Gästehäuser Berliner Stadtmission, Lehrter Str. 68, ☎ 39835011, I-II 📞
Gh Fährhaus, Rahnsdorfer Dorfstr. 14, ☎ 65087281, III 📞
Ho East Seven, Schwedter Str. 7, ☎ 93622240, I-III 📞
Ho Grand Berlin, Tempelhofer Ufer 14, ☎ 20095450, III-IV
Ho Berlin-Cityroom, Kaiserdamm 82, ☎ 6944447, III 📞
Ho HOTEL4YOUth, Schönhauser Allee 103, ☎ 4467783, IV
Ho Pegasus Hostel, Str. der Pariser Kommune 35, ☎ 2977360, II-III 📞
Ho The Sunflower Hostel, Helsingforser Str. 17, ☎ 44044250, II 📞
Ho Heart of Gold Hostel Berlin, Johannisstr. 11, ☎ 29003300, III 📞
Pz Bootshaus Heyer, Friederikestr. 23, ☎ 4311223, I 📞
Pz Haus Graf, Geraer Str. 32c, ☎ 7117947, III 📞
Fw Villa Seepark, Stechlinsee 11, ☎ 5098563, II-IV 📞

Fw Dörfer, Plutoweg 25, ☎ 6489031, II 📞
🏠 CVJM Kaulsdorf, Mädewalder Weg 65, ☎ 56588477, II-III 📞
⛺ DCC Kladow, Krampnitzer Weg 111-117, 14089, ☎ 3652797
⛺ DCC am Crossinsee, Wernsdorfer Str. 45, 12527, ☎ 6758687

Erkner
PLZ: 15537; Vorwahl: 03362
ℹ️ Tourismusverein Erkner e. V., Friedrichstr./Ecke Beuststr., ☎ 740318
H Bildungszentrum Erkner, Seestr. 39, ☎ 7690, V 📞
P Vogelsang, Vogelsang 17, ☎ 4450, II
Pz Fimmel, Buchenweg 17, ☎ 24344, I
Fw Fromme, Siedlerweg 36, ☎ 501079, II (ohne Frühst.)
⛺ Campingplatz Flakensee-Westseite, Am Springeberg 1, ☎ 0171/2118294

Hohenbinde
H Waldhotel Erkner, Albert-Kiekebusch-Str. 16, ☎ 28220, IV,

Jägerbude
P Jägerbude, ☎ 888609, II, auch ⛺ 📞

Grünheide
PLZ: 15537; Vorwahl: 03362
ℹ️ Tourismusverein Erkner e. V., Friedrichstr./Ecke Beuststr., ☎ 740318
H Seegarten, Am Schlangenluch 12, ☎ 79600, IV-V
P Hostel disati, Feldstr. 1, ☎ 590067, II
Pz Frank, Walter-Rathenau-Str. 9, ☎ 6388, II

Pz Hein, Friedrich-Engels-Str. 8, ☎ 6211, I
Pz Gronau, Walter-Rathenau-Str. 24, ☎ 6516, I
Pz Lehmann, An der Fangschleuse 7, ☎ 21433, I
⛺ Campingplatz Am Peetzsee, Am Schlangenluch, ☎ 6120 o. 6464
⛺ Verein Mölle-Süd-Camp e. V., Am Südufer des Möllensees, ☎ 6345

Kagel
PLZ: 15345, Vorwahl: 033434
ℹ️ Tourismusverein Erkner e. V., Friedrichstr./Ecke Beuststr., ☎ 03362/740318
⛺ Campingplatz Kagel, Weg zur Erholung, ☎ 70266 u. 70539
🏠 Herberge Kagel, Weg zur Erholung, ☎ 70266 u. 70539

Rehfelde
H Haus H&M, Bahnhofstr. 26, ☎ 033435/71698, II 📞

Strausberg
PLZ: 15344; Vorwahl: 03341
ℹ️ Touristinformation, ☎ 311066
H The Lakeside, Gielsdorfer Chaussee 6, ☎ 34690, VI
H Süd, Kelmstr. 6-8, ☎ 34830, III-IV
H Neue Spitzmühle, Spitzmühlenweg 2, ☎ 33190, IV-V
H Annablick, Ernst-Thälmann-Str. 82a, ☎ 423917, III-IV
H Märkischer Keller, G.-Kurtze-Promenade 53 a, ☎ 472344, III
H Landgasthof zum Mühlenteich, Karl-Marx-Str. 32, ☎ 42660, V-VI
Gh Strausberg Nord, Prötzeler Ch. 8, ☎ 300683, IV-V 📞
P Zum Annatal, Ernst-Thälmann-Str. 57, ☎ 422062, III

P Zur Altstadt, Große Str. 17, ☎ 250664, III
P Am Straussee, Georg-Kurtze-Str. 21, ☎ 313821, II-III
P Fontane, Fontanestr. 9b, ☎ 311770, III
P Sport- u. Erholungspark Strausberg, Landhausstr. 16-18, ☎ 421019, I-III
🏠 Herberge Alter Speicher, Prötzeler Schaussee 7, ☎ 312050, I-II

Garzau
H Landhotel auf dem Ökohof, Alte Heerstr. 82, ☎ 033435/75872, II-III

Waldsieversdorf
PLZ: 15377; Vorwahl: 033433
ℹ️ Tourist Information, Dahmsdorfer Str. 18, ☎ 157782
Gh CVJM Gästehaus, Dahmsdorfer Str. 47, ☎ 57590, II 📞
Fw Am Däbersee, Dahmsdorfer Str. 59, ☎ 57505, II 📞
Fw Märkischer Hof, Dahmsdorfer Str. 8, ☎ 56073, II
⛺ Camping Däbersee, Dahmsdorferstr. 59, ☎ 57505

Buckow
PLZ: 15377; Vorwahl: 033433
ℹ️ Tourismusinformation, ☎ 57500
H Märkische Schweiz, Hauptstr. 73, ☎ 464, III
H Bergschlösschen, Königstr. 38, ☎ 57312, V
H Bellevue, Hauptstr. 16-17, ☎ 6480, III-IV
H Stobbermühle, Wriezener Str. 2, ☎ 66833, V
P Strandcafé, Wriezener Str. 28, ☎ 279, III
P Drei Eichen, Königstr. 62, ☎ 201
🏠 Jugendherberge, Berliner Str. 36, ☎ 286

Pritzhagen
P Haus Tornow am See; Am Tornowsee 1d, ☎ 57314, II

Münchehofe
PLZ: 15374; Vorwahl: 033432
Jugendherberge, Str. der Jugend 2, ℓ 8734

Neuhardenberg
PLZ: 15320; Vorwahl: 033476
H Schloss Neuhardenberg, Schinkelplatz, ℓ 6000, VII
Pz Lier, K.-Marx-Allee 57, ℓ 5145, I-II

Wulkow b. Neuhardenberg
H Schloss Wulkow, Hauptstr. 24, ℓ 58-0, V-VI ℓ

Letschin
PLZ: 15324; Vorwahl: 033475
Pz Zum Alten Fritz, Friedrichstr. 1, ℓ 223
Pz Naturerlebnishof Uferlos, Deichweg 9, ℓ 033478/38976
     od. 0173/1726205, II-III,
Fw Hannemann, Quappendorfer Str. 3a, ℓ 50776

Sophienthal
PLZ: 15324; Vorwahl: 033473
Pz Haus Regenbogen, Oderstr. 69, ℓ 356, I

Kienitz
PLZ: 15324; Vorwahl: 033478
Gh Zum Hafen, Deichweg 20, ℓ 440, II
P Ferienhaus Rehkitz, Schulstr. 16, ℓ 4616, I
Pz Marth, Kienitz Nord, Oderstr. 20, ℓ 4596, II
Pz Krüger, Grünstr. 3, ℓ 38676
Pz Weihs, Oderstr. 22, ℓ 4599
Fw Apfelwiese, Str. d. Befreiung 53, ℓ 38609, II
Fw Hennig, Tochweg 8, ℓ 4598
Marth, Kienitz Nord, Oderstr. 20, ℓ 4596

Zechin
PLZ: 15328; Vorwahl: 033473
Camp Zechin, Hauptstr. 1b, ℓ 59101

Genschmar
PLZ: 15328; Vorwahl: 033472
Fw Am alten Oderdeich, Am Nieschen 1, ℓ 51758
Fw Possin, nieschner Deich 2, ℓ 50781

Gorgast
PLZ: 15328; Vorwahl: 033472
Fw Hanke, Mühlenweg 3, ℓ 50147
Heidehof, Genschmarer Ch. 21, ℓ 50555

Bleyen
PLZ: 15328; Vorwahl: 033479
P Wagenrad, Dorfstr. 31, ℓ 53790, II
Fw Behlendorf, Dorfstr. 06, ℓ 4114, II

Küstrin-Kietz
PLZ: 15328; Vorwahl: 033479
Pz Lietz, Lindenstr. 15, ℓ 4199, I

Kuhbrücke
Pz Fischereihof, Kuhbrücke 23, ℓ 54888, II,

Danke

Dank an alle, die uns bei der Erstellung dieses Buches tatkräftig unterstützt haben, im besonderen an: Dipl. Ing. Georg Marquardt, Höxter; Ulf Koitmann, Bonn; Axel v. Blomberg, Berlin; A. Apitzsch, Radis; Fr. M. H. De Jong, Winterswijk-Huppel; R. Exner; Ingrid u. Heinz Dingerdissen, Bielefeld; M. Schwaag u. R. Gildhuis, Münsterland; Matthias Junge, Leipzig; Johan Verdissen, Heesch; Karin Müller-Krumholz; Volkert Keizer, Amersfoort; M. Wiesenhütter; Ansgar Storck, Rheda-Wiedenbrück; Joep und Riky Thurlings, Eindhoven; Tonny u. Ankie Seegers, Doesburg; Anne Poppenborg, Harsewinkel; Friederike Schwarzbach; B. Arendt; Henk van de Heiden, Wintelre; Reinhard Hügelmeyer; Christian Schultze; Rudo de Groot, Purmerend; E. u. R. Hilkemeijer; Dietmar Kern, Frankfurt; Peter Diederichs, Voerde; Cordula Wächtler; Ch. u. D. Hieber; Anne Theßeling u. Bernd Ibing; Helga mentink, Amstterdam; Tine Johanna Kibbeling; A. van der Kraats, Berkhout; Rein ten Have; Ulrich Schmiedecke; F. u. A. Veerkamp, Leiden; Martin Dannemann, Dresden;

Ortsindex

Einträge in *grüner* Schrift beziehen
sich aufs Übernachtungsverzeichnis.